Zita – Щара

Zita – Щара
Kammerstück von
Katharina Fritsch
und Alexej Koschkarow
Chamber Piece by
Katharina Fritsch
and Alexej Koschkarow

Eine Ausstellung von Katharina Fritsch im Schaulager war eigentlich längst überfällig. Die Emanuel Hoffmann-Stiftung hat die Künstlerin seit ihren Anfängen in den frühen 1980er-Jahren begleitet und besitzt in ihrer Sammlung eine bedeutende Gruppe ihrer Arbeiten. Am bekanntesten ist wohl der im Untergeschoss des Schaulagers permanent installierte, monumentale *Rattenkönig* (1993).
Anstelle einer breit angelegten Retrospektive wird Fritsch nun aber mit einer intimen, als *Kammerstück* bezeichneten Inszenierung präsentiert – und dies nicht alleine, sondern im Zusammenspiel mit Alexej Koschkarow, einem 16 Jahre jüngeren Künstlerkollegen, der eine andere Generation vertritt.
Was auf den ersten Blick als merkwürdig zurückhaltend erscheinen mag, ist bei näherem Hinsehen vollkommen stimmig für das Schaulager, das immer wieder versucht, als «Testgelände» für künstlerische Vorhaben zu dienen, die andernorts so nicht möglich wären. In diesem Fall geht es nun eben nicht um eine Übersichtsschau, sondern darum, ein kleines, konzentriertes – aber deshalb nicht minder aufwendiges – und etwas sperriges Projekt zu realisieren, bei dem die Kunst kompromisslos im Fokus steht und das in unseren weitläufigen Ausstellungsräumen uneingeschränkt zur Geltung kommen kann.
So ungewöhnlich die Ausstellung ist, so typisch ist sie für die Arbeitsweise der beiden Künstler, die hier zusammen agieren. Obwohl sie vordergründig kaum unterschiedlicher sein könnten – hier die gestandene deutsche Künstlerin mit ihren prototypisch wirkenden, «perfekten» Skulpturen, dort der scheinbar traditioneller arbeitende Bildhauer und gebürtige Weissrusse –, verbindet die beiden so vieles, dass sie sich für *Zita – Щapa* bereits zum dritten Mal entschlossen haben, Ausstellungsräume gemeinsam zu bespielen. Sie sind am Spannungsverhältnis zwischen ihren unterschiedlichen Bildsprachen interessiert und daran, für ihre Arbeiten eine Präsentationsweise zu finden, die diese gleichzeitig verbindet und voneinander distanziert.
Auch wenn der Titel eine historische Thematik suggeriert, wird rasch klar, dass er vermutlich in erster Linie als «Aufhänger» und Konzept für die Werkkombination dient, an die sich Fritsch und Koschkarow in jahrelanger Diskussion und Zusammenarbeit herangetastet haben. Jedes Detail, die Architektur, die Proportionen und das Zusammenspiel der Arbeiten untereinander, wurde von den Künstlern minutiös geplant. Ein theatralisches Kuratieren, das in hohem Masse interpretativ wirkt. Kein Ausstellungsmacher würde sich erlauben, so vorzugehen.
Während die drei Räume von *Zita – Щapa* in ihren Dimensionen bescheiden wirken, wird das Projekt von einem Katalog begleitet, der in Inhalt und Umfang die Komplexität des Unternehmens spiegelt. Gleich vier Autoren, denen ich für ihre Beiträge sehr danke – Jacqueline Burckhardt, Robert Fleck, Julian Heynen und Michael Rooks –, haben die verschiedenen Aspekte des *Kammerstücks* untersucht. Sie haben ihre Texte zu einem Zeitpunkt verfasst, als die Werke noch am Entstehen waren, sodass ihnen die Schilderungen und Arbeitsberichte der Künstler sowie Skizzen, Fotos und Maquetten als Grundlage genügen mussten. Aus dieser besonderen, ein hohes Mass an Vorstellungsvermögen erfordernden Situation heraus sind vier enorm spannende und auch persönlich geprägte Betrachtungen über das *Kammerstück* entstanden. Die aufwendigen Arbeitsprozesse bei der Herstellung der Skulpturen sind in einer Bildstrecke dokumentiert.
Die Begleitung und Realisierung des Projektes erforderte vom ganzen Team des Schaulagers grosses Einfühlungsvermögen und ungewöhnlichen Einsatz. Stellvertretend für alle gilt mein grosser Dank Heidi Naef mit dem Ausstellungsteam und Isabel Friedli mit dem Katalogteam.
Ein Projekt wie *Zita – Щapa* kann nur erfolgreich sein, wenn alle Beteiligten mit grösstem Respekt und Vertrauen zusammenarbeiten. Katharina Fritsch und Alexej Koschkarow haben uns vorbehaltlos an ihren Plänen teilhaben lassen und sich der Unterstützung und dem Rat des Schaulagerteams geöffnet. Für die intensive und anregende Planungs- und Realisierungszeit und für das grossartige Resultat, das jetzt im Schaulager zu sehen ist, möchte ich den beiden Künstlern ganz herzlich danken.

Maja Oeri, Präsidentin, Laurenz-Stiftung / Schaulager und Emanuel Hoffmann-Stiftung

An exhibition by Katharina Fritsch at Schaulager is long overdue. The Emanuel Hoffmann Foundation has taken an active interest in the artist's development since the beginning of her career in the early 1980s. Over the years, a number of important works have become part of the Foundation's holdings, most notably her monumental, permanently installed, *Rattenkönig* (Rat-King, 1993) in the lower level of Schaulager.

Instead of a large-scale retrospective, Fritsch has now curated an intimate production, a *Chamber Piece,* not of her work alone but in collaboration with Alexej Koschkarow, an artist colleague who—16 years younger than her—represents another generation.

What may seem at first sight to be a curiously understated exhibition proves, on closer inspection, to epitomize the potential of Schaulager to function as a test site for artistic experiments that would not be possible elsewhere. In this case, not an overview but a small, though certainly no less demanding, project has emerged that is both curiously unwieldy and highly concentrated. Its uncompromising focus on the art finds its voice in the spacious premises of Schaulager.

As unusual as the exhibition is, it typifies the approach of the two artists who have chosen to work together here. Although their work would seem to be diametrically opposed—the well-established German artist's prototypical, "perfect" sculptures versus the native Belarusian's "traditionally" sculpted objects—the two artists have so much in common that they have joined forces for the third time to create *Zita – Щара* for Schaulager. They take inspiration from the tension between their distinctive and divergent visual vocabularies as a catalyst in finding a mode of presentation for their work that shows what brings them together and what sets them apart.

The historical implications of the title quickly yield the realization that they are but a springboard for the concept that has led to this combination of works in the course of a year-long exchange and collaboration between them. The artists have meticulously planned every detail, the architecture, the proportions, and the way the works relate to each other. The result: a highly interpretive, theatrical production. No curator would be daring enough to take such an approach.

The dimensions of the three rooms that accommodate *Zita – Щара* are modest, but deceptively so as amply demonstrated in the content and extent of the accompanying catalogue. I am grateful to the four contributors, Jacqueline Burckhardt, Robert Fleck, Julian Heynen, and Michael Rooks, for their analyses of *Chamber Piece.* When they wrote their contributions, the art was still under construction, which meant that they worked from descriptions, conversations with the artists, sketches, and their own, fortunately considerable, imaginative strength. They have penned four immensely exciting studies of *Chamber Piece*, all the more so for their personal observations. The complex and demanding process of producing the sculptures is documented in a photo spread.

Planning and implementing the project required great sensibility and an exceptional commitment on the part of the team at Schaulager. For their tireless dedication, it is my pleasure to thank Heidi Naef, leading the exhibition team, and Isabel Friedli, leading the catalogue team.

A project like *Zita – Щара* can be successful only when deep respect and trust form the basis of cooperation among all those involved. Katharina Fritsch and Alexej Koschkarow have given us unstinting insight into their plans and have shown great responsiveness to the support and advice of the team at Schaulager. I extend my deepest gratitude to both artists for the many fruitful and stimulating months of planning and execution—and for the magnificent result that is now on view at Schaulager.

Maja Oeri, President, Laurenz Foundation / Schaulager and Emanuel Hoffmann Foundation

Julian Heynen

Gespensterrealismus
Spectral Realism

Ein Kammerspiel

Für die Präsentation von *Zita–Щара* haben Katharina Fritsch und Alexej Koschkarow in den weiten Räumen des Schaulagers einen besonderen Ort geschaffen. Sie haben nicht nur ihren Platz in den vorhandenen Räumen festgelegt, sondern ein eigenes Gehäuse in die Umgebung eingestellt, um so ein Territorium auszugrenzen und als Raum im Raum für ihre Zwecke herzurichten. Die Architektur ist nüchtern, die Masse sind bescheiden: knapp 150 Quadratmeter für fünf nicht gerade kleine Skulpturen und zwei eher monumentale Wandarbeiten. Ein Untertitel kommentiert darüber hinaus die räumliche Qualität dieses Auftritts metaphorisch: Von einem *Kammerstück* ist die Rede. Der Begriff stellt eine Gattungsbezeichnung dar, so wie man unter dem Titel eines Buches Hinweise wie «Roman», «Erzählung» oder «Novelle» finden kann. Das Wort ist ein anderer Ausdruck für das gebräuchlichere «Kammerspiel», also für eine Form des Dramas. Auch wenn die Künstler selbst die Vokabel nur in einem allgemeinen Sinn gebrauchen, um ihr Unternehmen als überschaubar und konzentriert zu beschreiben, ist dieser Verweis auf das Theater doch auch darüber hinaus passend. Der Begriff taucht vor gut 100 Jahren auf und bezeichnet zum einen eine kleine Spielstätte als Alternative zur grossen Bühne eines Theaters, einen Raum, in dem Schauspieler und Zuschauer eng aneinanderrücken. So eröffnete der Regisseur, Intendant und Produzent Max Reinhardt 1902 in Berlin sein Kleines Theater. Zum anderen bezieht sich der Ausdruck auf die Form der an solchen Orten aufgeführten Stücke. Es sind Schauspiele im intimen Rahmen, mit wenigen Figuren, ohne Statisterie und mit zurückgenommener Szenerie. Das Gespräch, der Dialog stehen im Zentrum, und die Aufmerksamkeit richtet sich auf die psychologischen Dimensionen der Charaktere. Nicht von ungefähr gründet der Schriftsteller August Strindberg 1907 in Stockholm ein Intimes Theater, um dort seine *Kammerspiele Opus I–V* zu präsentieren. Es sind analytische Stücke, die Geschehnisse in der Vergangenheit aufdecken, Idyllen entlarven und das Verhängnisvolle der Verhältnisse betonen. «Kammer» bedeutet hier weniger Bescheidenheit als intellektuellen Anspruch und Exklusivität, gepaart mit solidem Schreibhandwerk und Konzentration. Einige dieser Eigenschaften kann man in den Arbeiten und der Ausstellung von Fritsch und Koschkarow in anderer Form wiederfinden. Es gibt dort ein intuitives Echo auf das Kammerspiel des Theaters, also keine vollständige Adaption oder Übersetzung in das andere Medium, sondern eher eine weitläufige Verwandtschaftsbeziehung. Manche der oben erwähnten Stichworte taugen auch für das «Stück» der beiden Künstler. Womöglich auch jenes, mit dem Reinhardts Kleines Theater eröffnet wurde, nämlich Henrik Ibsens *Gespenster*?

Das Stück im Schaulager spielt in drei Kammern: ein Eingang, zwei Durchgänge. Den ersten Raum teilen sich die Künstler. Dort findet ein grosser, farbiger Auftritt statt. Nach links dann ein Raum mit nur einer Skulptur von Fritsch, rechts hingegen ein dichtes, fast gedrängtes Ensemble von Koschkarows Arbeiten. Die drei Räume sind unterschiedlich gross, präzise auf die Dimensionen des dort Gezeigten abgestimmt; auch die Raumhöhen unterscheiden sich. Hier herrschen Sorgfalt und Berechnung, denn Figuren, Stück und Bühne werden grundsätzlich als Einheit gedacht – um im Bild des Theaters zu bleiben. Die Disziplin der künstlerischen Arbeit im Atelier setzt sich in ihrer Inszenierung fort. Allerdings impliziert dieser Begriff häufig zu Unrecht etwas, das um des Effektes willen nach der «eigentlichen» künstlerischen Arbeit – sozusagen als Marketing-Massnahme – für die Präsentation hinzugefügt wird. Betrachtet man jedoch die Arbeitsweise beider Künstler und bemerkt, was man mit einem ebenso anspruchsvollen wie herausfordernden Begriff als Werkethos benennen könnte, wird die Konsequenz ihres Vorgehens schlüssig. Es geht um die optimalen Bedingungen für eine Arbeit, um ihre grösstmögliche Präsenz, ihre Entfaltungsmöglichkeiten, um ein ganzheitliches Erlebnis – nicht jedoch um das prätentiöse Konstrukt eines Gesamtkunstwerks. Es herrscht eine nüchterne, genaue und konzentrierte Beziehung zwischen Werk und Raum. Das ist eine Lektion, die Minimalismus und zuvor Konstruktivismus bereithalten, hier verwirklicht in anderer Gestalt. Ein weiterer, grundsätzlicher Aspekt der «Bühne» dieser Ausstellung kommt hinzu. Sie ist in sich abgeschlossen, lockt nur mit einem knappen Einblick und markiert so scharf ihren Unterschied zu einem Aussen, zum Leben, zum Alltag, zur ökonomischen, politischen, sozialen usw. Realität. Das kommt fast einer Provokation gleich, wenn man den artistischen Mainstream von heute im Auge hat. Dahinter stehen jedoch nicht Naivität, Arroganz oder Sendungsbewusstsein, sondern der Wunsch, die Kategorien – und damit die jeweiligen spezifischen Möglichkeiten – auseinanderzuhalten und keinen kurzschlüssigen Verbindungen und Vermischungen anheimzufallen.

Andeutung und Skepsis

Der Titel der gemeinsamen Präsentation verbirgt mehr als er erklärt. Sowohl Zita als auch Щара sind kaum ohne Weiteres verständlich. Und selbst wer hinter den Wörtern den Namen und die Person der letzten österreichischen Kaiserin erkennt oder zufällig von dem Fluss Schtschara in Weissrussland gehört haben sollte, ist kaum

A Chamber Play

Katharina Fritsch and Alexej Koschkarow have devised a special zone for *Zita – Щара* in the spacious surroundings of Schaulager. Having identified the area they wanted to occupy, they designed their own exhibition architecture—to be inserted into the exhibition space—marking out their terrain as a space-within-a-space, within which they could have free reign. Their architecture is understated and its dimensions are modest: just short of 150 square meters for five, not precisely small, sculptures and two wall pieces that could, in fact, be described as monumental. A subtitle—which makes mention of a *Chamber Play*—adds a metaphorical commentary on this presentation. The German term "Kammerstück" is used here in the same way that "novel" or "novella" or "short stories" might appear under a book title; it replaces the more usual "Kammerspiel." Even if the artists have only used this term in a general sense as a way of indicating the scale and the concentrated nature of their presentation, the allusion to the theater is in itself entirely apt. The history of the "Kammerspiel" goes back well over a hundred years. Besides being used to describe a particular type of stage play, it is also used to refer to the relevant venue: a smaller space than the main stage in a theater, similar to today's studio theaters, where the actors and the audience are in close contact with each other. In 1902, in Berlin, the director, producer, and theater owner Max Reinhardt opened his Kleines Theater (Small Theater). The stage plays presented in these smaller venues are more intimate, with fewer characters, no walk-on parts, and pared-back sets. The plot is mainly conveyed through speech or dialogue and the focus is on the psychological dimension of the characters. It was not by chance that August Strindberg founded his Intimate Theater in Stockholm in 1907 in order to present his own *Chamber Plays Opus I–V*. These are analytical explorations that uncover past deeds, debunk idylls, and draw out the fateful nature of events. In this context, the term "chamber" has little to do with modest means, on the contrary it points to certain intellectual aspirations and exclusivity, coupled with solid play-writing skills and concentration. And equivalents to these qualities can be seen in the display by Fritsch and Koschkarow. Their art intuitively echoes the properties of a chamber play: it does not adapt or translate the stage form into another medium, but rather establishes an extended kinship with it. Some of the key concepts associated with chamber plays also apply to the "play" by these two artists, possibly also including the theme of the inaugural play in Reinhardt's Kleines Theater, namely Henrik Ibsen's *Ghosts*?

Fritsch and Koschkarow's display at Schaulager occupies three chambers, consisting of a main room with one adjoining room on each side of it. The two artists share the largest, central, chamber, in which a large, colorful event is under way. In the room on the left there is just one sculpture by Fritsch; on the right, by contrast, there is a busy, almost crowded, ensemble of works by Koschkarow. The three rooms are all different sizes, which were determined by their contents; the ceilings are also different heights. These sizes were finalized on the basis of meticulous calculations, because (to put it in theatrical terms) the figures, the play, and the set are all seen as a single entity. The discipline of the work in the artists' studios continues in the mise-en-scène, although that term often unjustly implies that something has been done purely for effect (and for the sake of the presentation) after completion of the "actual" artistic work—as a marketing strategy, so to speak. However, looking at the work of these two artists and taking into account what might be described in an exacting, even challenging sense, as their work ethos, there is no mistaking the coherence of their methods. Their focus is on creating the optimum conditions for their art, on maximizing its presence and potential development, on instigating a holistic experience—and not on some pretentious construct of a Gesamtkunstwerk. There is a dispassionate, precise, concentrated relationship between the art and the space. This situation embodies, in another form, the lesson that was taught by Minimalism and, before that, by Constructivism. And there is another fundamental aspect of the "stage" for this presentation that comes into play. It is self-contained; it only entices visitors in by means of a small glimpse into it, thus making a sharp distinction between itself and the outside world, between itself and life, the daily round, economic, political, social (etc.) reality. It is almost a form of provocation, compared to today's artistic mainstream. Yet it is not born of naivety, arrogance, or missionary zeal, but rather of the desire to separate different categories—plus their various, specific possibilities—and not to be drawn into making glib connections and combinations.

Allusion and Skepticism

The title of this joint presentation conceals more than it reveals. Neither part of the title—Zita or Щара—is readily understandable. And even those who recognize the name Zita as that of the last Empress of Austria, or who happen to have heard of the Shchara, a river in Belarus, are not much the wiser. Maybe they will associate the Latin script with the cultural background of Katharina

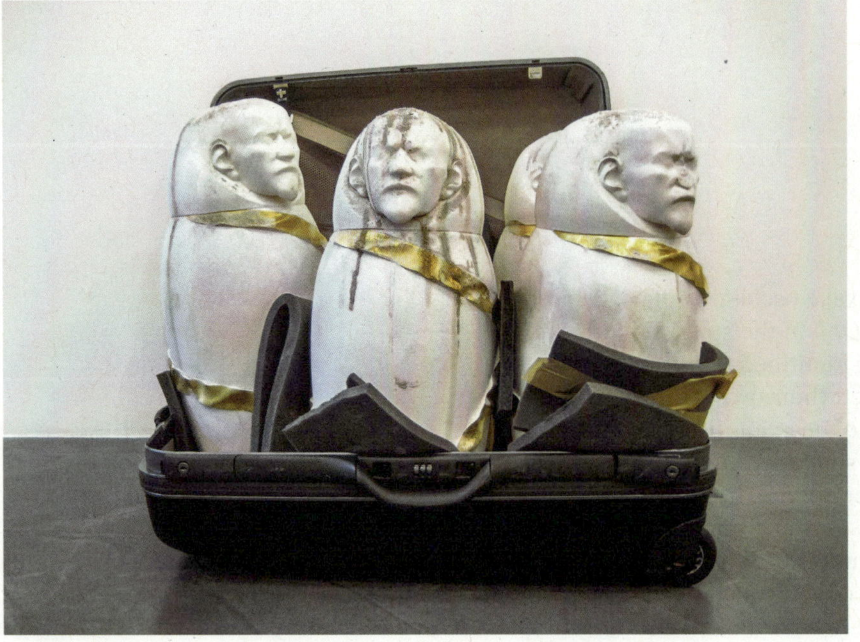

Alexej Koschkarow
Leninkanopen
[Canopic Jars of Lenin], 2007

einen Schritt weiter. Vielleicht bezieht er die lateinische Schrift auf die Herkunft der Künstlerin und die kyrillische auf die des Künstlers. In den Augen der Welt, wenn auch wohl nicht in ihren eigenen, war der kaiserliche Status von Zita von Bourbon-Parma alias gekrönte Königin von Ungarn, Königin von Böhmen, Dalmatien, Kroatien, Slawonien, Galizien, Lodomerien, Illyrien und so weiter und so fort mit dem Ersten Weltkrieg beendet. Als farbige Figur aus den Nebenräumen der Geschichte ist sie zweifellos brauchbar für eine Künstlerin, die sich (auch) für eher Skurriles und Abseitiges interessiert, weil es prägnante Bilder und Geschichten anbietet. Der Fluss im Westen von Weissrussland wiederum hat es kaum zu einer vergleichbaren Berühmtheit gebracht. Immerhin wird er in einem deutschen Heeresbericht vom 27. März 1917 erwähnt: «Die auf dem Westufer der Schtschara gelegenen russischen Stellungen zwischen Darowo und Labury wurden gestürmt. Über 300 Russen gefangen, 4 Maschinengewehre und 7 Minenwerfer erbeutet.» Das ist allerdings höchstens eine Fussnote zum Weltgeschehen. Muss man ausserdem erwähnen, dass wir uns hier in den «Bloodlands» des nazistischen Vernichtungskriegs im Osten befinden? Der Fluss mag also durchaus eine Rolle in der familiären Erinnerung von Koschkarow spielen. Konkret führt das an dieser Stelle jedoch kaum weiter. Der Konvergenzpunkt der beiden Titelworte zumindest ist der Erste Weltkrieg, der sowohl in Deutschland als auch in Weissrussland durch den Zweiten in den Schatten gestellt wurde. In die Vorbereitungszeit des gemeinsamen Projekts fiel das Gedächtnisjahr 2014 und damit ein neu erwachtes Interesse an der ersten katastrophalen Vernichtungsorgie des 20. Jahrhunderts. Nach 100 Jahren muss dieses Ereignis einem zeitgenössischen Verständnis erst wieder zugeführt werden. Das sind Operationen an einem nur wenig präsenten Mythos, der mitunter ein ungläubiges Staunen über das beinahe Vergessene auslösen kann. Der Doppeltitel liefert also nur einen Verdacht, womöglich eine verdeckte Fährte zu Dingen, die dunkel, schwer zu durchschauen und zu begreifen und schliesslich tendenziell unheimlich sind. Er formuliert aber auch so etwas wie ein Dilemma. Titel für einzelne Arbeiten oder Ausstellungen im Sinne von Rufnamen sind mitunter unvermeidlich oder schlichtweg praktisch, gleichzeitig scheuen zumindest diese beiden Künstler die Festlegung, die in solchen Bezeichnungen steckt, denn ihre «Begriffe» äussern sich als Bilder. Eine Skepsis gegenüber der Sprache als Äquivalent zum eigenen Tun bleibt.

Drei Akte, keine Auflösung

Der Auftakt könnte kaum heftiger sein: drei menschengrosse, als Puppen erkennbare Figuren, auf wenige, leuchtende Farben reduziert. Und gleich gegenüber ein handgrosser Gegenstand, auf die Dimensionen eines veritablen Möbels gebracht. Hier die scheinbare Vertrautheit und Harmlosigkeit irgendwie folkloristisch anmutender Gestalten, dort ein dynamisches Etwas, das zu bersten scheint. Auf der einen Seite die idyllische Szene zweier altmodisch gekleideter Frauenfiguren und eines kleinen Mädchens mit Ball, aufgestellt wie zu einem Erinnerungsfoto, eingefroren in eine vergangene Zeit und ein bestimmtes Sentiment. Auf der anderen Seite, in die Glätte und Solidität eines keramischen Objekts gekleidet, ein Gegenstand im Augenblick grösster und dramatischster Veränderung: eine explodierende Handgranate. In absurder Weise schiessen aus dem bekannten, griffigen Körper nach allen Seiten gleichsam prächtige Flammen hervor. Oben kräuselt sich eine dichte Rauchsäule, die in ein bis zur Decke reichendes schwarzes Rohr übergeht.

Schon bei der ersten Konfrontation mit diesen Skulpturen ist man einer Überfülle von Bildlichkeit ausgesetzt, und das liegt nicht nur an dem verhältnismässig kleinen Raum, in dem sie sich befinden. Bietet die häusliche

Fritsch and the Cyrillic script with that of Alexej Koschkarow. In the eyes of the world, although not in her own, Zita of Bourbon-Parma, a.k.a. Queen of Hungary, Queen of Bohemia, Dalmatia, Croatia, Slavonia, Galicia and Lodomeria, Illyria, and so on and so forth, lost her imperial status following World War I. As a colorful figure in the wings of history, she is clearly useful to an artist who is interested (among many other things) in phenomena that are off-beat or odd, because they can be such a rich source of pithy image and tales. On the other hand, the river in the western regions of Belarus has no comparable fame—even if it is mentioned in a World War I battle report by a German army officer, dated March 27, 1917: "The Russian positions on the west bank of the Shchara, between Darowo and Labury, were stormed. Over 300 Russians taken prisoner, 4 machine guns and 7 mortars seized." But that is no more than a footnote in world history. Is it necessary to point out that this was the region of the "bloodlands" of the Nazi regime's war of annihilation in the east? So that river may well play a part in Koschkarow's own family history. Yet even that adds little to the viewer's understanding of the work. At any rate, the point of convergence of the two words in the title is World War I, which was of course subsequently overshadowed by World War II in both Germany and Belarus. The artists' preparations for this joint project were ongoing during 2014, the centenary of the outbreak of World War I, when there was renewed interest in the twentieth century's first catastrophic orgy of annihilation. A hundred years after the event there was a need to acquaint contemporary generations with the facts. This meant addressing a saga that few are still properly aware of and that can trigger astonished disbelief at what has all but been forgotten. The two-word title thus provides no more than a suspicion, or possibly a hidden trail, to things that are dark, hard to penetrate or to understand, and ultimately sinister. It also reflects a particular dilemma. These days individual works of art or exhibitions almost inevitably have titles or "given names" for purely practical reasons; at the same time, both of these artists are reluctant to have their works committed to particular meanings by titles of this kind, because their "thinking" in fact takes the form of images. They are skeptical of the use of words as equivalents for their actions.

Three Acts—No Denouement

The first scene could hardly be bolder: three life-size "dolls" in just a few vibrant colors. And directly opposite them, a hand-sized object that now has the dimensions of a large item of furniture. The seeming familiarity and harmlessness of folkloristic-looking figures meets a dynamic something that seems to be in the process of exploding. On one side of this room there is an idyllic configuration of two female figures in old-fashioned clothing and a small girl with a ball; they could be posing for a souvenir photograph, frozen into the past and a particular sentiment. On the other side, in the guise of a smooth, solid, ceramic sculpture, there is an object that has been captured in the moment of extreme, dramatic change: an exploding hand grenade. Absurdly, magnificent sparks seem to be shooting in all directions out of the easily identifiable, faceted body. A thick column of smoke is curling upward from it and disappearing into a black pipe that reaches right up to the ceiling.

Even in the very first confrontation with these sculptures the viewer has to cope with an overload of imagery. And this is not only due to the relatively small size of the room that they occupy. While the homely group of female figures presents an old-fashioned, yet decipherable, picture, the few, heraldic colors in this group and the nature of the figures' construction immediately raise questions that go beyond the realms of the familiar. The actual explosion of a grenade—barely perceptible in any detail by the human eye—looks like a monstrous comic-strip motif but is diverted into absurdity by the ceramic material and by the discovery that inside the object there seems to be a cozy fire burning away. Ultimately the potential meanings of these works trip each other up in this juxtaposition, or rather, in their opaque, intertwined roles in this first act of the play. For all the clear lines and independence of the sculptures as precisely formed bodies, their individual semantics and interaction look like an intentionally staged tumult of images. Carefully calculated, visual pressure is ramped up here, very nearly overwhelming the viewer—not by amassing an endless multitude of visual impulses but by the contradictory connections between individual, complex iconic signals. It is also this concentrated pictoriality that allows viewers to gain at least some ground in their efforts to decode this scenario.

The three female figures are in fact enlarged replicas of a particular type of small, traditional doll made from maize leaves and other decorative materials that are sold

Frauengruppe ein wenn auch vergangenes, so doch entzifferbares Bild, wecken ihre wenigen, heraldischen Farben und ihre Machart sofort Fragen, die aus dem Feld des Vertrauten fortführen. Die faktisch und visuell kaum im Einzelnen nachzuvollziehende Explosion einer Granate ist zwar zu einer Art monströsem Comic-Bild stilisiert, wird aber gleichzeitig ins Absurde entführt durch das keramische Material und die Entdeckung, dass im Innern des Objekts ein scheinbar heimeliges Feuer zu brennen scheint. Schliesslich überstürzen sich die möglichen Bildaussagen in der Gegenüberstellung der beiden Arbeiten, besser: in ihrer gemeinsamen, aber opaken Aktion in diesem ersten Akt des Stücks. So scharf umrissen und autonom die Skulpturen als präzise gestaltete Körper sind, ihre jeweiligen Semantiken und ihr Zusammenspiel kommen einem absichtsvoll inszenierten Bildertumult gleich. Hier wird ein überlegt gestalteter visueller Druck aufgebaut, der die Betrachter an den Rand der Überforderung führt, und zwar nicht durch eine Massierung von unendlich vielen Bildimpulsen, sondern durch widersprüchliche Verbindungen einzelner, komplexer ikonischer Signale. Diese konzentrierte Bildlichkeit ermöglicht es schliesslich auch, sich ein Stück weit erfolgreich an die Arbeit der Entschlüsselung zu machen.

Die drei Figuren gehen auf kleine, traditionell – unter anderem in Mittel- und Osteuropa – aus Maisblättern und anderen dekorativen Materialien hergestellte Puppen zurück, die heute als Souvenirs angeboten werden. Die Skulpturen zeigen die Machart der Püppchen gleichsam unter dem Vergrösserungsglas. Man erkennt das äusserst fein gerippte Maisblatt, die Kniffe und Falten in der etwas spröden Faser, die Zweiglein, aus denen der Besen gemacht ist, die Kordeln, die das Haar des Mädchens halten, ebenso wie die Beschränkungen dieser Materialien, wenn es um Details wie Hände oder Gesichter geht. Die extreme Vergrösserung im Verein mit der Klärung und Intensivierung der Farben macht aus dem Folklorespielzeug, diesem Gemüts- und gegebenenfalls Kitschobjekt, aber auch etwas anderes, nämlich eine Art von Figurinen. Ausdrucksstarke und einprägsame Gestalten also, die nicht zuletzt in den dramatischen Künsten als Studien für Kostüme und Bühnenfiguren dienen. Im Englischen spricht man auch von «character design». Solche zwar summarische, aber durch bestimmte Elemente präzisierte Figuren genügen, um nicht nur eine Vorstellung von ihrer visuellen Erscheinung, sondern auch von ihrer Rolle innerhalb einer Geschichte zu bekommen. In diesem Fall sind es Prototypen eines traditionellen häuslichen Zusammenhangs, eines bestimmten Familienbildes. Die Rollen sind klar verteilt, ihre soziologische, womöglich auch psychologische Situation ist angedeutet. Noch ist es nur das Personal einer Genregruppe, aber ein Spiel, ein Drama könnte jederzeit beginnen …

Die Handgranatenskulptur vis-à-vis wirkt auf den ersten Blick wie das schiere Gegenteil zur herzigen Kleingruppe, wie ein nicht nur semantischer Angriff auf sie. Vorschnell könnte man hier einen Plot von Krieg und Frieden, Genügsamkeit und Bedrohung vermuten. Aber so einfach liegen die Dinge nicht. Das Bild der Skulptur ist zwar von der mörderischen Kleinwaffe geborgt, seine Umsetzung und seine Umfunktionierung jedoch verwischen die direkten Bezüge schnell. Da sind zum einen die professionell gefertigten Keramikelemente, aus denen die Skulptur aufgebaut ist – auch sie haben eine Anmutung von Kunstfertigkeit und Häuslichkeit und strahlen zugleich eine schwer zu bestimmende Kälte aus. Zum anderen ist da die Luke an der Vorderseite, hinter der im Innern ein mechanisches Lichtspiel ein brennendes Feuer vorgaukelt. Das Bild der explodierenden Granate wird von dem eines Ofens, eines Kachelofens, überlagert, ein Einrichtungsgegenstand, der immer noch als Inbild häuslicher Wärme und Gemütlichkeit gilt. Aber auch das ist ein Bild, das sich jederzeit ins Schmutzig-Düstere umwenden kann. Der Titel der Arbeit bringt es mit seinen Mitteln auf den Punkt: *Kalter Ofen*. Ein Widerspruch, an dem so etwas wie Enttäuschung haftet. Und doch: Gab und gibt es nicht auch das Wort vom Kalten Krieg, also einer Form von existenzieller Bedrohung, die umso mächtiger ist, als sie weitgehend unsichtbar bleibt, ja, virtuell scheinen könnte, wenn hinter ihr nicht reale Mächte der Zerstörung stünden? Man kann eben auch hier nicht so genau wissen, was heiss und was kalt ist, ob das eine nicht jederzeit in das andere umschlagen kann oder sogar beides gleichzeitig existiert und sich so jeder einfachen Beurteilung und Moral entzieht. Nicht unpassend tauchte in einem Gespräch in der Werkstatt bei der Herstellung des Ofens angesichts des Miteinanders von kalten Kacheln und heissem Feuer auch die Assoziation eines Fieberzustandes auf. Und könnte man schliesslich in dem Gebilde nicht auch eine fantastische Figur, einen ebenso wütenden wie heimtückischen Wicht, vermuten, eine Allegorie der Täuschung und Vernichtung? Auf jeden Fall liefert die Arbeit ein höchst widerspruchsvolles Bild, das eine Auflösung seiner Rätsel verweigert und es vorzieht, souverän in der Ambiguität zu verharren.

Wie ein Kontrapunkt oder eine Pause wirkt dagegen die einzelne Skulptur von Fritsch im kleinsten Raum: aufgebockt und mittig ausgerichtet, ein Sarg. Seine Form folgt dem sechseckigen, lang gezogenen Typus, der den Umriss der Leiche nachvollzieht. Auf einen reinen stereometri-

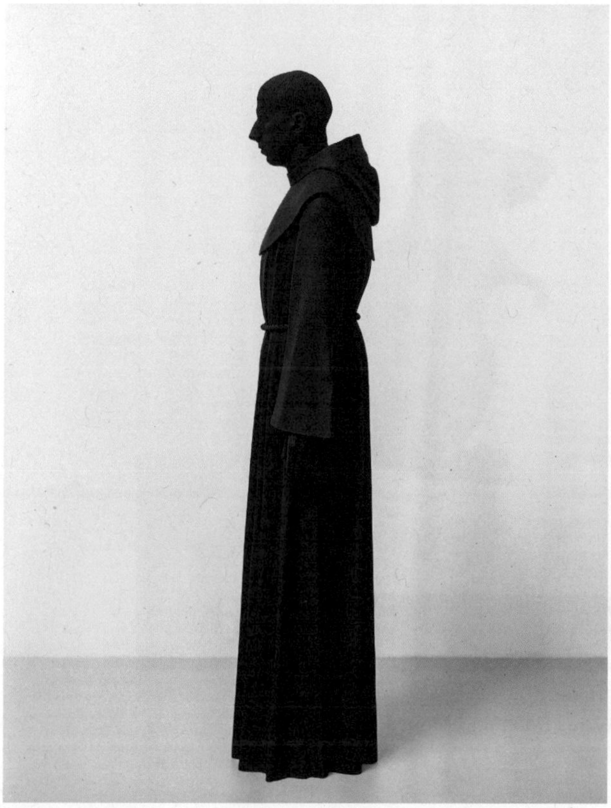

Katharina Fritsch
Mönch [Monk], 1997–1999

as souvenirs in Central and Eastern Europe and elsewhere. The sculptures are like magnified images showing how these dolls are made. The fine lines on each maize leaf are readily identifiable, as are the tweaks and folds in its rather brittle fiber, the little twigs that are used to make the broom, the cords used to tie the girl's bunches, and the limitations of maize leaves when it comes to conveying the details of hands and faces. The extreme enlargement of these figures, plus the clarification and intensification of their colors, turns a folkloristic doll—a sentimental, possibly kitsch object—into something quite different, that is to say, a kind of figurine, reminiscent of the models that are used, not least in the dramatic arts, for costume development and as aids in "character design." Figurines of this kind—succinct but with certain identifying features—suffice to give an impression not only of the visual appearance of a character but also of his or her role within a narrative. In this case the "figurines" are prototypes of a traditional domestic scenario, of a certain kind of family image. Their roles are distinct and there are pointers to their sociological, or even psychological, situation. As yet these are only the dramatis personae in a single genre group, but a play, a drama, could start to unfold any moment now…

At first sight, the hand-grenade sculpture on the other side of the room looks like the polar opposite to this heart-warming little group, like a (not only) semantic attack on them. It would be easy to jump to the conclusion that the plot here is about war and peace, contentment and menace. But things are not that simple. Although the sculptural motif is taken from a murderous device, its realization and refunctioning soon cloud any direct connections. For a start there are the professionally fabricated ceramic components of the sculpture—conveying not only an air of craft skills and domesticity but also a strangely indeterminate coldness. And then there is the opening in the front, inside which a mechanical light-play simulates a burning fire. The image of an exploding grenade is overlaid with that of a traditional tiled stove—an item that still epitomizes homely warmth and comfort. But that is also an image that can turn dirty and dark in an instant. The title of this piece makes precisely this point: *Kalter Ofen* (Cold Oven)—a contradiction that also transmits a sense of disappointment. And yet—wasn't there, and isn't there, still the idea of a Cold War, in other words, a form of existential threat that is all the more menacing for being largely invisible, or which could even seem virtual, if there were not, in fact, real forces of destruction in the background? It is simply impossible, here, to tell with any certainty what is hot and what is cold, whether one might not suddenly turn into the other, or whether both even co-exist, thus obviating any simple judgment or moralization. Not unfittingly, during the production of the stove and its implicit juxtaposition of cold tiles and hot fire, the conversation in the workshop turned to the idea of a human being running a fever. And couldn't this sculpture also be read as some kind of a fantasy figure, a furious, sly little demon, an allegory of deception and destruction? Whatever the case, this piece conveys a highly contradictory image that refuses to provide a solution to its own riddle, preferring to retain its aloof ambiguity.

By contrast, the single sculpture, *Sarg*, by Fritsch, in the smallest of the three rooms, appears like a counterpoint, or a pause for thought: a coffin stands on two trestles in the center of the room. It is constructed in a standard, elongated hexagonal design that is shaped to fit the corpse inside it. Reduced to a purely stereometric form, as in this case, the shape is immediately recognizable; it

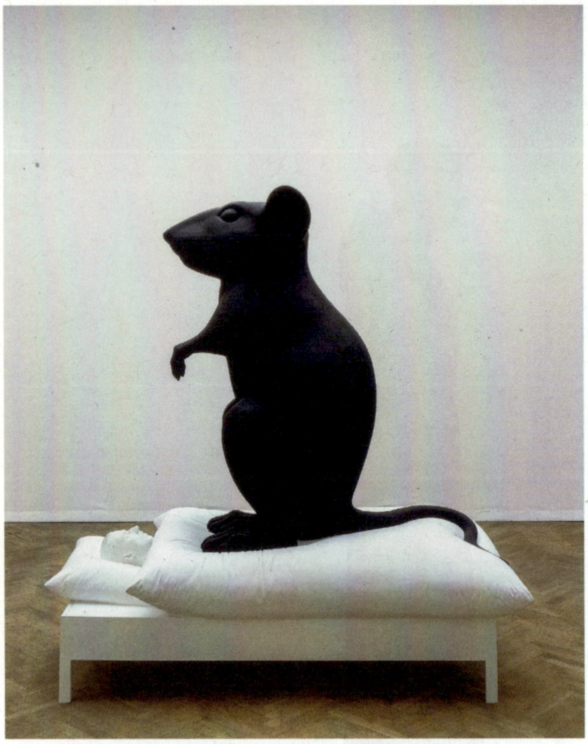

Katharina Fritsch
Mann und Maus [Man and Mouse]
1991/1992

schen Körper reduziert wie hier, ist die Gestalt ohne Weiteres erkennbar, sie hat unmittelbar symbolische, ja, piktografische Qualitäten. Was jedoch irritiert, ist die Farbgebung der Skulptur: ein kräftig leuchtendes Mittelblau für den Sarg, ein signalartiges Orange für die beiden ebenfalls auf das Wesentliche zurückgenommenen Böcke. Die in der westlichen Trauerkultur übliche Beschränkung auf Schwarz oder zumindest sehr gedeckte Farben findet nicht statt. An deren Stelle tritt eine ebenso «lebendige» wie einprägsame Kombination «aktiver» Farben mit heraldischer Ausstrahlung. Mit der Verbindung von Sarg und Böcken wird zudem das Verhältnis zwischen Skulptur und Sockel neu verhandelt. Es ist eine schon fast delikate Beziehung von Lasten und Tragen, und die so gebildete Gesamtform spielt auch ein wenig hinüber zu einem Tierkörper, ohne diesen allerdings zu benennen. Über Farbe und Gestalt mischt sich so das Bild der (endgültigen) Ruhe mit der Andeutung einer Transformation. In ihrer strengen, kräftigen und zugleich einsamen Präsenz im Raum arretiert die Arbeit zwar den Blick des Betrachters und lenkt seine Gedanken womöglich auf die Vorstellung eines Endpunkts, in der Choreografie der Ausstellung insgesamt wirkt sie jedoch eher wie ein Zwischenhalt, ein Atemholen.

Von Ruhe kann im dritten Raum keine Rede sein. Hier drängen sich vier Arbeiten von Alexej Koschkarow. Eine gewisse Beklommenheit wird besonders von den sogenannten «Smearings» (Schmierereien) an den Wänden ausgelöst. Es sind 1:1 aus dem Stadtraum von New York herausgelöste Architekturdetails, die in Form von Abrieben als Bilder Eingang in die Inszenierung gefunden haben. Die zwei wappenartigen Schatten-Adler sind trotz ihrer Monumentalität scheinbar provisorisch schräg an der Wand angebracht. Das verschlossene Tor gegenüber erhebt sich dräuend und in seinem zeichnerischen Chiaroscuro dunkel verwischt über das Übrige empor. Wie historische Folien, die im Alltag meist unbemerkt überdauert haben, bilden diese Wandbilder als Realitätspartikel eine Art Hintergrund für die beiden anderen Arbeiten im Raum. Als würde sich ein nur schwer zu beschreibender «drone» zur Begleitung der Melodie über das Geschehen legen. Während bei diesen Bildern die Spuren ihrer Herstellung das Dargestellte immer wieder ins Undeutliche zurückstossen, locken die Skulpturen mit einer Fülle von gut sichtbaren Details. Es sind Architekturmodelle, die in der Verkleinerung keine existierenden oder zu errichtenden Bauten vertreten, sondern Fantasieorte heraufbeschwören. Das eine ist eine eigentümliche Kombination von Stadtmodell, Symbolbild und Zwitter aus Objekt und Figur (*Schtetl*). Das romantisierte Idealbild einer zerstörten Kultur (also der vornehmlich von Juden bewohnten Kleinstädte und Dörfer in Osteuropa vor der Shoa) wird in einer bewusst folkloristischen Bastelmanier eingefangen. Die ironisch ausgespielte Verliebtheit ins Detail geht bis zu einem etwas hervorgehobenen Haus am «Kopf» der Stadtfigur und zum Häusl an ihrem anderen Ende. Die Riesenaxt in der Mitte des Dorfplatzes verschiebt das Bild auf eine symbolische Ebene und fasst das Schicksal dieser Orte beinahe comicartig zusammen. Das absurde Gestell, das diese Modellwelt trägt, wirkt improvisiert und instabil, und je nach Blickwinkel meint man eine geduckte, schleichende, stolpernde Gestalt zu erkennen. – Dahinter erhebt sich ein weiteres Architekturmodell, eine mindestens so fantastische Konstruktion, die aber gleichfalls Bezüge zur gebauten Realität nicht leugnet. Man könnte das Gebilde als Kompositmodell bezeichnen, verbindet es doch nicht nur verschiedene Gebäude, sondern gleichzeitig Aussen- und Innenansichten miteinander. Es ist, als wäre man im Atelier eines exzentrischen Architekten gelandet, der ein Monument entwirft – in wessen Auftrag sei dahingestellt. Wie hat man sich das Gebäude vorzustellen? Es könnte auf einem Hügel stehen, durch den ein vielfach abgewinkelter Gang hinauf zum eigentlichen Denkmal führt. Dort scheint es eine Art Versammlungs- oder Gedenkhalle zu geben, darüber ein Kranz aggressiv nach aussen gerichteter Schächte wie bei einem Bunker. Schliesslich als Bekrönung drei athletische, monumentale Frauenakte,

is instantly symbolic, even pictographic. Yet there is one disconcerting factor: the color of the sculpture. The coffin is finished in a strong, glowing mid-blue, and the similarly simplified trestles are finished in a bright, signal orange. No sign here of the usual preference for black or, at least, very muted colors in Western funerary practices. Instead there is an "animated," striking combination of "active" colors with an almost heraldic air. In addition, the combination of coffin and trestles also reassesses the relationship between sculpture and plinth. There is an almost delicate balance of weighing down and bearing aloft, with the combined form tending towards the outlines of an animal, albeit not directly saying so. Thus the color and the shape imbue the image of (final) rest with a suggestion of transformation. With its rigorous, powerful, yet lonely presence in the room this work halts viewers in their tracks and possibly turns their thoughts to an endpoint; but in the choreography of the presentation as a whole this work also serves as a "stopover," as a moment to pause and to take stock.

In the third room, there is anything but peace. Here four works by Alexej Koschkarow jostle for attention. A sense of apprehension is induced by the "smearings" on the walls. These large-format rubbings of architectural details, taken in the streets of New York, have found their way into an artistic mise-en-scène. Despite their monumental size, the two eagles, like shadowy coats of arms, appear to have been only temporarily pinned to the wall. The closed door opposite them looms ominously over everything with its darkly blurred, graphic chiaroscuro. Like historic backdrops that have endured almost unnoticed in daily life, these wall pieces—particles of reality—set the scene for the other two items in this room. It is as though some kind of an indefinable drone accompanying a melody were enveloping the action. Whereas the traces of how the rubbings were made tend to obscure their subject matter, the sculptures appeal to the viewer with a wealth of very visible details. These works look like architectural models, but rather than representing any existing or proposed buildings their miniature forms are evocations of fantasy sites. One (*Schtetl*) is a whimsical combination of urban model, symbolic image, and hybrid object-figure. This romanticized ideal of a destroyed culture (the small towns and villages in Eastern Europe that were home to so many Jews before the Shoah) is presented here in a deliberately folksy, craft style. The ironic obsession with detail extends from a specially featured house at the "head" of the "town creature" to the privy at the other end. The giant axe in the middle of the town square takes the sculpture onto a different, symbolic level and adds an almost comic-style summary of the fate of these settlements. The ludicrous legs supporting this model world look makeshift and instable; depending on the angle the work is viewed from, it either appears to be cowed into submission or somehow creeping or stumbling along.—Behind it there is another architectural model, an equally extraordinary construction, which also does not deny its connections to the real built world. It could be described as a composite model, in that it combines not only different buildings but also exterior and interior elevations. It is as though one had landed in the studio of an eccentric architect engrossed in designing a monument—at whoever's behest. But how would this building work in the real world? It could be positioned on a hill, with a twisting, turning passageway leading up to the actual memorial. At that point there seems to be a kind of meeting place, or hall of remembrance, and above that a circle of shafts turned aggressively outward, as in a bunker. Finally, the structure is crowned by three monumental, athletic female nudes keeping watch, their feet planted well apart, wearing steel helmets and bearing weapons, and accompanied by snarling dogs: heroines in an unknown struggle. This sketchy, yet all too explicit, model embodies the nightmare of a monument. The events and the ideology that are potentially being remembered and celebrated here do not bear thinking about. However, this architectural fantasy reveals a strange side of itself when seen from the rear. Suddenly things appear quite civilized. This side takes the form of the façade of an older, quite grand, but also rather clumsy and dark, private dwelling house. Viewers find themselves at something of a loss for words at the sight of this conglomeration of forms and possible meanings. The title seems to reflect this: *Das was keinen Namen hat* (Which Has No Name). Neither of these sculptural models articulates a utopia in the sense of an ideal; on the contrary they represent dystopias, that is to say, places where lifestyles and dreams have failed or have been irrevocably perverted. Certain indications seem to point to the past, to the annihilation of Judaism in Eastern Europe, and to dictatorships in the twentieth century. However, the forms that Koschkarow has chosen for these works detach them from any overly-simplistic associations. The action here is directed by the realms of historical or political fantasy fiction. For all that they are rooted in historical and current reality, these works negate the supposedly fixed sequence of history: everything is possible all the time, is possible again, and possible for the first time.

breitbeinig Ausschau haltend, mit Waffen in den Händen, einem Stahlhelm auf dem Kopf und von scharfen Hunden begleitet: Heldinnen in einem unbekannten Kampf. Skizzenhaft und zugleich in allzu hinreichender Weise wird so der Albtraum eines Denkmals formuliert. Die Ereignisse, derer hier gedacht, und die Ideologie, die hier gefeiert werden könnten, möchte man sich gar nicht erst vorstellen. Eine seltsame Wendung nimmt die Architekturfantasie an der Rückseite. Hier wird es scheinbar zivil. Die Fassade eines älteren, zwar repräsentativen, aber auch etwas ungelenken und dunklen Privathauses schliesst das Modell ab. Eine gewisse Sprachlosigkeit macht sich breit angesichts dieses Konglomerats von Formen und möglichen Bedeutungen. Der Titel scheint das zu reflektieren: *Das was keinen Namen hat.* Beide Skulpturen formulieren als Modelle keine Utopien im Sinne von Idealzuständen, sondern Dystopien, also Orte, an denen Lebensweisen oder Lebenswünsche gescheitert oder unabwendbar pervertiert worden sind. Gewisse Andeutungen scheinen dabei auf die Vergangenheit zu weisen, auf das vernichtete Judentum Osteuropas und auf diktatorische Regime des 20. Jahrhunderts. Die Form aber, die Alexej Koschkarow diesen Arbeiten gibt, löst sie aus solch eindeutigen Zusammenhängen. Es sind die Welten der historischen oder politischen Fantasy-Fiction, die hier Regie führen. Bei aller Verankerung in historischer und aktueller Realität heben seine Arbeiten das vermeintlich sichere Gefüge der Zeiten auf: Alles ist jederzeit möglich, wieder möglich, zum ersten Mal möglich.

Handwerk und doppelter Boden

Trotz der Sorgfalt, die Katharina Fritsch und Alexej Koschkarow auf die Auswahl der Arbeiten und ihr Arrangement verwenden, und bei aller Verwandtschaft ihres Modus Operandi bleibt *Zita – Щара* doch das Unternehmen zweier unabhängig arbeitender Künstler. Die Inszenierung ist keine gemeinsame Arbeit der beiden. Das deutet schon der parataktische Titel an, der zwar einen möglichen Berührungspunkt aufzeigt, zugleich aber auf unterschiedliche Hintergründe verweist. Der Gedanke, eine solche Doppelausstellung anzugehen, stammt aus der langjährigen Vertrautheit mit dem Werk des jeweils anderen und wurde in der Vergangenheit auch schon zweimal bei anderen Gelegenheiten erprobt. Wenn die Künstler jetzt erneut und mithilfe der eigens konzipierten Ausstellungsarchitektur noch intensiver ein solches Spiel von Gemeinsamkeit und Differenz inszenieren, gibt es hierfür eine doppelte Basis. Von ihrem Produktionsethos war schon die Rede, genauer sollte man wohl von einem handwerklichen Ethos sprechen. Für beide sind bei der Realisierung ihrer Ideen, bei der Umsetzung der Bilder, die ihnen vorschweben, die genaue Planung, die richtigen Materialien und die minutiöse handwerkliche Ausführung äusserst wichtig. Das bedeutet einen Prozess des ständigen Handanlegens in einem mehr oder weniger wörtlichen Sinn. Es bedeutet die Durchformung jedes einzelnen Aspektes der Skulptur vor und mit dem Werkstück. Die Figuren von Fritsch entstehen keineswegs – wie es auf den ersten Blick erscheinen könnte – durch die mechanische Vergrösserung gefundener Objekte. Diese mögen zwar Ausgangspunkt für die erste Formulierung einer Idee sein, was folgt, ist jedoch ein aufwendiger, arbeitsintensiver Prozess der plastischen Neu- und Durchbildung. Auch wenn die Künstlerin sich für bestimmte Zwischenstadien im Werkprozess eines 3-D-Druckers bedient und Assistenten ihr helfen, laufen in einem klassischen bildhauerischen Verfahren alle Entscheidungen bei ihr vor Ort zusammen und werden ständig an der sich entwickelnden Arbeit überprüft. Jedes Mass, jedes Teilvolumen, jede Falte, jede Farbnuance zählen, damit die Skulptur am Ende die von ihr verlangte Präsenz und Dynamik hat. Solche Prozesse und ihre Ziele sind nun beileibe nichts Neues oder Ungewöhnliches in der Geschichte der Skulptur. Man muss in Zeiten eines routinemässig praktizierten, verkürzten Konzeptualismus bisweilen aber wohl darauf aufmerksam machen, dass nicht alles nur irgendwo in Auftrag gegeben oder vorgefunden werden kann, wenn ein überzeugendes Resultat erzielt werden soll – solange es in einem künstlerischen Sinn um reale und zugleich erfundene Objekte im Raum geht.

Alexej Koschkarow kommt aus einer Kultur, in der das Selbermachen nicht nur im Alltagsleben Tradition hat und notwendig war und ist. In der Zeit der Auflösung der Sowjetunion hat er an der Kunstakademie in Minsk studiert. Dass dort noch das hergebrachte Curriculum galt, das die Beherrschung der künstlerischen Handwerke ins Zentrum stellte, versteht sich fast von selbst. Mit seiner Übersiedlung in den Westen und seinem Studium an der Kunstakademie in Düsseldorf hat er diesen Hintergrund jedoch keineswegs aufgegeben. Ob es die Sci-Fi-Fantasy von mit Hecken kopulierenden Robotermännern, eine Art Geheimarchiv leerer Manuskripte à la Jorge Luis Borges, die Doku-Fiction eines im Krieg geraubten Schatzes, das Modell eines symbolisch aufgebürsteten Checkpoint Charlie oder der Nostalgiekitsch von ägyptisierenden Lenin-Kanopen ist, immer spielt die präzise, bestimmte Materialien des Ausgangsobjektes nachahmende Arbeitsweise eine grosse Rolle. Andeutungen reichen nicht. Die Mimikry muss bis zu dem Punkt getrieben werden, wo das Staunen über die «Echtheit» einsetzt und gleichzeitig das Spiel ironischer Distanzierung durch Übererfüllung

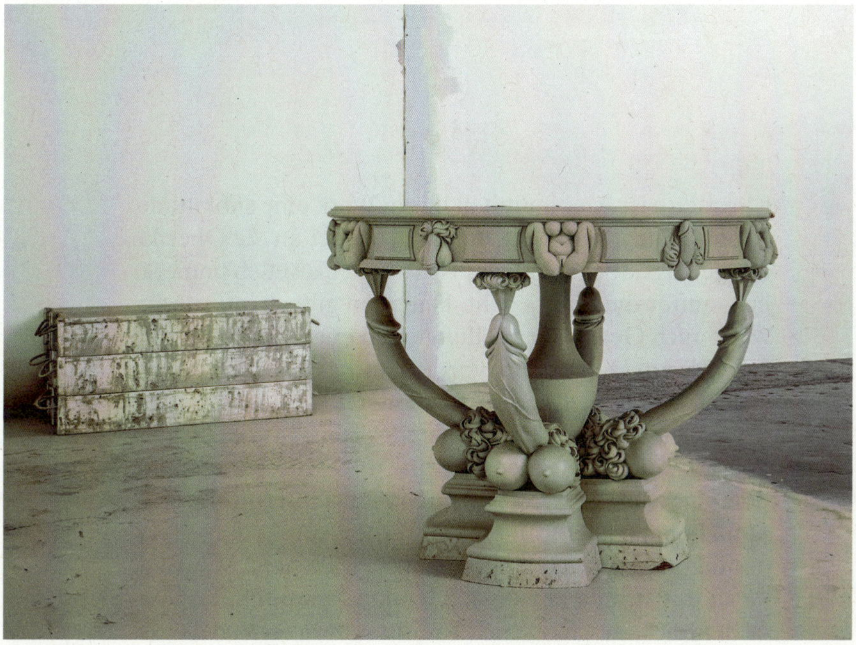

Alexej Koschkarow
Beutekunst [Looted Art], 2005

Craft Skills and Ambiguity

Despite the care that Katharina Fritsch and Alexej Koschkarow have taken selecting and arranging their works, and for all the affinities in their methods, *Zita – Щара* is still the outcome of two artists working independently of each other. The staging is not a collaboration between the two. This is already implied by the paratactic title, which suggests a possible point of contact but which also points to the differentness of the artists' backgrounds. The idea of presenting a joint display derived from their long familiarity with each other's work; they have already exhibited together on two other occasions. In this situation, there is a twofold reason for the artists—with the help of their own exhibition architecture—to engage again, and more intensely, in staging just such an interplay of commonality and difference. Mention has already been made of their work ethos—perhaps it would be more accurate to talk of their ethos of craftsmanship. Both artists attach the greatest importance to the way their ideas are achieved, to the realization of their ideas, to precise planning, the right materials, and scrupulous technical execution. This means that they have to be continuously "hands on" in their approach, to a greater or lesser degree. It means that they themselves determine each individual aspect of a sculpture before and during its final production. Contrary to appearances, Fritsch's figures are most definitely not merely mechanically scaled-up versions of found objects. Although found objects may serve as the point of departure for the initial formulation of an idea, the next stage is a painstaking, laborious process of sculptural creation and refinement. Despite using a 3-D printer for certain intermediate stages in the work's production and with the help of assistants, all the decisions are taken by her in situ in a classical, sculptural process and are always verified with reference to the actual, emerging work. Each measurement, each partial volume, each fold, each hue counts in the effort to ensure that the finished sculpture has the presence and dynamism Fritsch envisaged for it. Of course, processes and aims of this kind are neither new nor unusual in the history of sculpture. However, in an era of routinely practiced, short-hand conceptualism it is worth pointing out that not everything can be found somewhere or commissioned from someone if the result is to convince the viewer—given that the artistic goal is real, yet invented, spatial objects.

Alexej Koschkarow comes from a culture where making things oneself has been, and still is, a necessary part of daily life. During the dissolution of the Soviet Union he was a student at the Art Academy in Minsk. It almost goes without saying that the curriculum there was entirely traditional and the main emphasis was on mastering the manual skills of artistic creation. And when Koschkarow emigrated to the West, and continued his studies at the Art Academy in Düsseldorf, he by no means abandoned the principles he had already absorbed. Be it a sci-fi fantasy of robot-men copulating with hedges, a "secret archive" of blank manuscripts à la Jorge Luis Borges, a docu-fiction of treasure looted in a war, the model of a symbolically spruced-up Checkpoint Charlie, or "nostalgia kitsch" of faux-Egyptian canopic jars with heads of Lenin, he sets great store by accurately imitating the particular materials of the source object. Approximations will not do. On the contrary, this mimicry has to be taken to the point where the object's seeming authenticity induces open astonishment even as the game of ironic distancing is played out by over-fulfilling viewers' expectations. Thus the hand-grenade stove is clad with properly produced tiles; the model of a village reproduces the

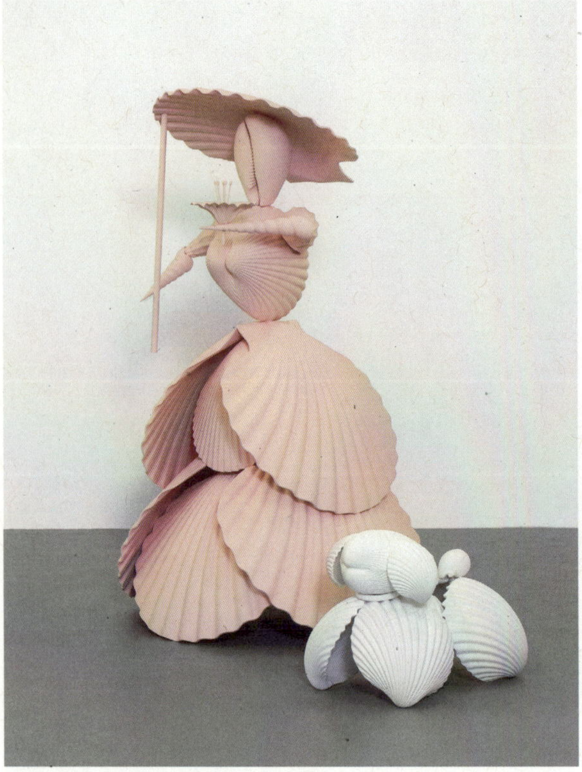

Katharina Fritsch
Frau mit Hund [Woman with Dog]
2004

beginnt. Also ist der Handgranaten-Ofen aus sachgerecht hergestellten Kacheln gebaut, beim Dorfmodell wird die nie ganz perfekte Liebe des Hobbyisten zu Material und Detail zitiert, und die apokalyptische Denkmalvision bedient sich des Modellbaus. Allerdings ist Koschkarows handwerkliches Vorgehen weniger planvoll und konzeptionell vorgezeichnet, als es auf den ersten Blick scheinen mag. Ähnlich wie bei Fritsch und zugleich anders vollzieht sich sein plastisches Denken und Handeln in einer ständigen Auseinandersetzung zwischen Vision, Plan, Form und Inhalt. Es ist ein Weg, Schritt für Schritt, der Wendungen und Intensivierungen zulässt, um das zuvor geahnte, aber noch nicht gewusste Ziel, sprich: das Kunstwerk in seiner Weite und Komplexität, zu erreichen.

Die andere Grundlage, die beide Künstler teilen, ist ihre Vorliebe für zwiespältige Bilder. Bei Fritsch wird sie häufig erst auf den zweiten Blick sichtbar. Das Doppelbödige zieht sich bei ihr in ein Bild zurück, das an der Oberfläche sofort wiedererkennbar und damit vermeintlich klar ist. Der jeweilige «Prototyp», den sie aus der plastischen Arbeit destilliert, erlangt einen ikonischen Status, dessen Eindeutigkeit bei näherem Betrachten jedoch verdächtig anmutet. Häufig gibt es einen Punkt in der Auseinandersetzung mit ihren Arbeiten, an dem die «Ikone» zum Vexierbild gerät. Ihre Figuren einer Madonna oder eines Mönchs: fromm oder scheinheilig? Die Monstermaus auf der Brust eines schlafenden Mannes: Psychostück oder Lachnummer? Der monumentale blaue Gockel auf dem Trafalgar Square: feministisches Statement oder Symboltier des französischen Rivalen? Für die Künstlerin ist Ambiguität in ihrem Werk eine subkutane Eigenschaft, ein Aspekt, der nicht immer an die Oberfläche gelangt, aber ständig mitschwingt, bisweilen unmerklich «unter die Haut» geht. Daneben gibt es in Fritschs Werk auch Gegenüberstellungen im engeren ikonografischen Sinn. Den hellen, vorderhand positiven Bildern stehen die dunklen, negativ konnotierten gegenüber. Zum Beispiel, hier ein golden strahlendes Herz aus Ähren und dort ein Totenkopf, oder hier eine rosa Muschelfrau und dort ein schnieker Geschäftsmann mit Teufelsfuss. Beide Modi können auch kombiniert werden, sodass der Effekt des Inkompatiblen oder des Absurden entsteht. Man denke an das strahlend weisse Kleinkind inmitten des vierfachen, dicht geschlossenen Kreises schwarzer Pudel oder an die zwei aufrecht posierenden Fussskelette vor dem Grossfoto eines Rosengartens.

Die Doppelbödigkeit der Arbeiten von Alexej Koschkarow beginnt schon damit, dass er wiederholt das (Architektur-)Modell als Darstellungsmodus wählt. Es erlaubt ihm nicht nur eine hinreichend exakte Wiedergabe von Details, sondern auch die Erfassung von Objekten und Szenerien, die realiter kaum von den räumlichen, technischen und ökonomischen Möglichkeiten eines Ausstellungsraums geleistet werden könnte. Mindestens so wichtig ist jedoch der Eigensinn von Modellen gegenüber ihren Referenzobjekten in der Wirklichkeit – seien sie real oder bloss gedacht. Die Verhältnisse zwischen Modell und Realität sind nie eindeutig, und genau darin liegt ein grosses künstlerisches Potenzial. Jeder Darstellung in Form eines Modells ist eine grundsätzliche Distanzierung und Ambivalenz gegenüber der Wirklichkeit immanent. Die Ironie ist dabei nur eine Möglichkeit. In manchen Arbeiten Koschkarows kann das Modell den Charakter eines Traums, eines Albtraums oder vieler Stufen dazwischen annehmen. In seinem schon erwähnten Archiv leerer Manuskripte etwa scheint der Massstab des Raums gerade um so viel verändert zu sein, wie es auch die Dinge im Traum mitunter sind, nämlich kleiner (oder grösser) als in Wirklichkeit. Die Grösse des ikonischen Wachhäuschens in Berlin ist auf die Dimension eines fiktiven historischen Anschauungsmodells reduziert. Erst so wird die krude Mischung aus heroischer Dekoration und Zerstörung als eine Vision möglich, die unerlöst zwischen Vergangenheit, Wunsch, Furcht und Zukunft pendelt. Wenn schon das Medium des Modells eine grundsätzliche, in vielfacher Beziehung produktive Unschärfe beinhaltet, da es die jeweiligen Bilder sozusagen im Modus des Konjunktivs präsentiert, steigern sich die Themen von Koschkarows Arbeiten nicht selten zu einer ausgemachten Zwiespältigkeit. Die befriedete Granate / der pervertierte Ofen ist ein gutes Beispiel dafür, bringt die Arbeit doch Aggressivität und Zerstörung in einem Bild mit Pracht und Gemütlichkeit zusammen. Die Arbeit

hobbyist's never quite perfect love of materials and details, and the apocalyptic vision of a memorial taps into model construction. At the same time, however, Koschkarow's hands-on activities are not as predetermined and conceptualized as they may at first appear. Like Fritsch, albeit by different means, his sculptural thinking and doing unfolds in constant dialogue with his artistic vision and ideas, with form and content. This step-by-step process can accommodate changes and different intensities en route to the as yet unknown destination, that is to say, the work of art in its full breadth and complexity.

The other foundation stone that is part of both artists' makeup is their preference for ambiguous imagery. In Fritsch's case this only properly emerges on closer examination. Yet the ambiguity of an image can withdraw back into it, so that the momentarily perplexing image suddenly seems entirely recognizable and unequivocal again. The "prototype" that she distills through her sculptural work acquires an iconic status, which—on closer scrutiny—is far from as straightforward as it may seem. As viewers engage with her works, there is often a moment when the "icon" seemingly flips into something else. Take her figures of a Madonna or a monk: pious or just sanctimonious? The monstrous mouse on the chest of a sleeping man: psychologically revealing or just a joke? The giant blue cockerel on the Fourth Plinth in Trafalgar Square: feminist statement or a metaphor for Britain's French rivals? Ambiguity is a subcutaneous characteristic of all Fritsch's work: it may not always come to the surface but it always subtly makes its presence felt, often imperceptibly getting under the viewer's skin. Besides that, in Fritsch's work, there are also juxtapositions in a narrower iconographic sense. Bright, positive images are countered by dark images with negative connotations. For instance: a gleaming, golden heart of corn and a skull, or a pink shell-woman and a snazzy businessman with a cloven foot. The different types can also be combined, creating obvious incompatibility or absurdity, as in the case of the gleaming white baby in the midst of a four-deep, close-knit circle of black poodles, or of the two upright skeletons of feet posing in front of a large-format photograph of a rose garden.

The ambiguity of Alexej Koschkarow's works is already seen in the fact that he often uses (architectural) models as his medium. This allows him not only to engage with a high level of (supposedly accurate) detail, it also allows him to present objects and scenarios that could not otherwise be achieved given the actual spatial, technical, and economic reality of a normal exhibition space. But just as much importance also attaches to the isolation of these models from their reference objects in the outside world—either real or imagined. The relationships between a model and reality are never explicit, and this is precisely what gives them their considerable artistic potential. Each image in the form of a model is fundamentally and intrinsically distanced from reality and ambivalent toward that same reality. And irony is just one possible outcome here. In some of Koschkarow's works the model takes on the characteristics of a dream, or a nightmare, or of anything on the wide spectrum between the two. For instance, in his previously mentioned archive of blank manuscripts, the scale of the room seems to have changed in much the way that things sometimes change in dreams, when they appear smaller (or larger) than normal. The iconic sentry box in Berlin has been reduced to the size of a fictive, historical model. It is only by this means that the crude mixture of destruction and heroic decoration can be seen as a vision that vacillates, unredeemed, between the past, desire, fear, and the future. Given that the model already has a fundamental, variously productive vagueness, since it—as it were—presents the images in question in the subjunctive mood, the themes in Koschkarow's works often instigate open, internal conflict. The pacified-grenade/perverted-stove is a good example of this, in that the work manages to combine aggression and destruction in the same image as finery and coziness. The work thus does not take sides and certainly makes no moral judgment; instead it hones in on the potential simultaneity of wholly incompatible factors. The effect could be described as ludicrous; the tone of the work could be deemed sarcastic—but only if both are read as a realistic view of things.

Ghost, Specter—*Gespenst*

Zita and Щара—one as volatile as the other—hover over these three chambers. Even if one searches for explanations or speculates on their meaning, their roles remain nebulous. Although the Empress and Ex-Empress is undoubtedly a historical figure, her image is clouded by the immense distance separating her time, along with the political ideas she represented, from the lifestyles and thinking of the twenty-first century. Щара may seem all the more mythical because little is known in the West about this river and its importance to the people who lived and live along it. Zita is one member of a deceased, slightly curious historical grouping, Щара is something in the East that is barely known in the West. The works on display here make no direct reference to either. There is no hint of didacticism. But there is a substratum where these ideas and the works come into contact. It is the

1 Graham Harman, «Über den Horror der Phänomenologie: Lovecraft und Husserl», in: *Abyssus Intellectualis. Spekulativer Horror*, hrsg. von Armen Avanessian und Björn Quiring, Berlin: Merve Verlag, 2013, S. 83–105.

Graham Harman, "On the Horror of Phenomenology: Lovecraft and Husserl," in: *Collapse. Journal of Philosophical Research and Development. Concept Horror*, ed. by Robin Mackay, Vol. IV, 2008 (reissued edition December 2012), pp. 332–364.

verweigert so jede Stellungnahme, fällt erst recht kein moralisches Urteil, sondern zielt direkt auf die Gleichzeitigkeit des Unvereinbaren. Den Effekt kann man absurd nennen, den Ton möglicherweise sarkastisch – aber nur wenn man beides als realistische Sicht auf die Dinge versteht.

Gespenster

Zita und Щара schweben als flüchtige Begriffe über der Präsentation. Auch wenn man nach Erklärungen sucht und spekuliert, bleibt die Sache doch etwas nebulös. Obwohl die Kaiserin und Ex-Kaiserin ohne Zweifel eine historische Figur ist, verschwimmt ihr Bild in dem immensen Abstand, der zwischen ihrer Zeit sowie der politischen Idee, die sie vertrat, und den Lebens- und Denkweisen des 21. Jahrhunderts besteht. Щара scheint womöglich noch stärker einer mythischen Dimension anzugehören, weil man im Westen wenig über diesen Fluss und seine Bedeutung für die Menschen, die an ihm lebten und leben, weiss. Zita ist Teil eines abgelebten, ein wenig kuriosen Geschichtspersonals, Щара ist etwas kaum Verstandenes im Osten. Die Installation nimmt an keiner Stelle direkten Bezug auf beides. Didaktik ist denkbar fern. Aber es gibt eine untergründige Schicht, in der sich die Begriffe und die Arbeiten berühren. Dort begegnet man Verdrängtem und Wiedergängern. Das Leichenbehältnis von Fritsch wird auf paradoxe Weise untergründig oder hinterhältig, weil es gerade nicht mit dem Farbcode von Trauer und Grusel operiert, sondern die Banalität und das Ungeheure des Todes in einem ebenso strahlenden wie schillernden Zeichen einfriert. Die Folklorepüppchen erhalten ihre Unwirklichkeit schon durch die Überführung aus der Spielzeugwelt in die Menschengrösse. Es findet eine verdächtige Verlebendigung statt, die den kleinen Figuren eigentlich nicht zukommt (höchstens in der Fantasie des Kindes) und sie zu heimlich-unheimlichen Wesen macht. Erst in diesem Massstab bemerkt man beispielsweise, dass sie keine Hände und mehr noch: keine Gesichter haben – so wie häufig in Träumen die Toten. Das *Schtetl*-Modell von Koschkarow mutiert unter bestimmten Blickwinkeln zu einer menschenähnlichen Figur. Wenn etwas so Vielgestaltiges und Konkretes wie ein Dorf eine solche Gestalt annimmt, geht es um eine Parallel- oder Metarealität. Die Personifikation rückt die Sache ins Mythische. Seine durchgeriebenen Bilder an der Wand sind körperlose Schattenerscheinungen par excellence, und *Das was keinen Namen hat* macht nicht erst durch diese Umschreibung deutlich, dass es mit Begriffen nicht zu packen ist. Und ist ein Denkmal nicht per se die Konstruktion des Untoten? Wer oder was auch immer mit ihm (und erst recht mit diesem Modell) beschworen wird, existiert als bedeutungsschwere und mehrdeutige Schimäre. Etwas soll auf immer weiterleben, das es so gar nicht gibt.

Das Kammerspiel von Katharina Fritsch und Alexej Koschkarow hat keine Handlung, und einen verlässlichen Besetzungszettel gibt es auch nicht. Das Spiel der Figuren auf dieser Bühne mündet nicht in ein nachvollziehbares Drama mit klarem Ausgang. Bei aller physischen Präsenz besitzen die Gestalten und Gegenstände gewisse Eigenschaften, die sie in einem übertragenen Sinn zu Gespenstern machen. Sie springen einen gleichsam unerwartet an und entwinden sich gleichzeitig dem Zugriff. In ihnen steckt eine mitunter latente, mitunter deutliche Zwiespältigkeit, die zum Abgründigen neigt. Auch wenn der erste Eindruck noch so klar zu sein scheint, immer gibt es eine Abseite, die makaber, dämonisch oder auch nur koboldhaft sein kann. Gespensterhaft sind die Arbeiten aber auch aus einem anderen Grund. Das Wort meint ursprünglich Lockung oder verlockendes Gaukelbild. In der Tat legen es beide Künstler auf eine Verlockung durch Bilder, durch plastische Bilder an. Daher der ganze planerische, materielle und handwerkliche Aufwand, den sie betreiben. Sie bekennen sich gleichsam zur Kunst als einem Akt ebenso gekonnter wie lächelnder Verführung. Da ihre Bilder grundsätzlich doppelbödig und zwiespältig angelegt sind, verführen sie nicht zu etwas Bestimmtem, sondern verlocken zum Umgang mit der Ambiguität selbst. Sie tun das nicht, um jede Festlegung zu vermeiden, weil diese in einem oberflächlich postmodernen Sinn keine Option mehr darstellt. Insofern handelt es sich nicht um einen Rückzug ins Spielerisch-Ästhetische. Die Verlockung zum selbstverständlichen, aber alerten Umgang mit Ambiguität ist vielmehr einem Realismus geschuldet. «In Kontakt mit der Realität treten wir dann, wenn wir ein Ding nicht mehr auf seine Eigenschaften oder Wirkungen auf andere Dinge reduzieren.» Dabei gehen «Objekte und Seltsamkeit Hand in Hand». Ein Objekt ist «ein ‹Ich-weiss-nicht-was›, aber in einem positiven Sinn»[1]. Oder eben ein Gespenst im Dienste eines künstlerischen (und insofern immer auch spekulativen) Realismus.

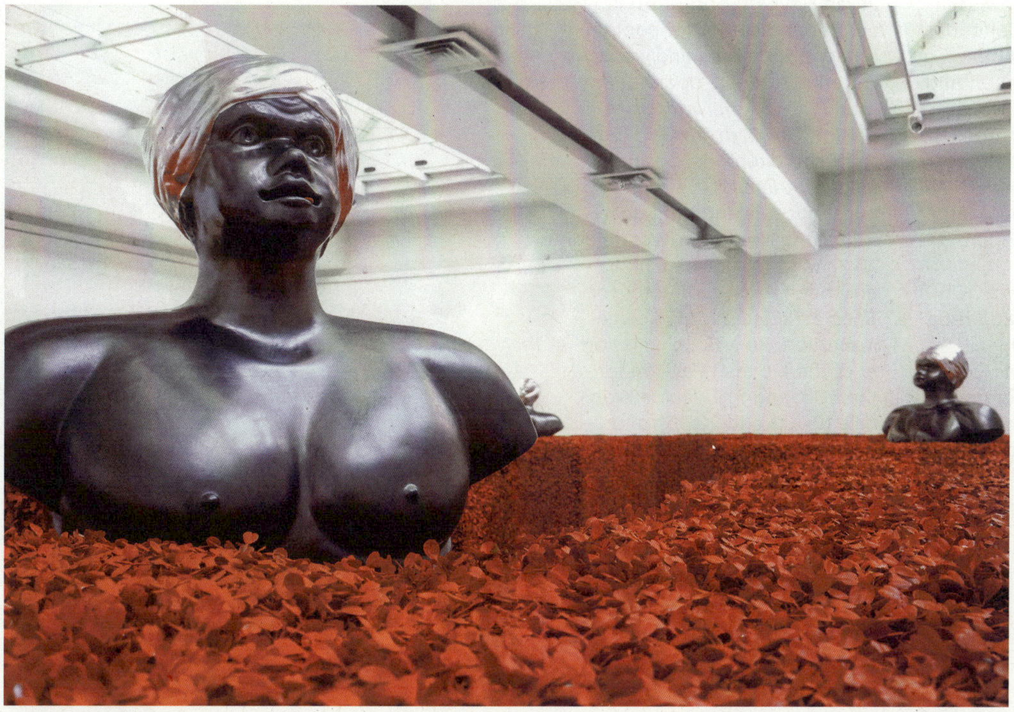

Alexej Koschkarow
Befruchtung von Hecken
[Insemination of Hedges], 1999

realm of things suppressed and of revenants. Fritsch's box for a corpse paradoxically acquires a disturbing, insidious aspect because it specifically does not adopt the color coding of grief and horror, but instead freezes the banality and awfulness of death in a luminous, luminescent symbol. The folklore dolls take on an air of unreality by being extracted from their toy world and given human size. A suspect form of animation ensues, to which they have no right (or only in a child's imagination) and that turns them into eerily secretive beings. It is only in this size that it is immediately obvious that they have no hands and, worse still, no faces—like the dead in dreams. From certain angles Koschkarow's *Schtetl* model looks almost like a human figure. If something as multifaceted and real as a village appears to take on human form, it has to be in a parallel or meta-reality. The personification of the village shifts things into a different, mythical realm. Meanwhile his rubbings on paper fixed to the wall are the ultimate in shadowy, incorporeal visions and the title, *Das was keinen Namen hat*, makes it very clear that these items cannot adequately be described in words. And is a memorial not per se a construction of the undead? Whoever, and whatever, is invoked by the memorial (and all the more so by this model) only exists as a loaded, ambivalent chimera. Something, which doesn't actually exist, is to live forever.

There is no plot to this chamber play by Katharina Fritsch and Alexej Koschkarow, nor is there a definitive list of characters. The interplay of these figures on their stage does not amount to a comprehensible drama with a clear outcome. For all their physical presence, these figures and objects have certain qualities that, metaphorically speaking, turn them into specters or phantoms. They jump out at one without warning, yet they elude one's grasp. They have an innate ambiguity—sometimes concealed, sometimes very visible—that tends toward a much darker inscrutability. However lucid one's first impression may be, these works always prove to have an opposite side that can be macabre, demonic, or just mischievous. But these works of art are also like (metaphorical) specters for another reason. The German word *Gespenst*—which covers everything from spook to specter—was originally used in connection with temptation or a tempting illusion. And both artists do indeed believe in the capacity of images, sculptural images, to entice the viewer into a different world. That is in itself the reason for all their planning, for the effort they put into sourcing and working with their chosen materials. They are committed to art as an act of skillful, yet smiling, seduction. Their images are designed, on principle, to be ambiguous and conflicting; they do not seduce viewers to do anything in particular but rather entice them into engaging with ambiguity in its own right. Yet this is not in order to avoid being pinned down, because—in a superficial, postmodern sense—this is no longer an option. And in that sense they are not trying to retreat into some kind of playful aesthetic. The artists' endeavors to draw viewers into a natural, yet alert, engagement with ambiguity in fact arise from their own realism: "Contact with reality begins when we cease to reduce a thing to its properties or to its effect on other things." At the same time, "objects and weirdness go hand in hand." An object is "an 'I know not what,' but in a positive sense."[1] Or a specter in the service of artistic (hence also always speculative) realism.

Julian Heynen (geboren 1951) ist Kurator und Autor für zeitgenössische Kunst. Er lebt und arbeitet in Berlin. Im Anschluss an die Promotion zu den Schriften von Barnett Newman war er in kuratorischer und leitender Position unter anderem bei den Krefelder Kunstmuseen und am K21 Kunstsammlung Nordrhein-Westfalen sowie in den letzten Jahren bis heute als Künstlerischer Leiter für besondere Aufgaben an diesem Museum tätig. Er kuratierte den Deutschen Pavillon an der 50. und 51. Biennale Venedig (2003 und 2005) und hat mit Künstlern wie Bruce Nauman, Lawrence Weiner, Franz West, Luc Tuymans, Dominique Gonzalez-Foerster und vielen weiteren zusammengearbeitet. Neben Katalogen und Texten zu Positionen der Gegenwartskunst publiziert Julian Heynen insbesondere zu Themen der Kunst seit den 1970er-Jahren.

Julian Heynen (born 1951) is curator and author for contemporary art. He lives and works in Berlin. After his doctorate in art history on the writings of Barnett Newman, he held curatorial and directorial positions, among others, at the Krefelder Kunstmuseum and K21 Kunstsammlung Nordrhein-Westfalen, and has for some years up to now been Artistic Director for Special Projects for the same institution. He was commissioner of the German Pavilion for the 50th and 51st Venice Biennale (2003 and 2005), and he has worked with artists such as Bruce Nauman, Lawrence Weiner, Franz West, Luc Tuymans, Dominique Gonzalez-Foerster, to name just a few. In addition to contributing to catalogues and texts on contemporary art, Julian Heynen specializes in writing on art since the 1970s.

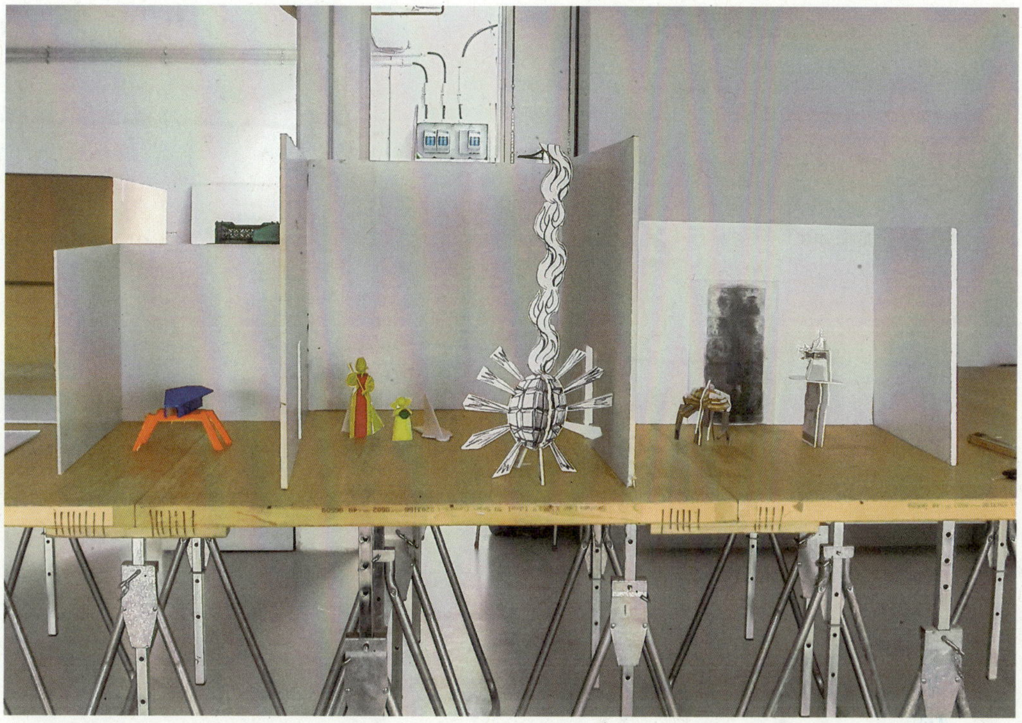

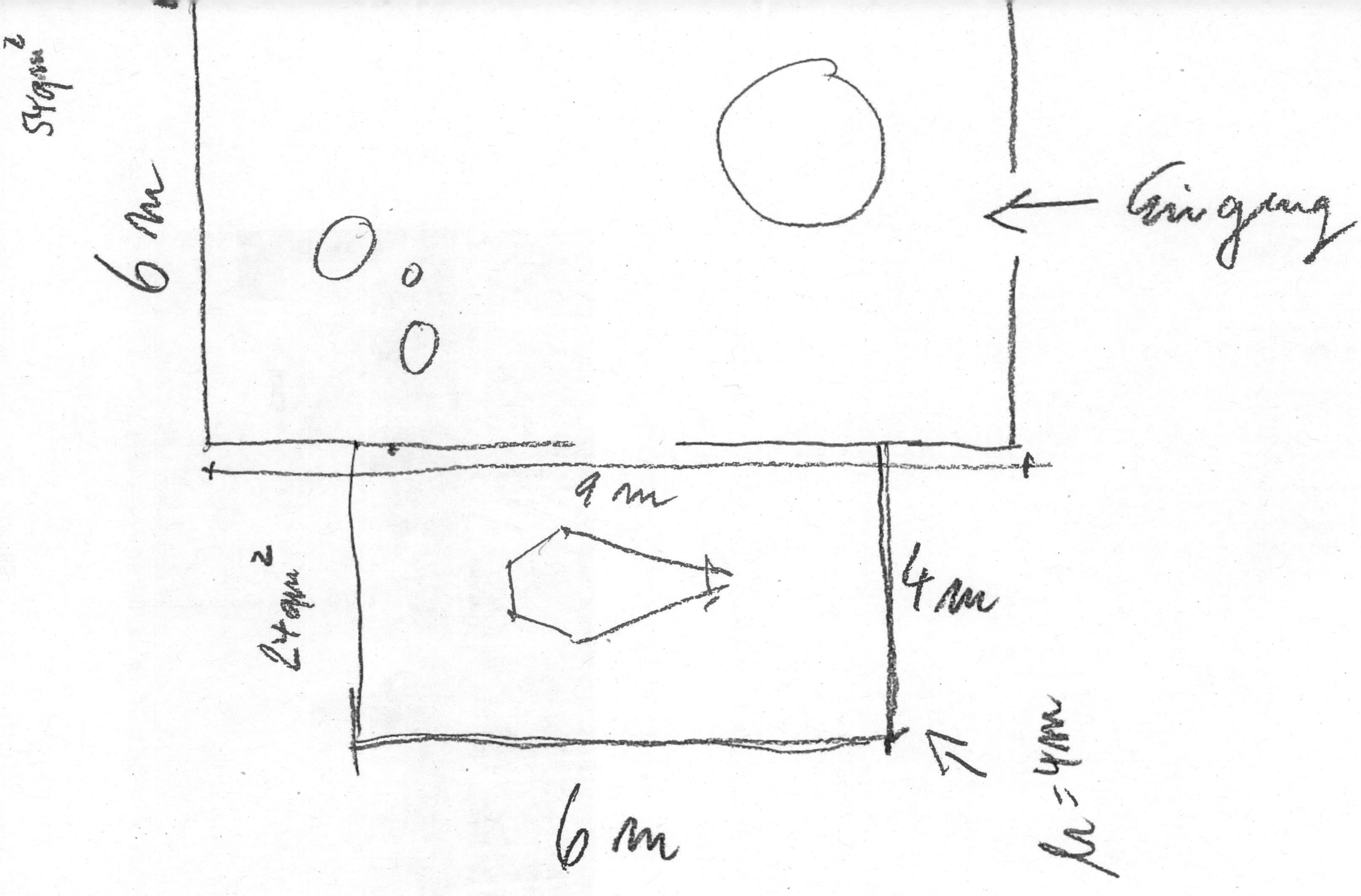
54qm²
6 m
Eingang
9 m
24qm²
4 m
6 m
h = 4m

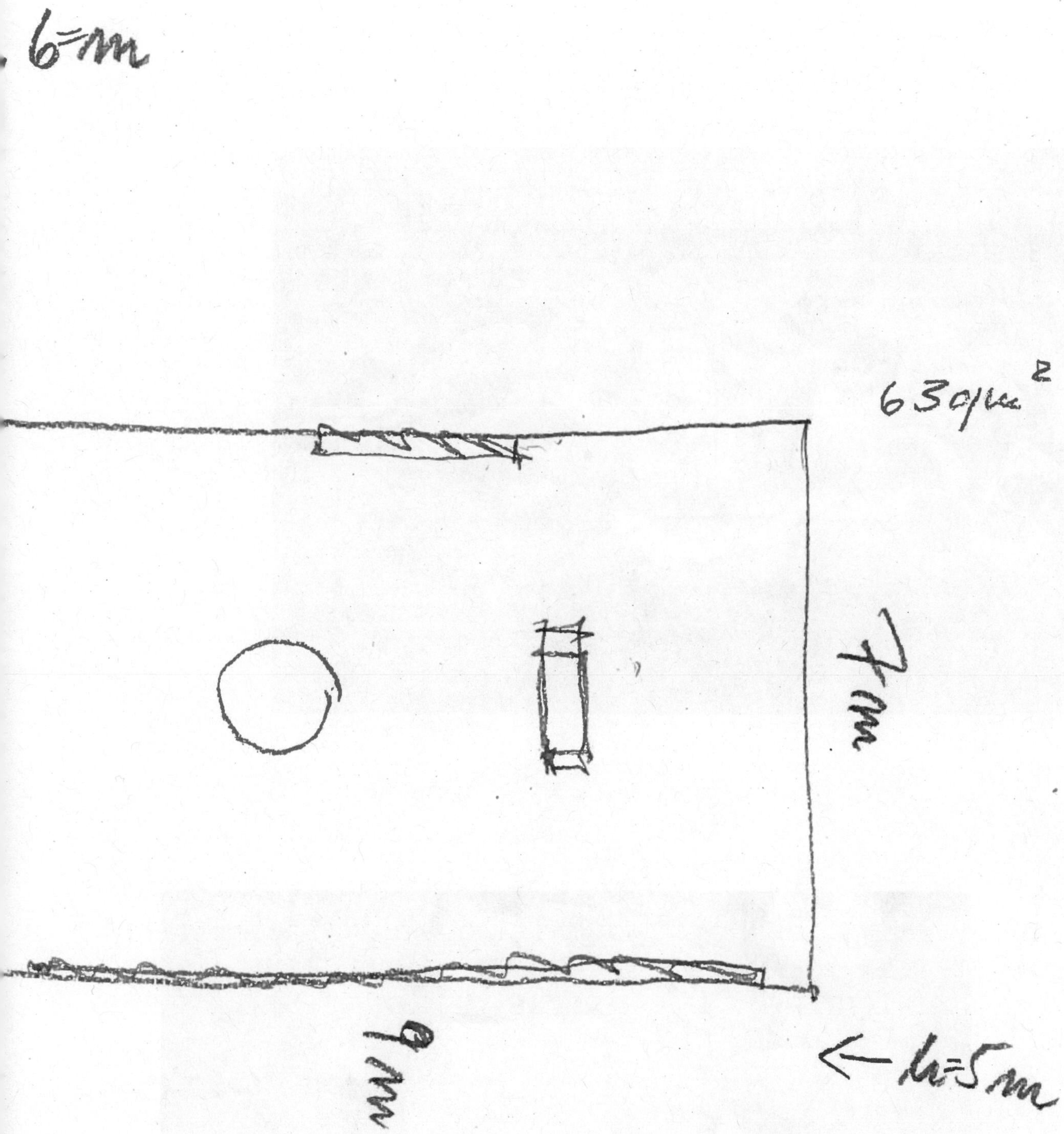

Zita hat 141 qm² und besteht aus 3 Räumen

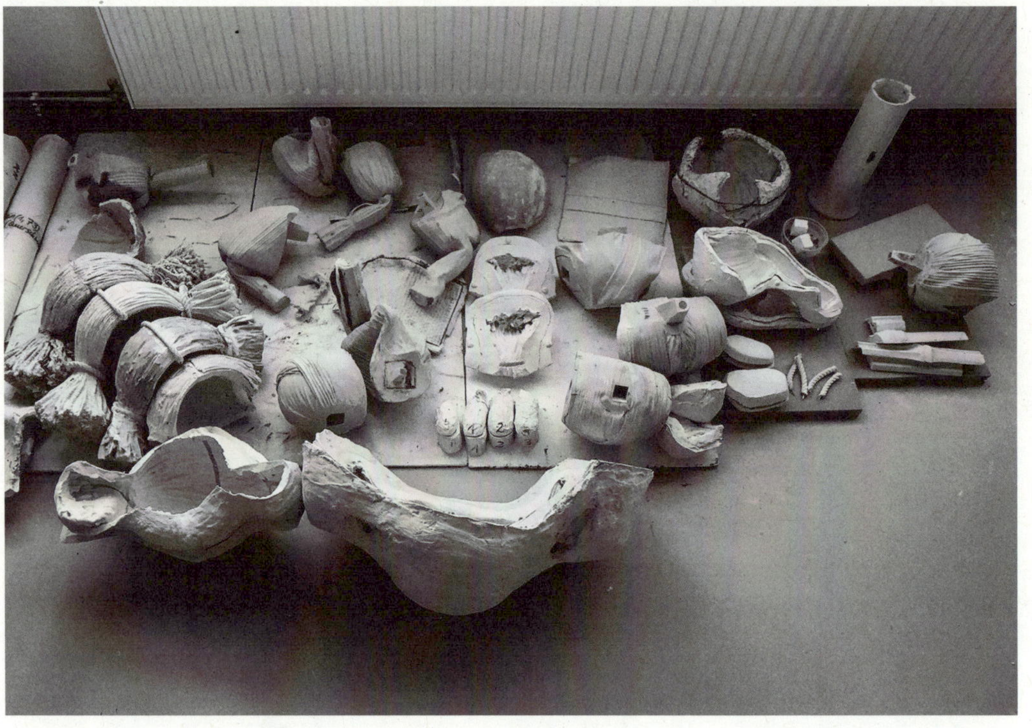

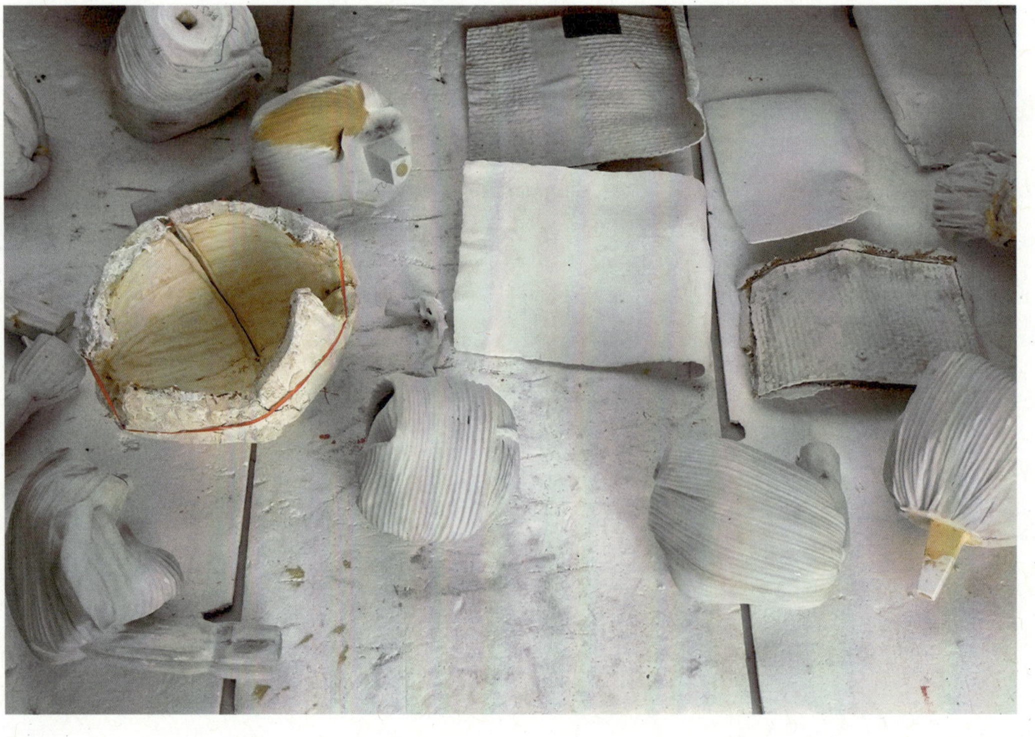

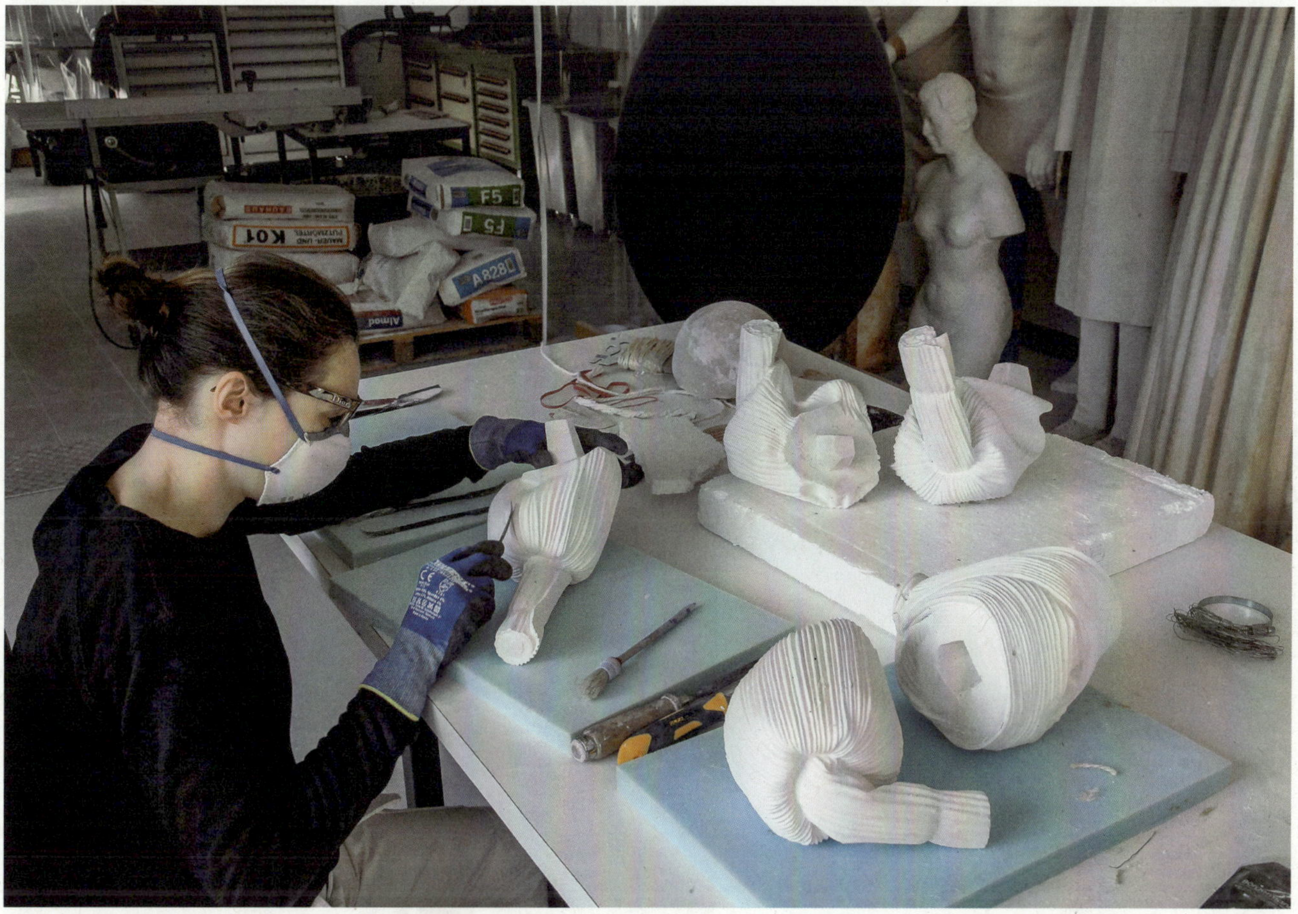
K01
F5
F5
AR28

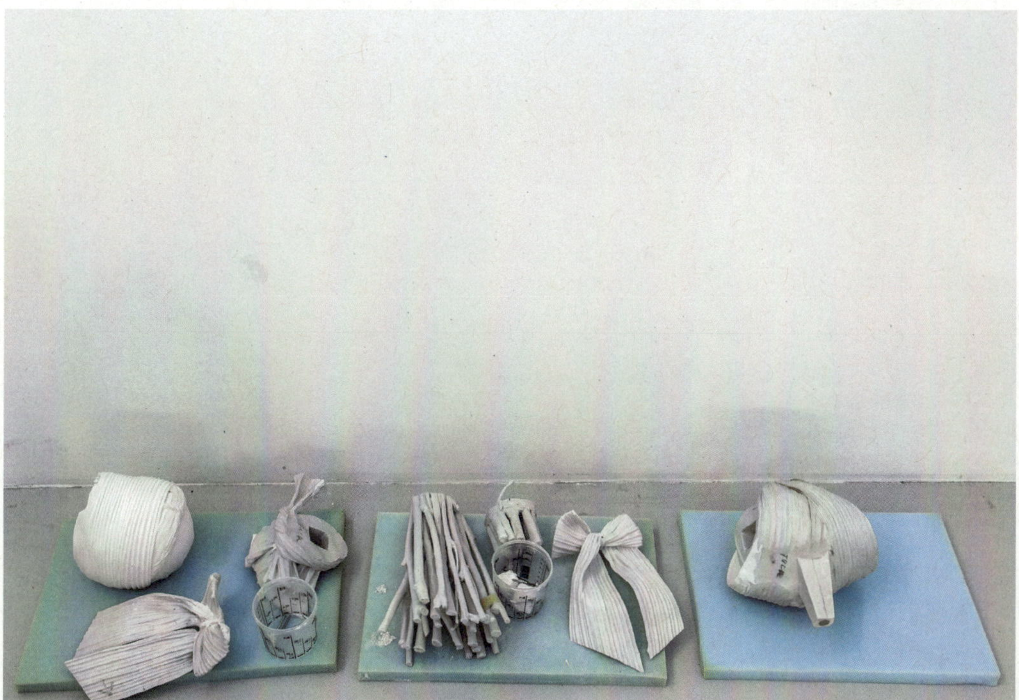

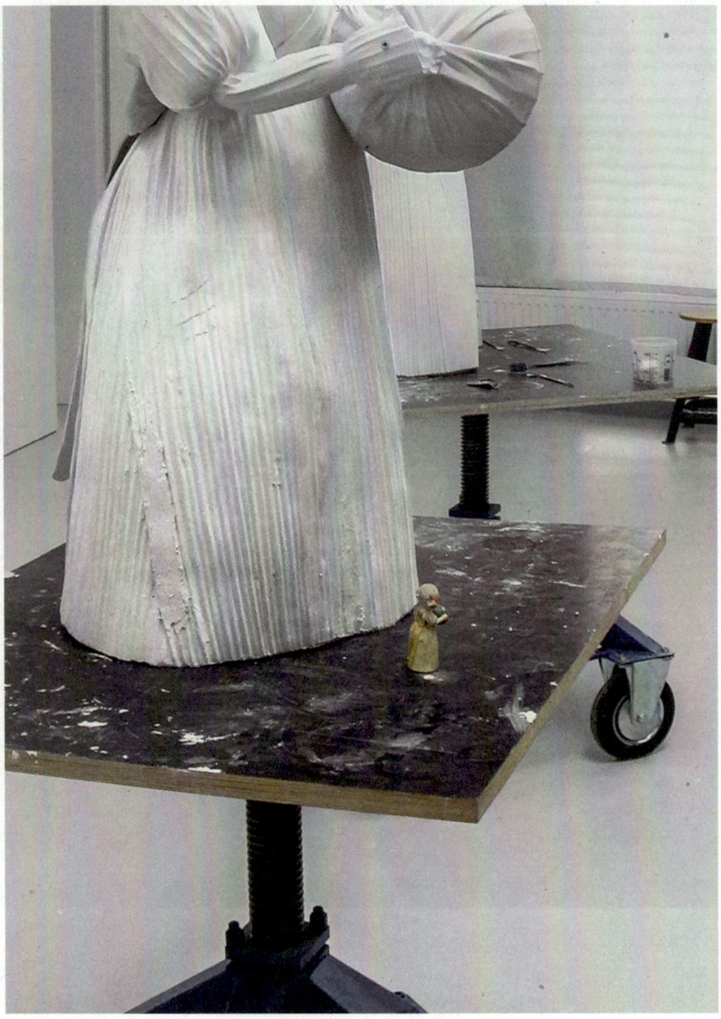

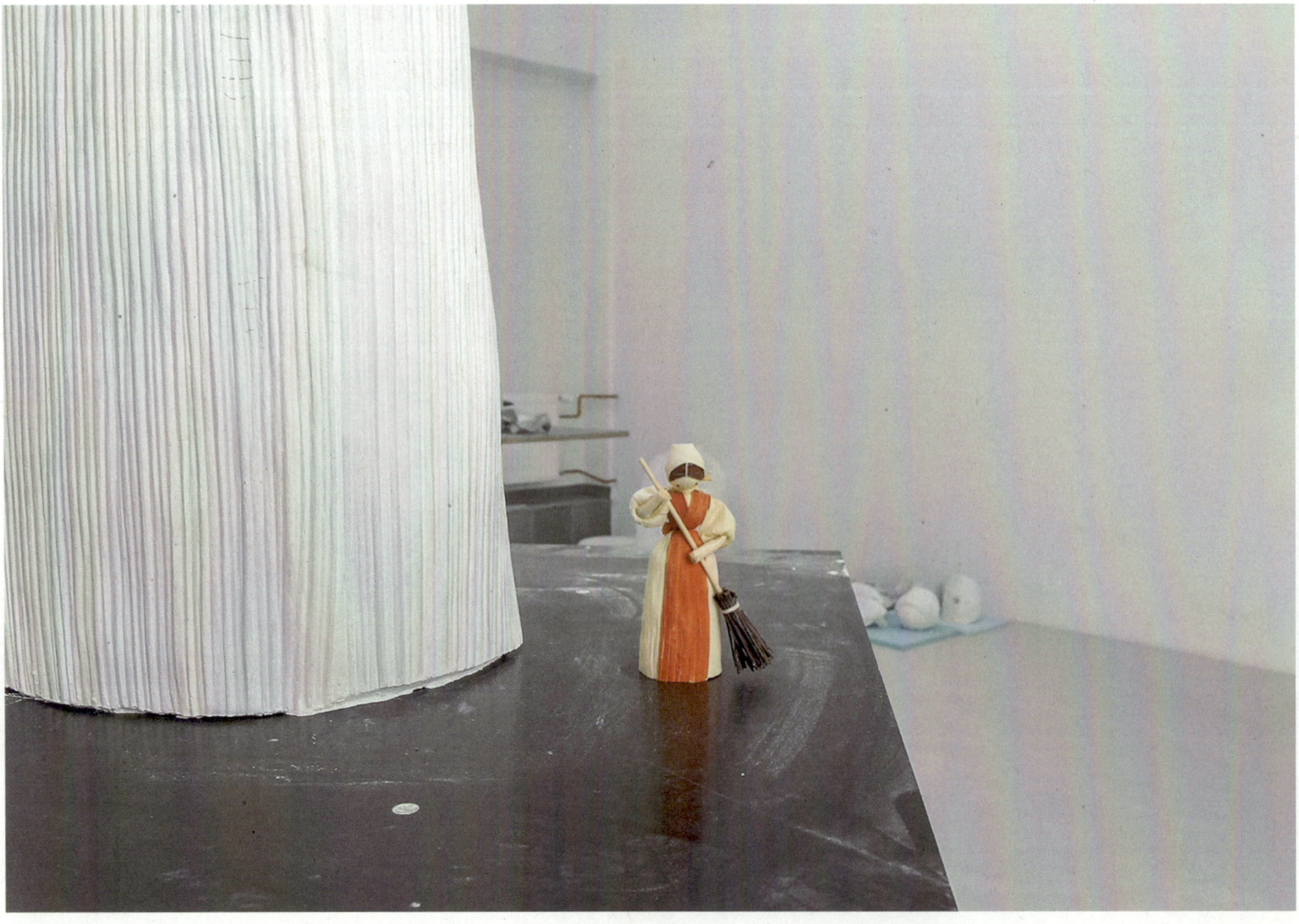

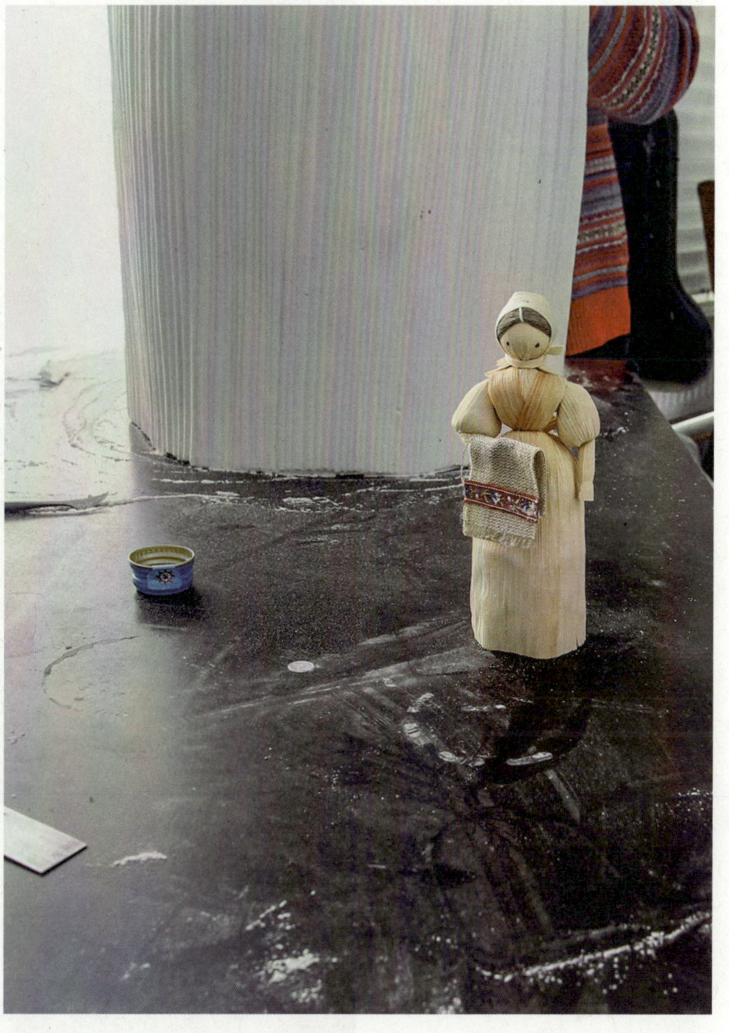

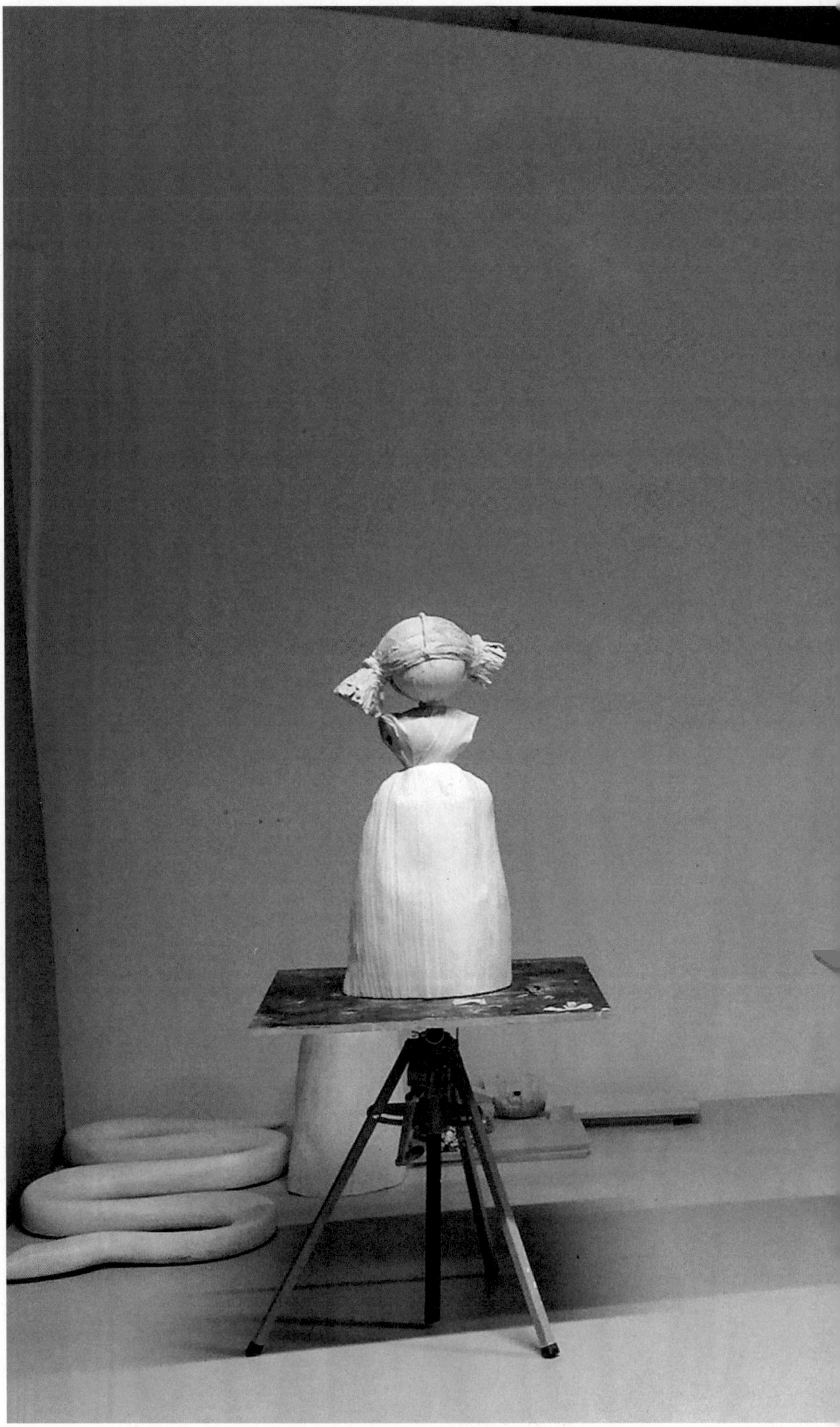

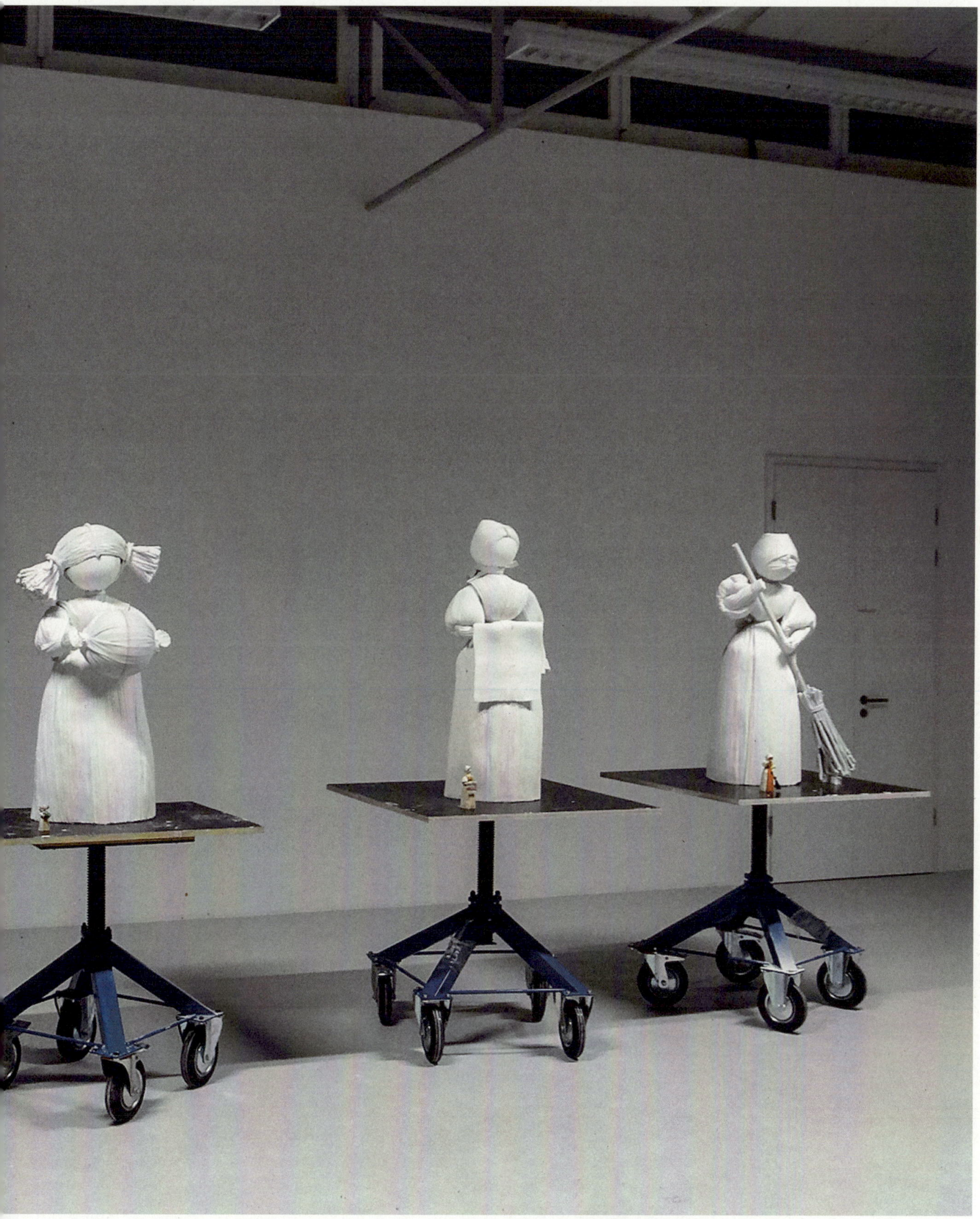

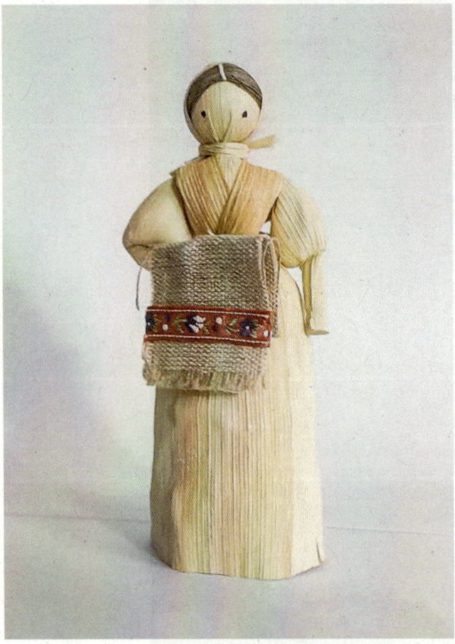

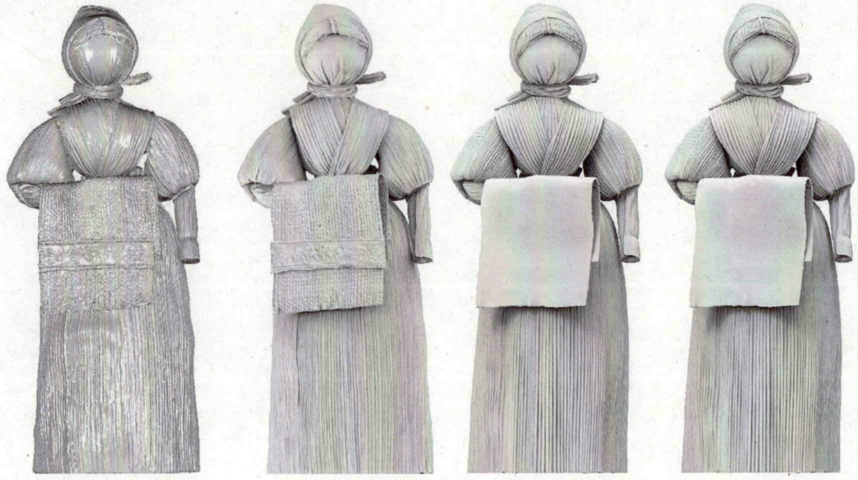

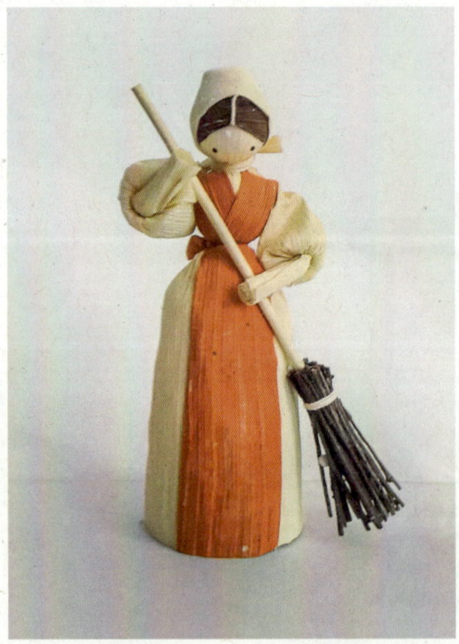

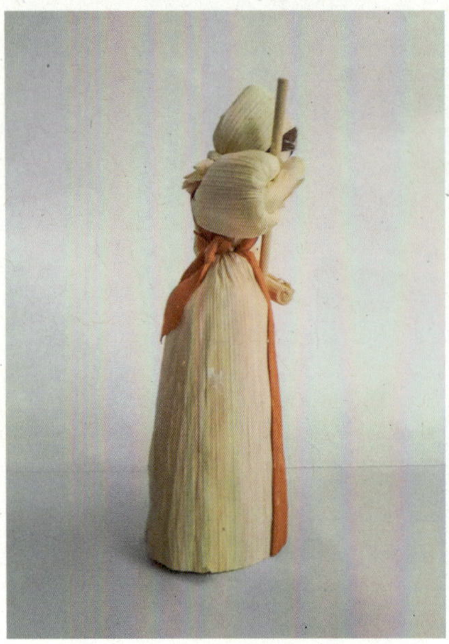

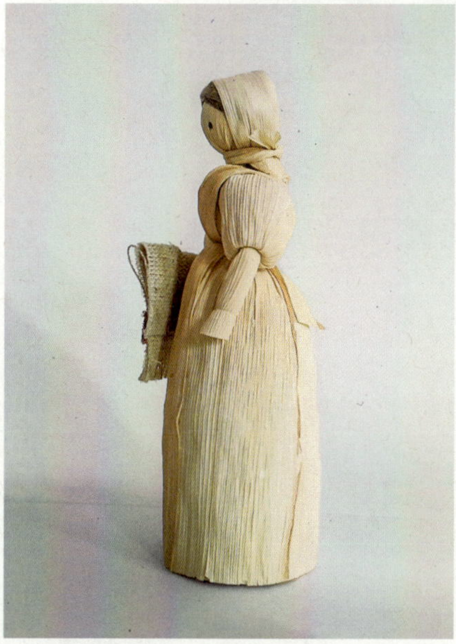

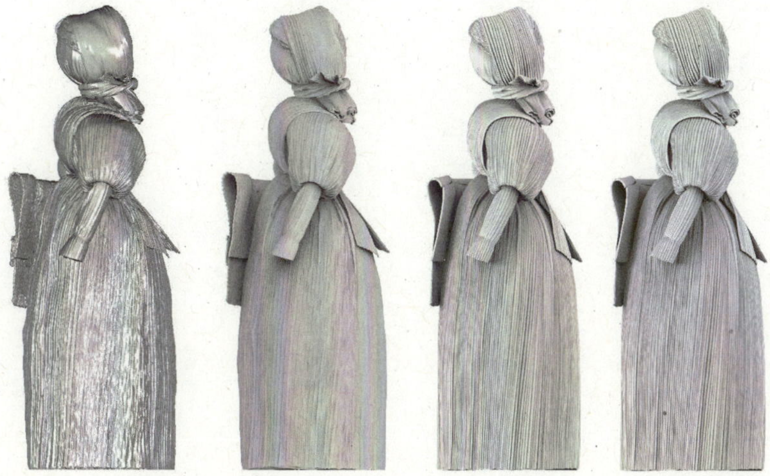

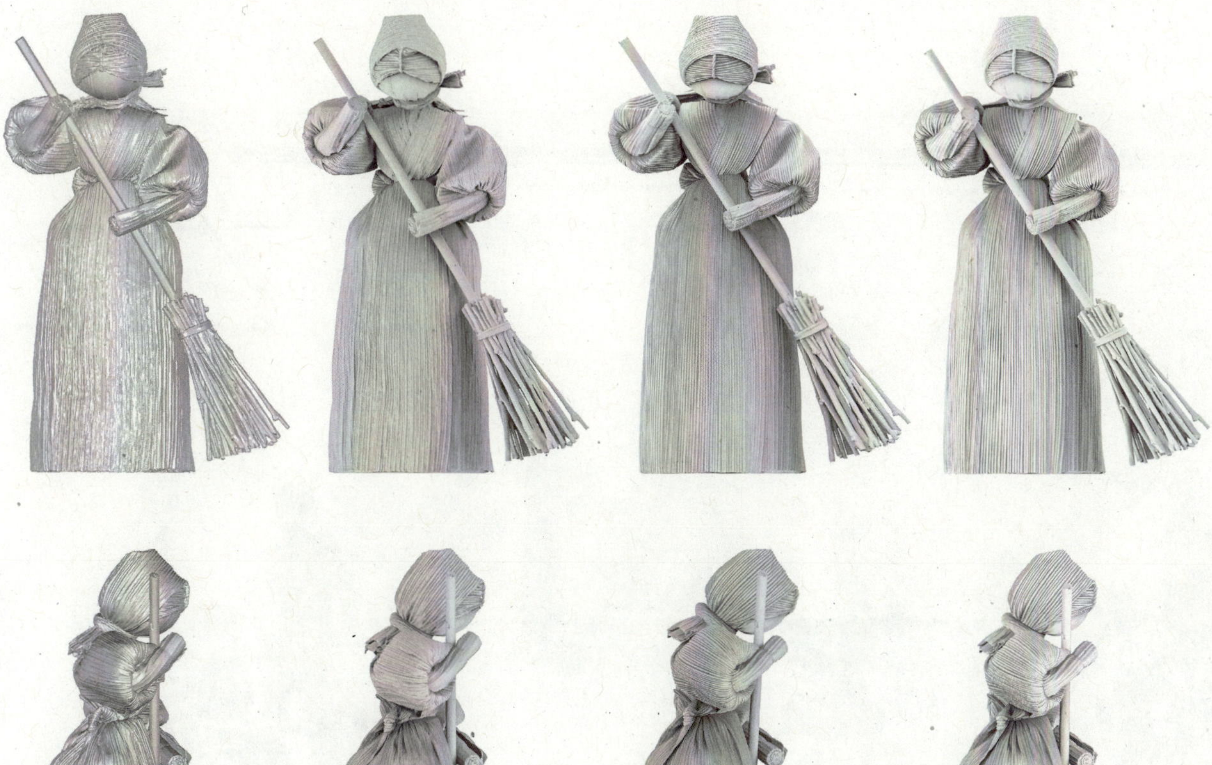

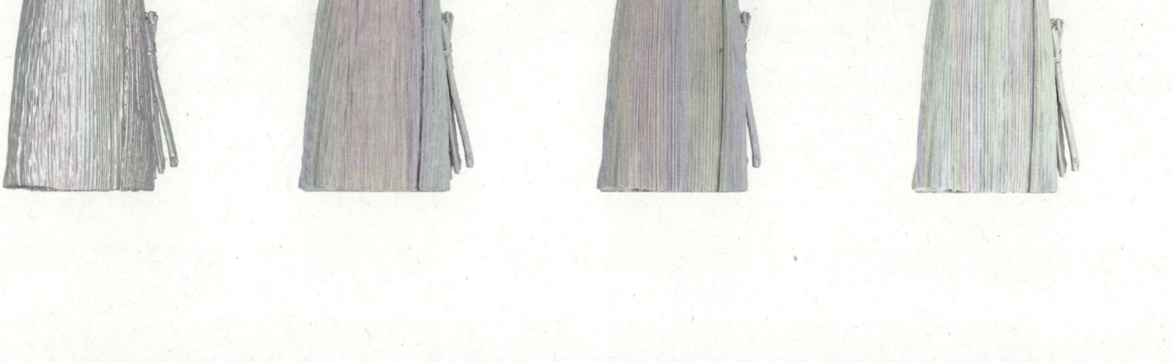

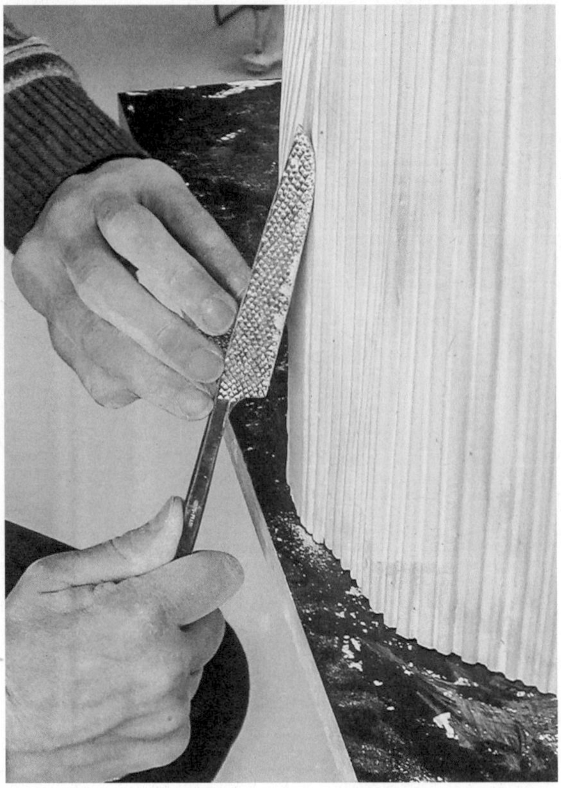

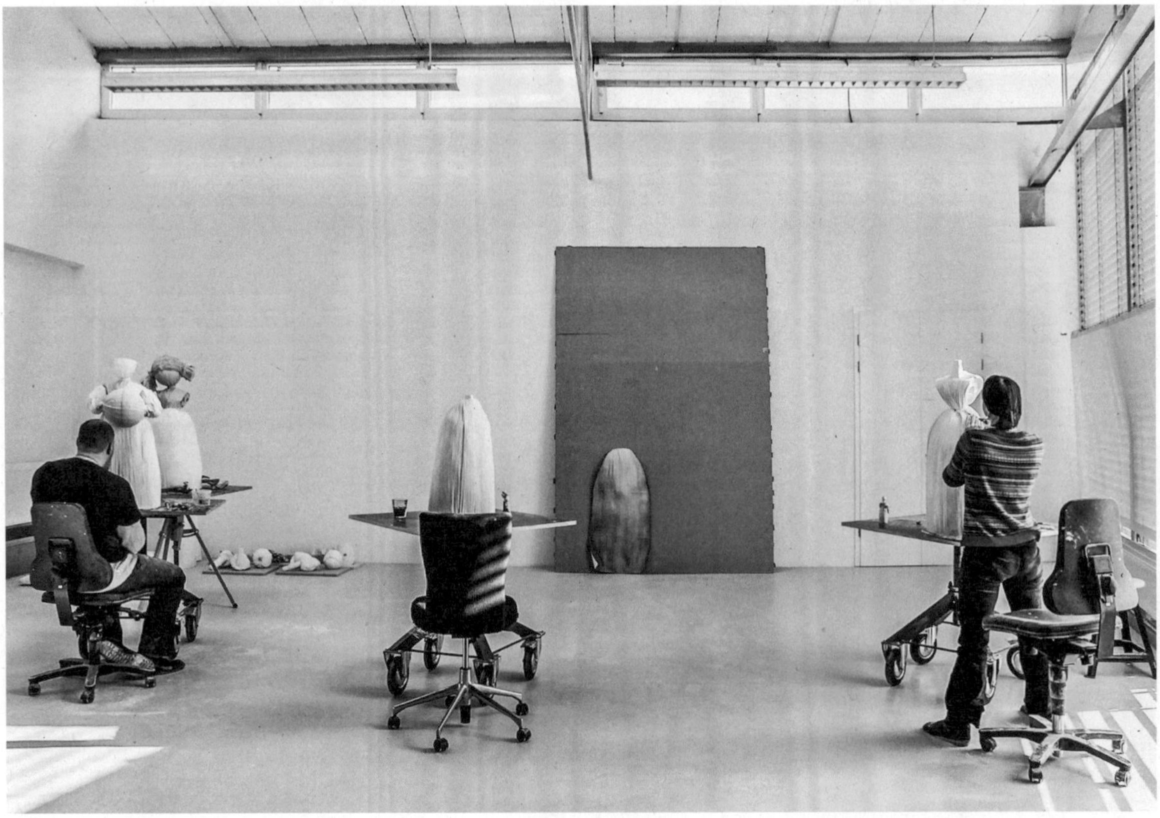

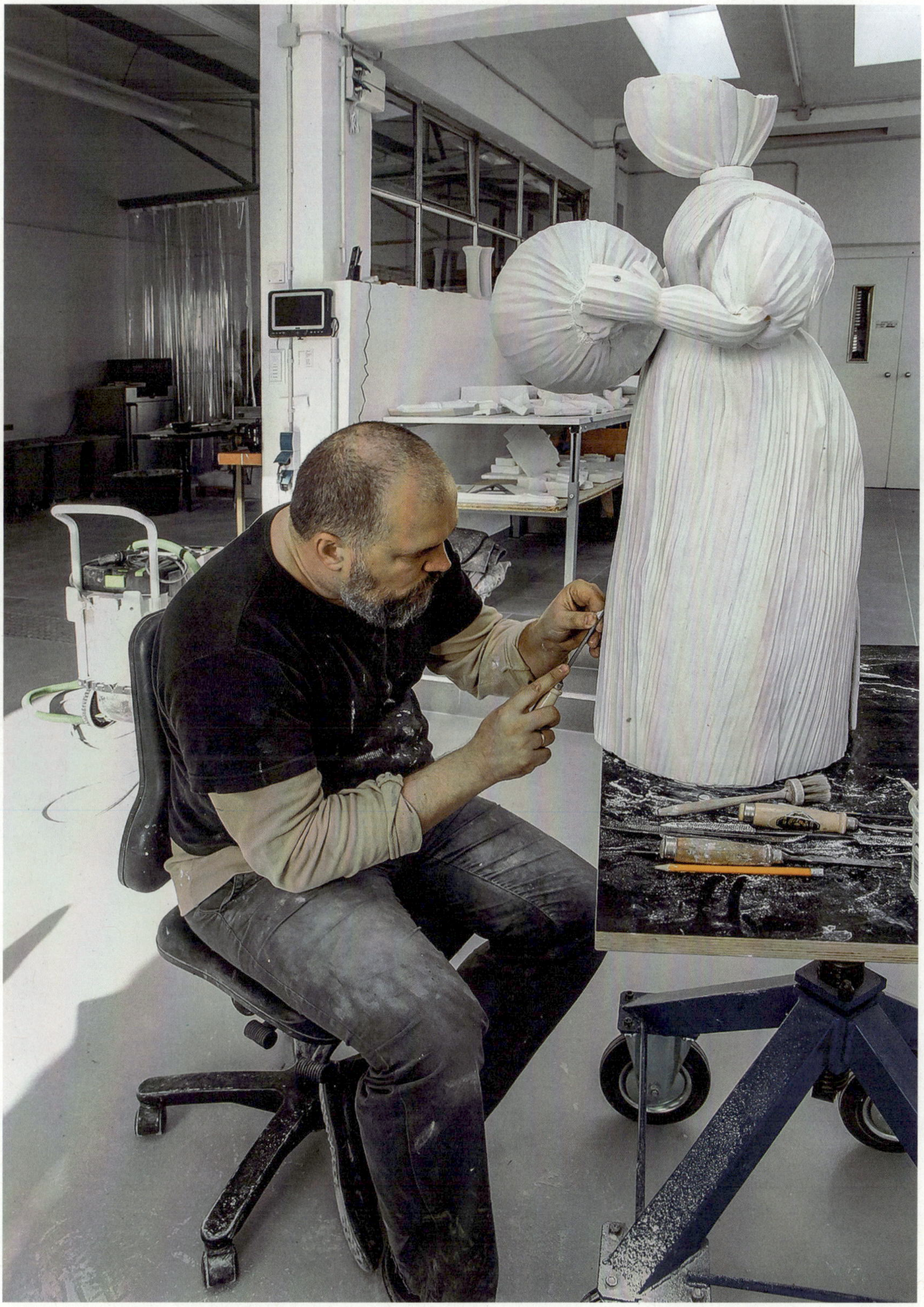

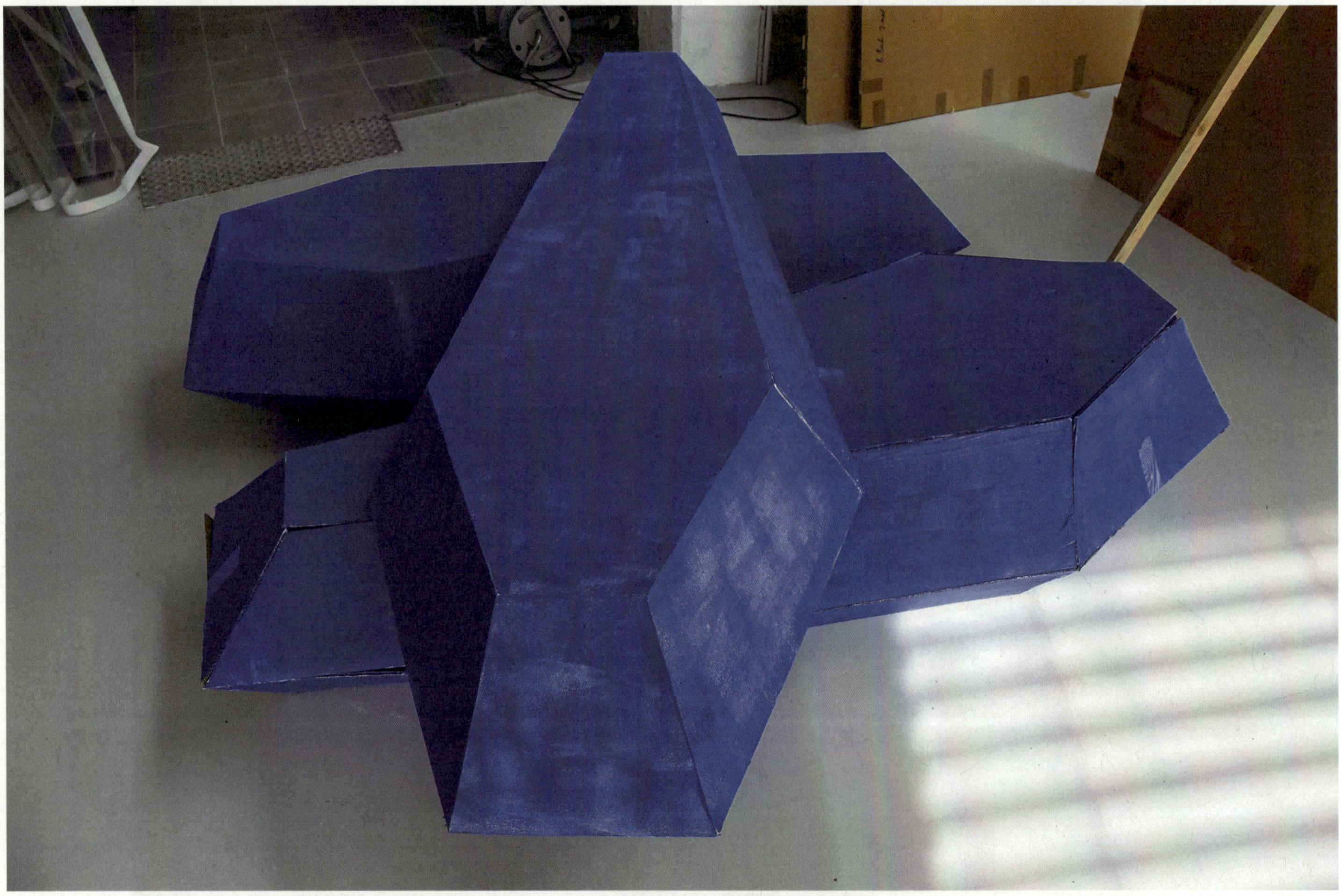

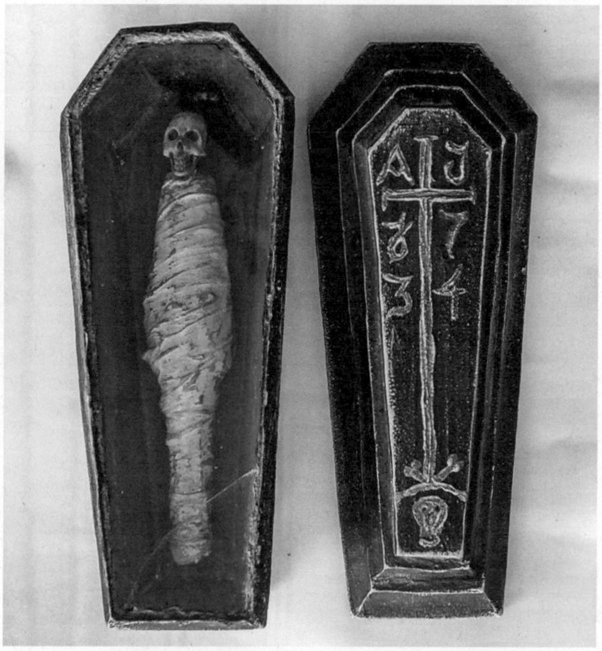
A J
8 7
3 4

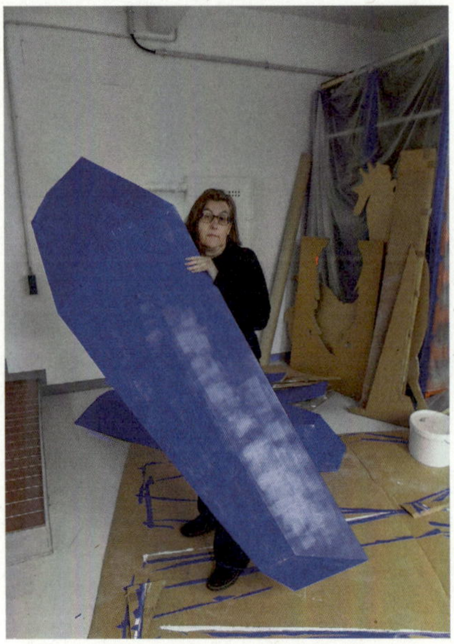
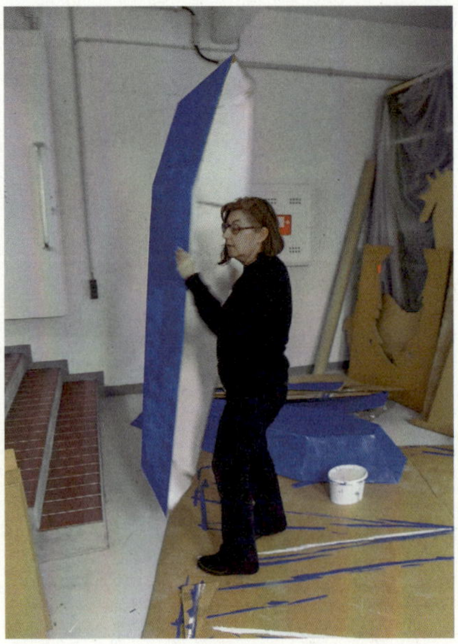
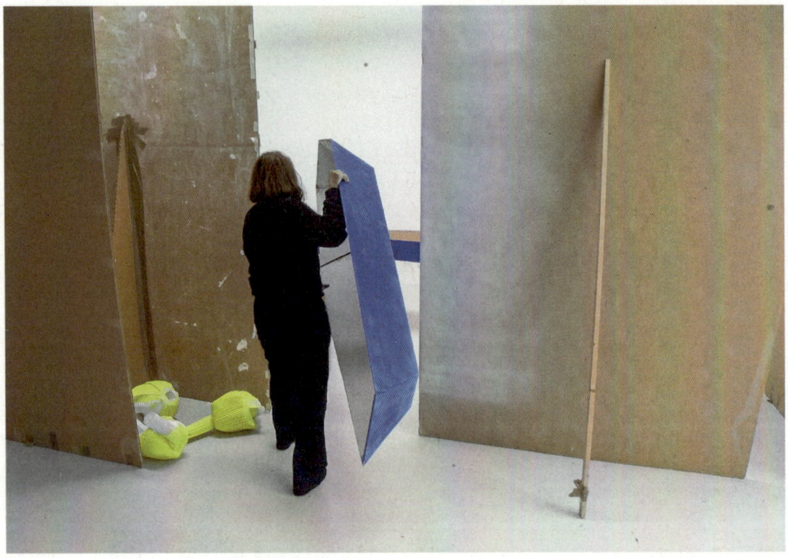
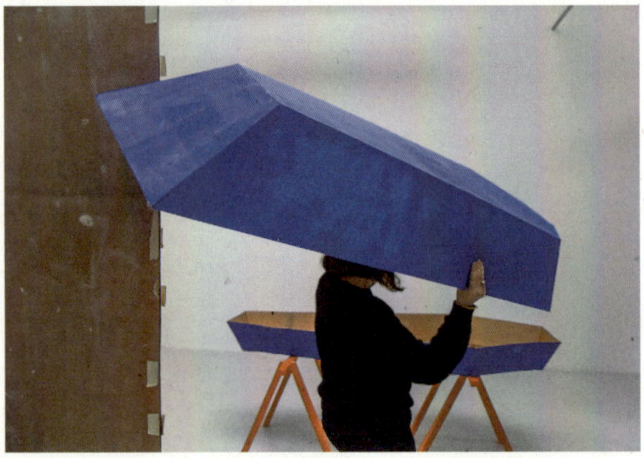
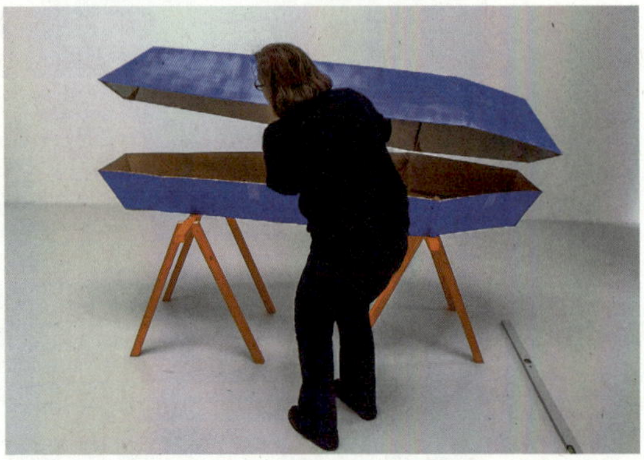
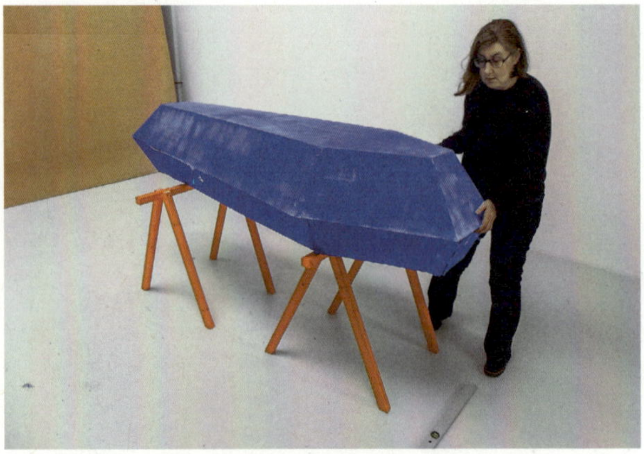

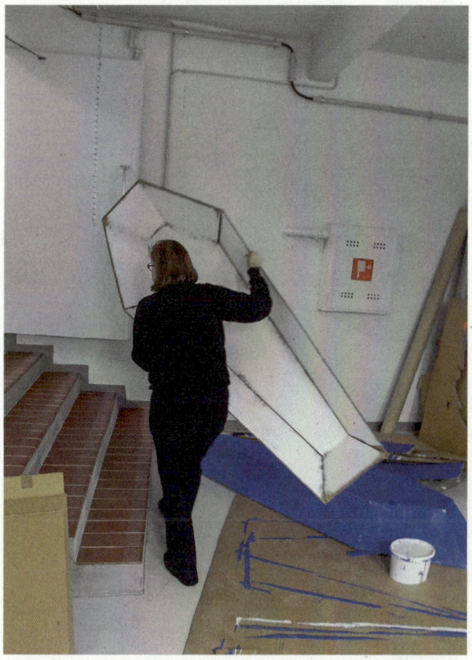

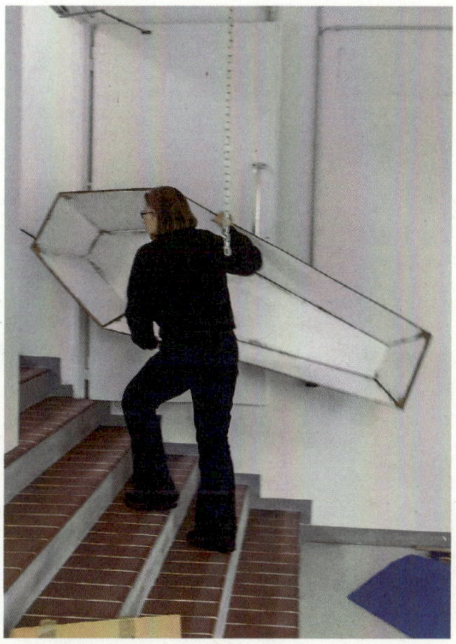

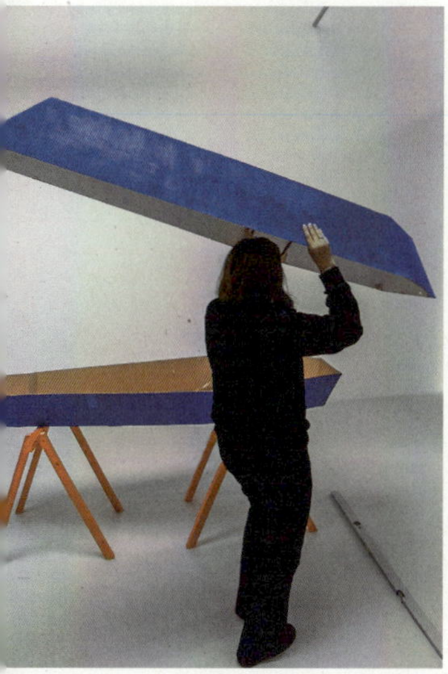

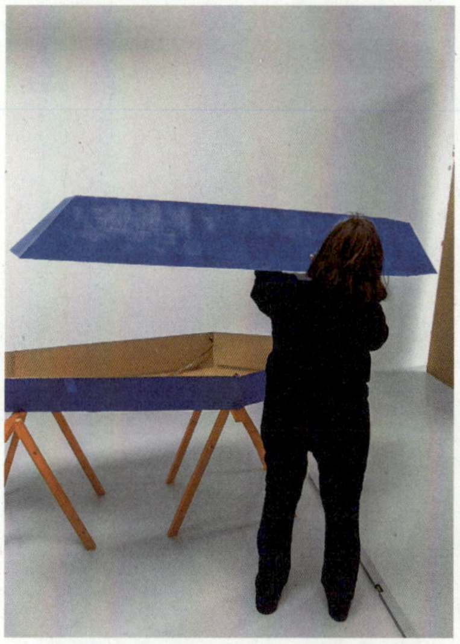

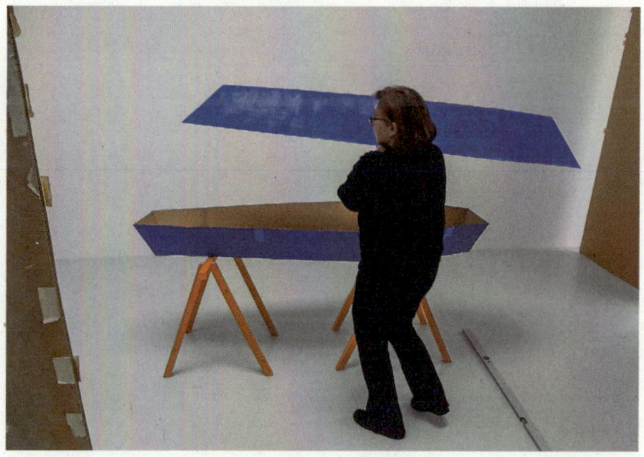

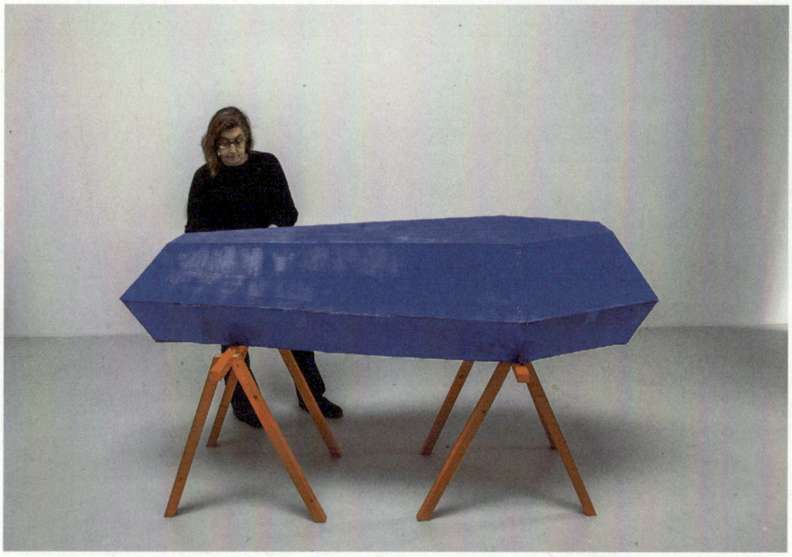

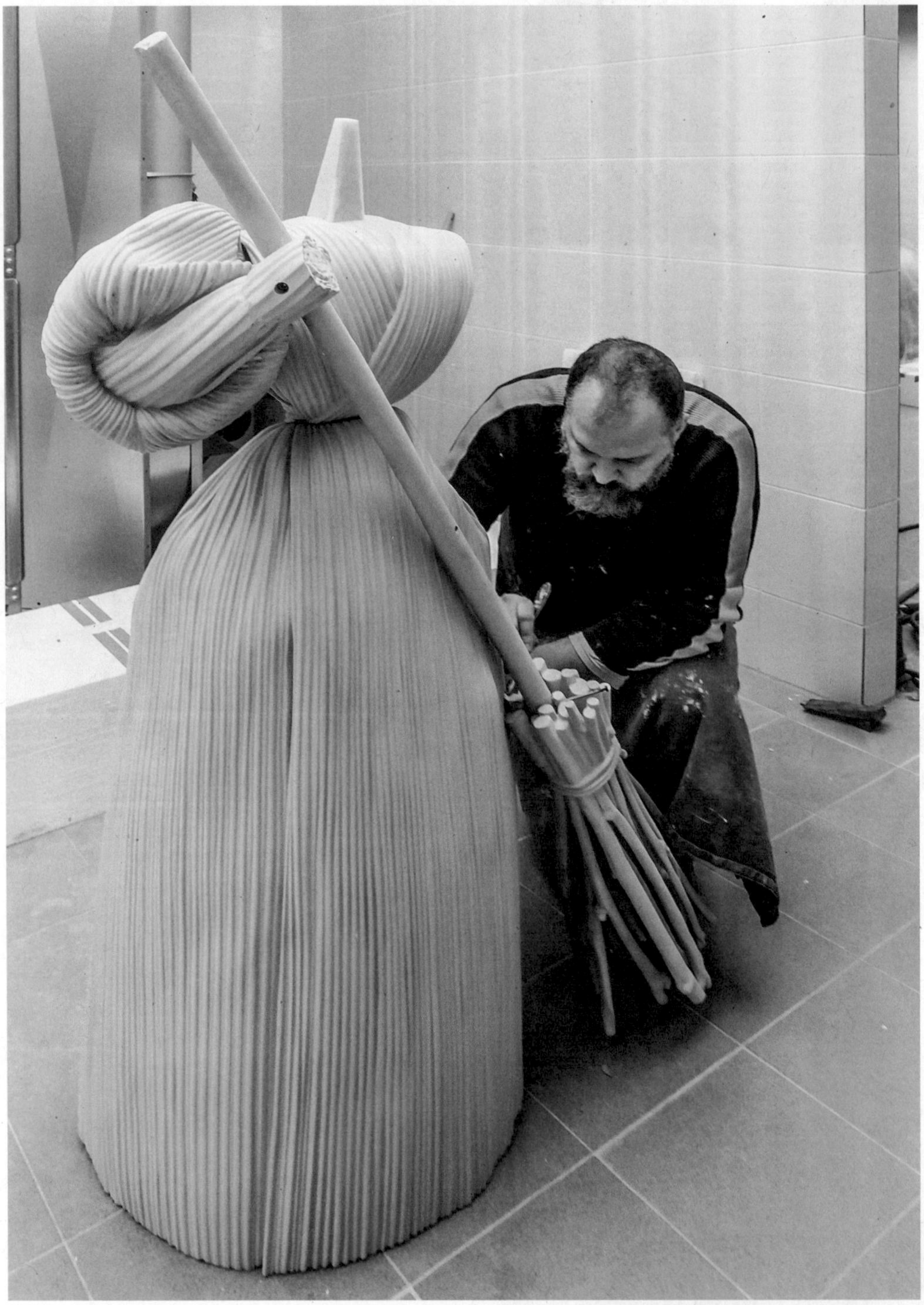

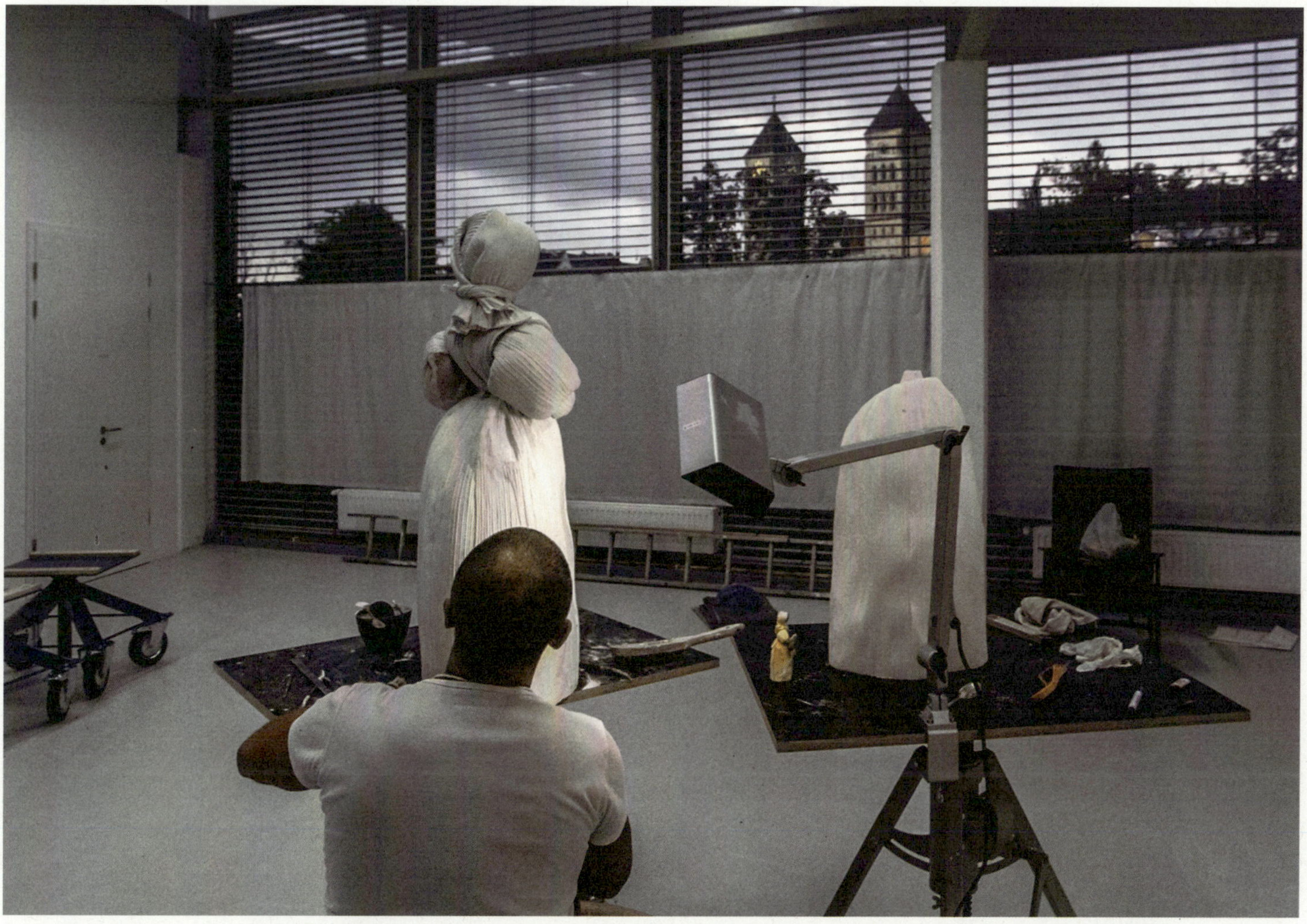

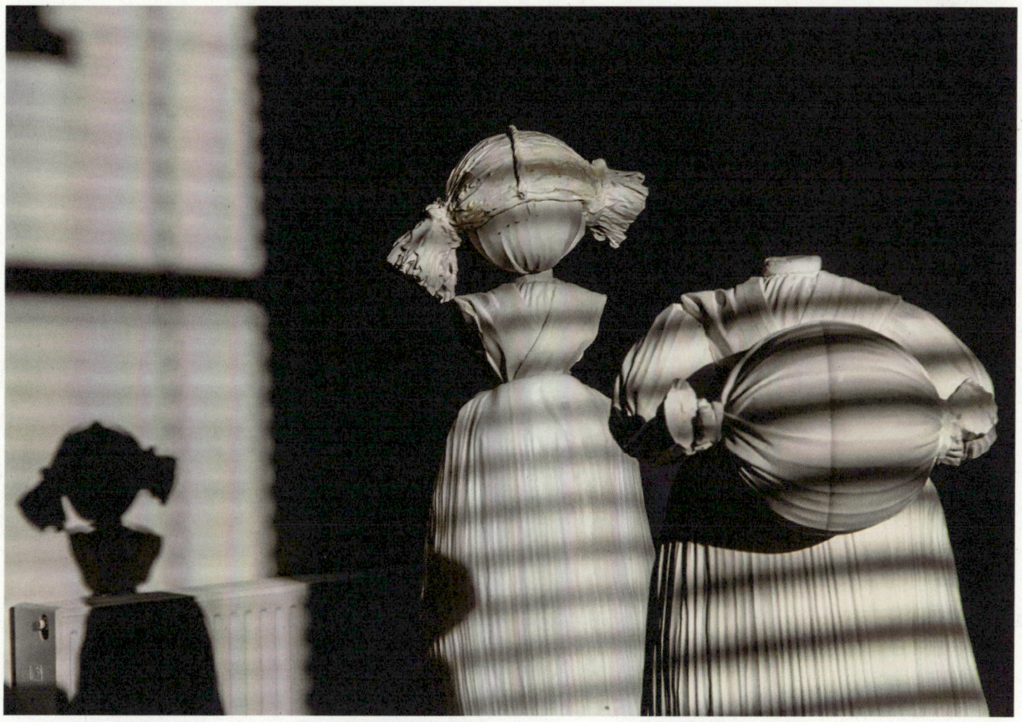

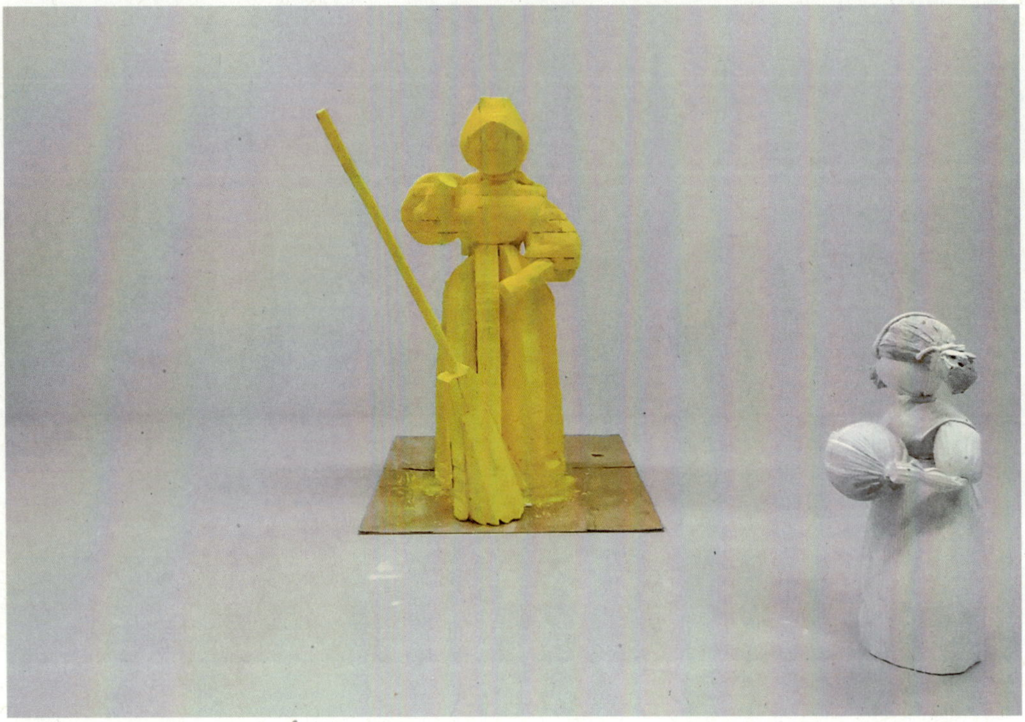

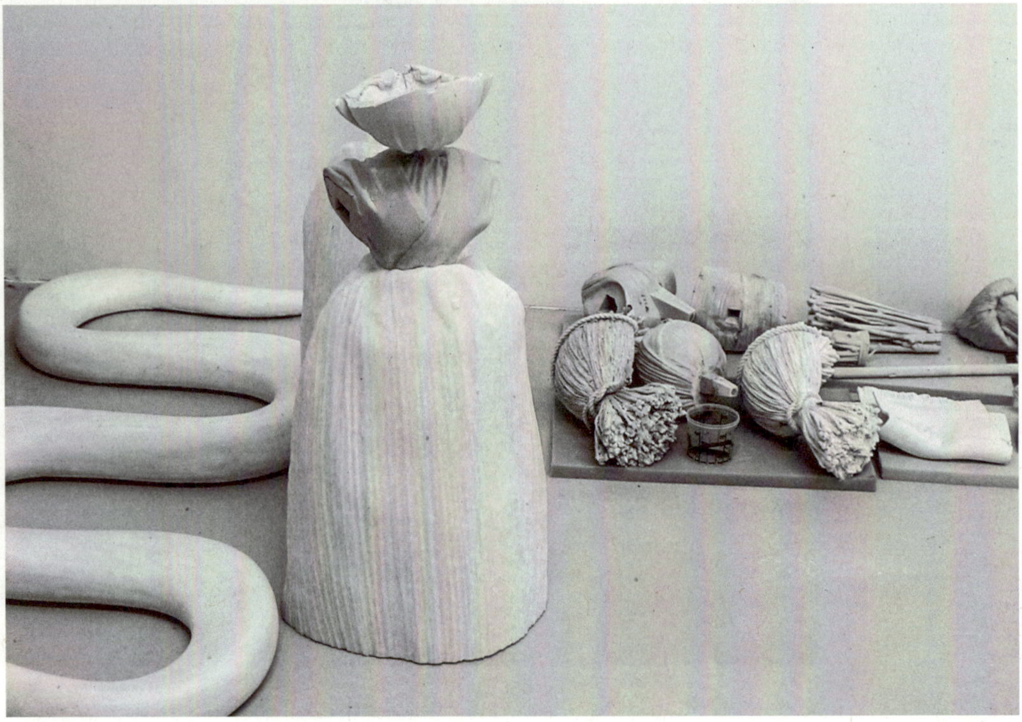

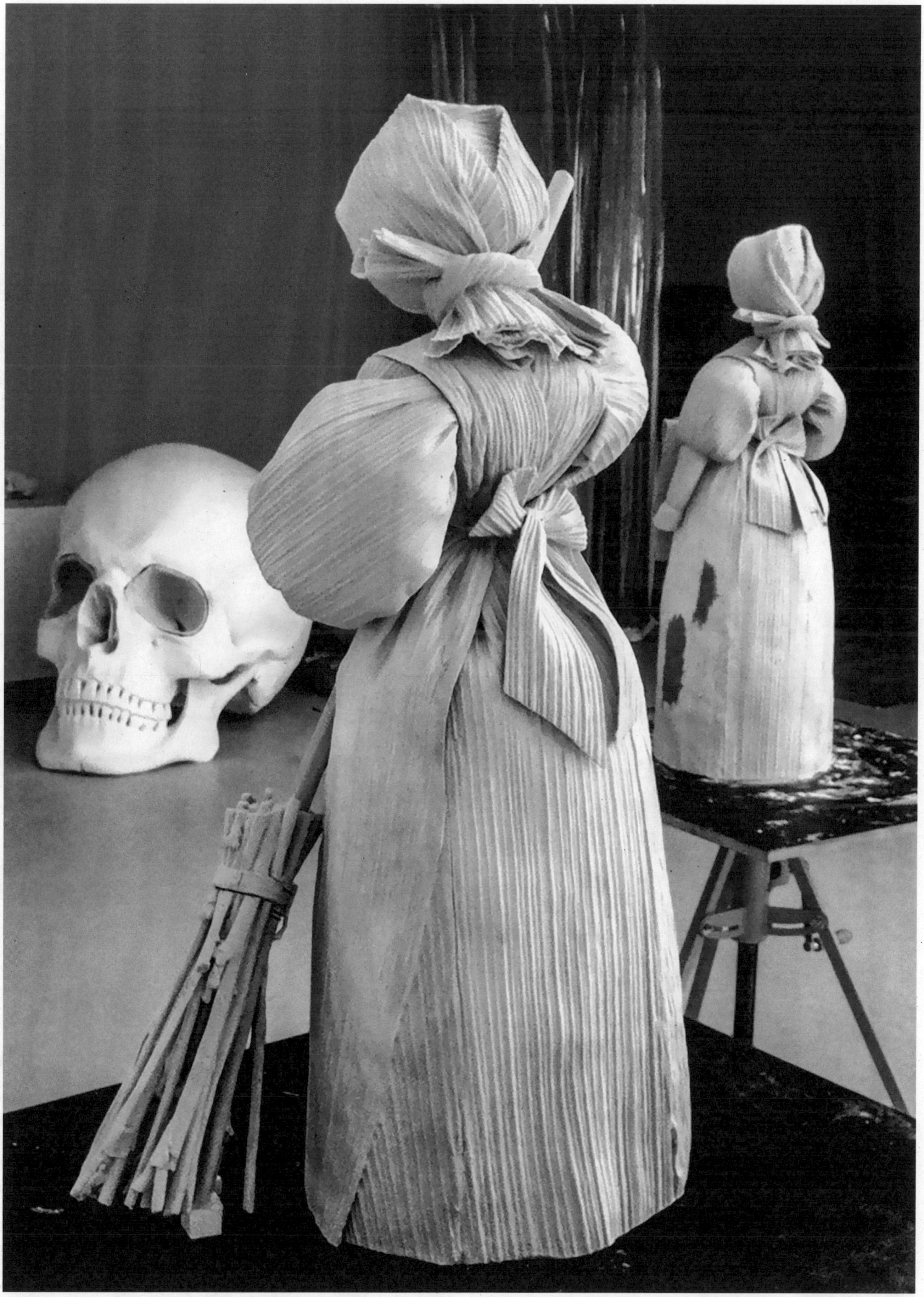

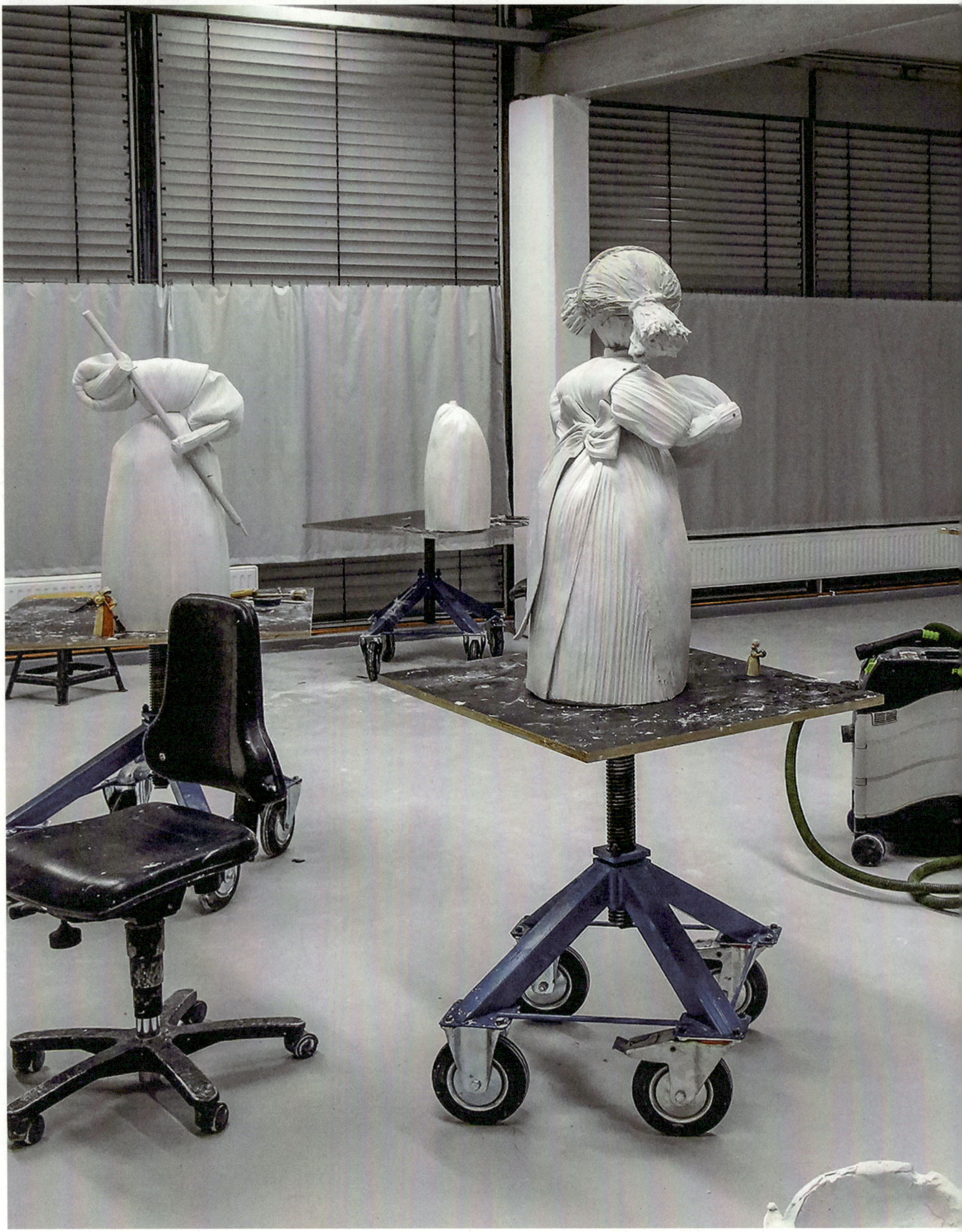

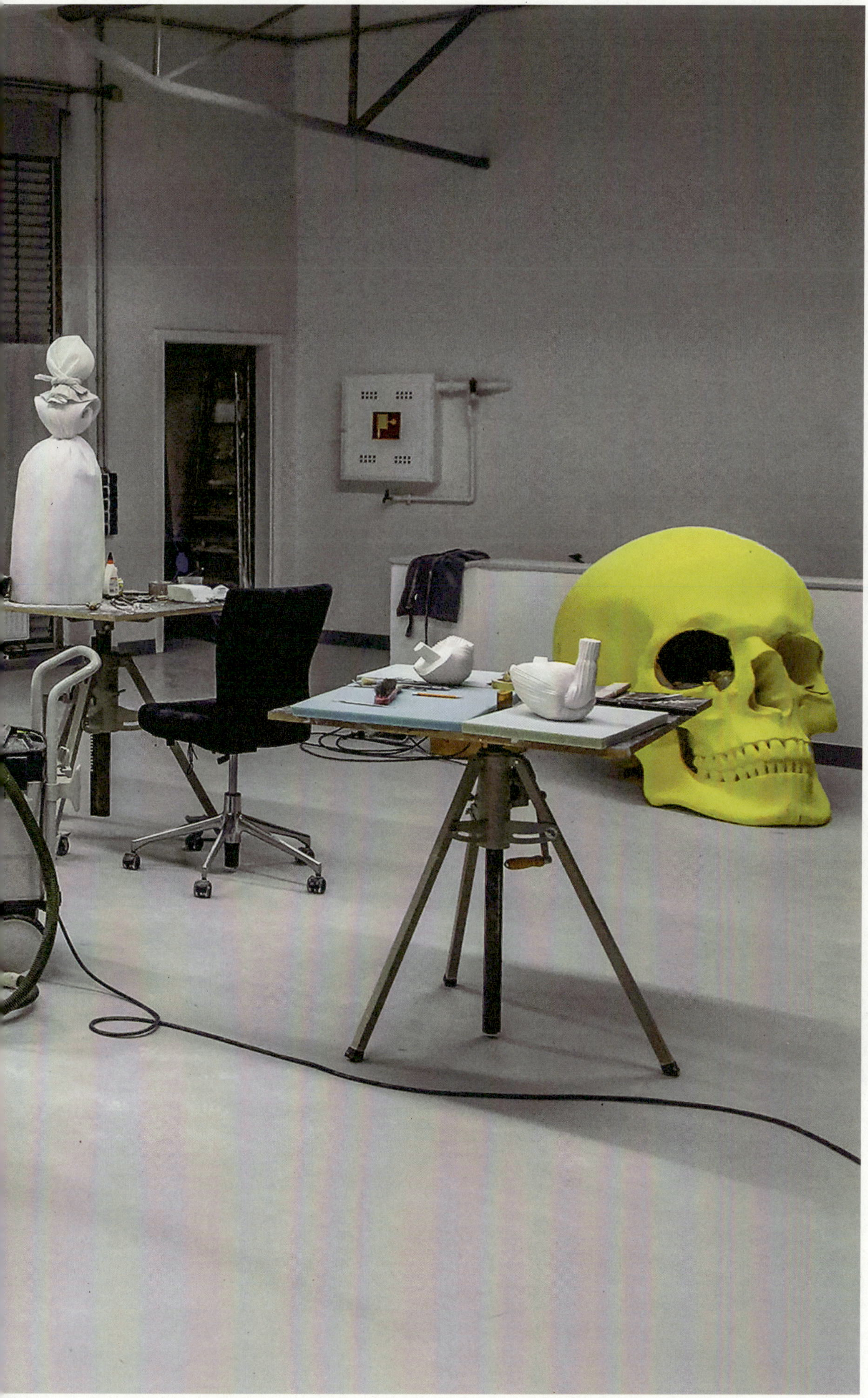

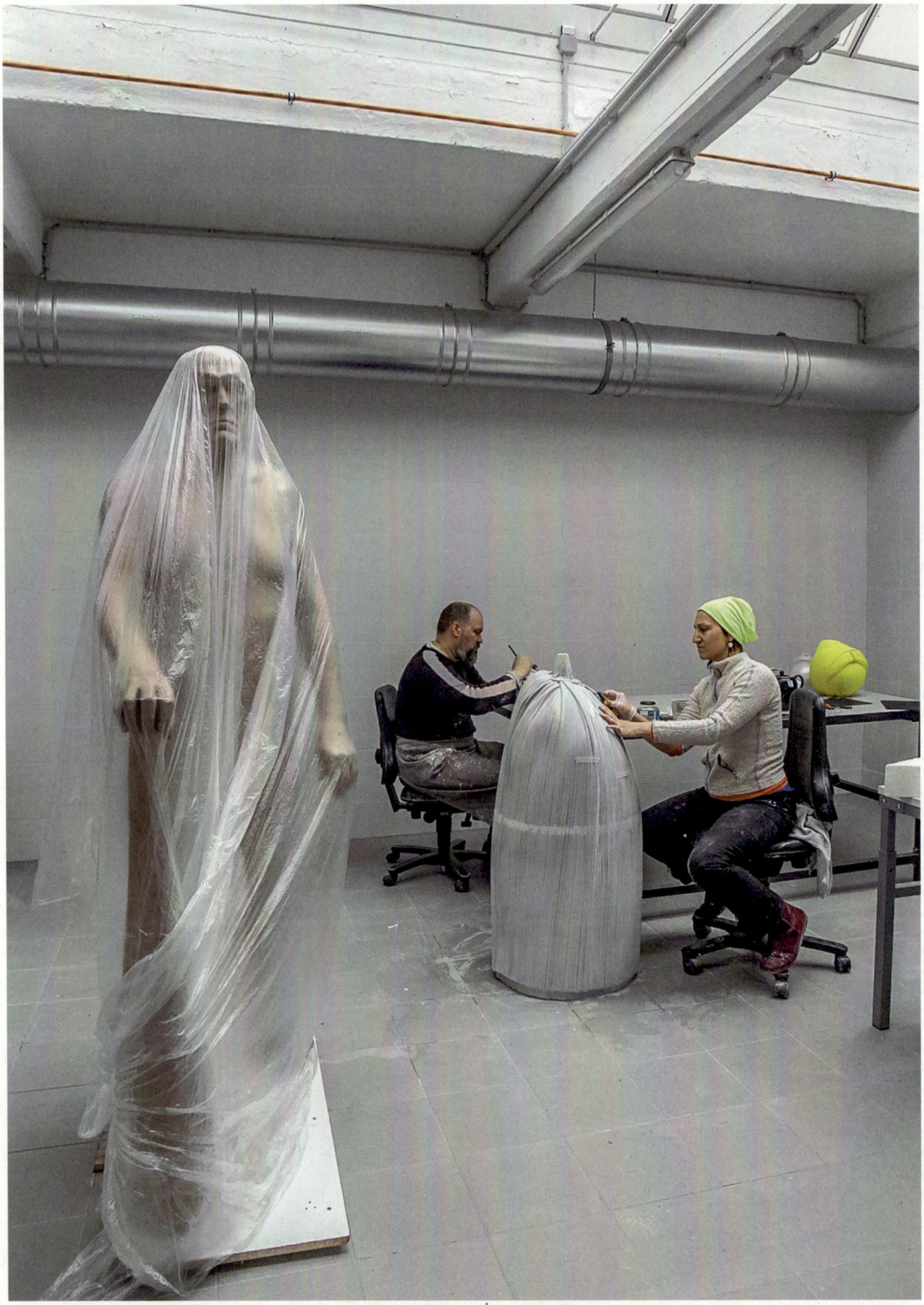

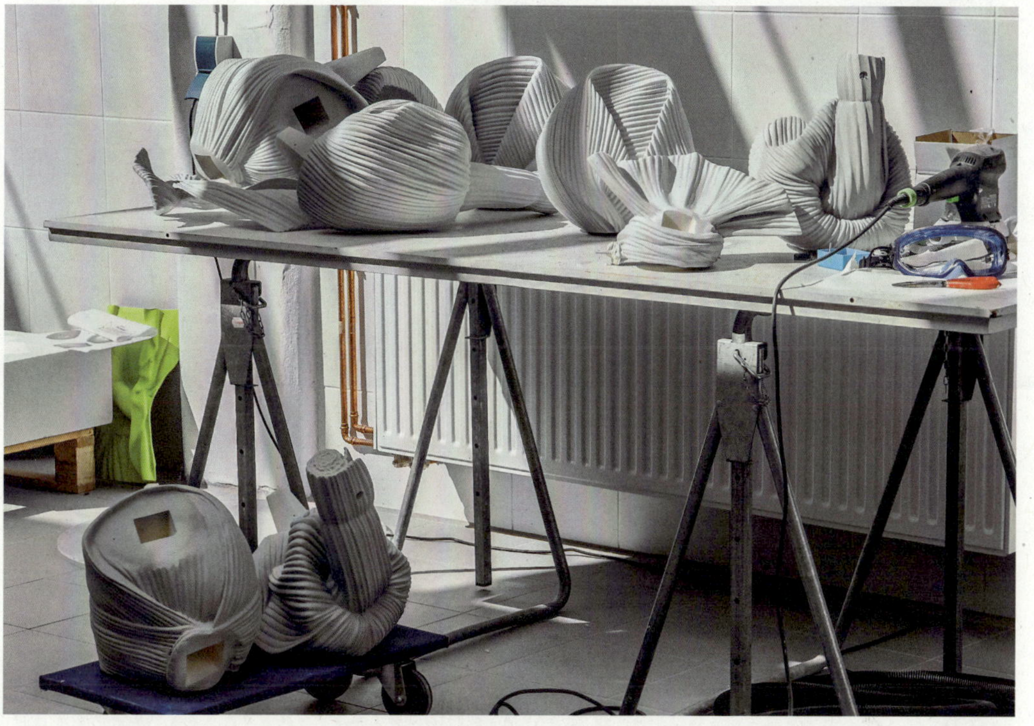

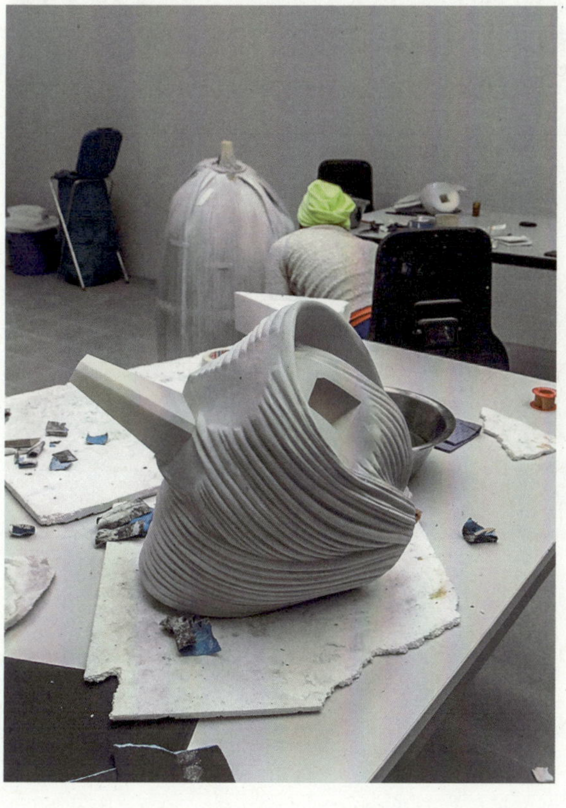

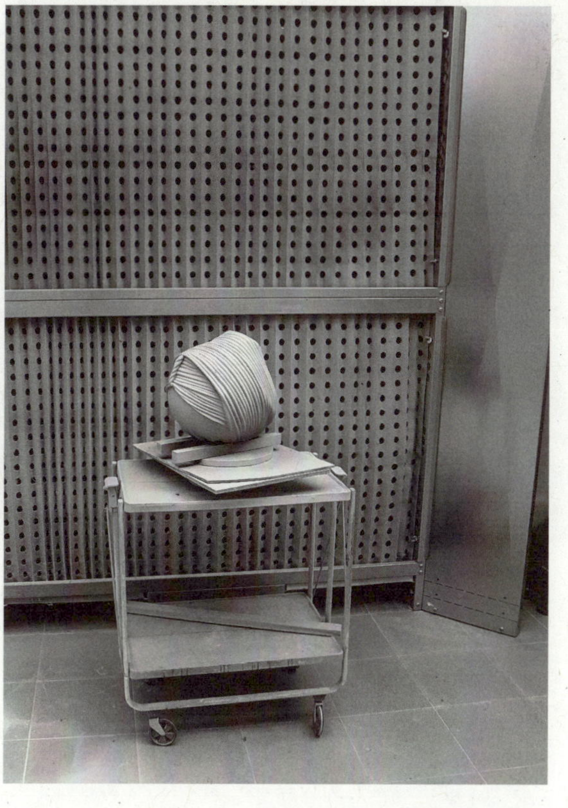

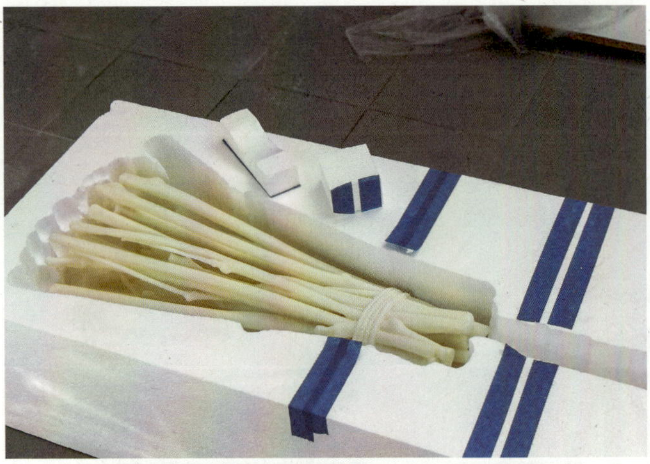

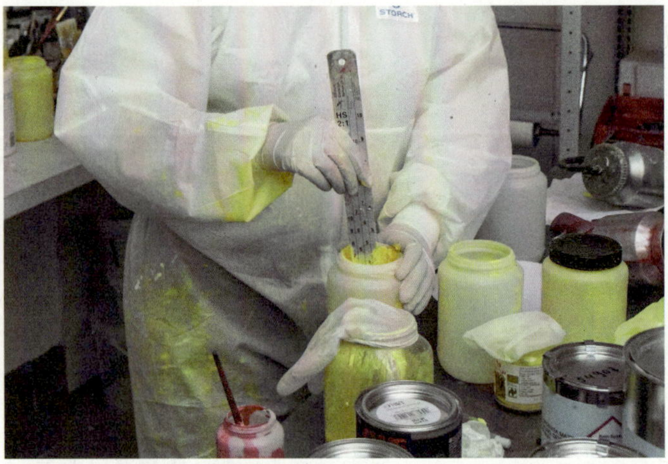
STORCH

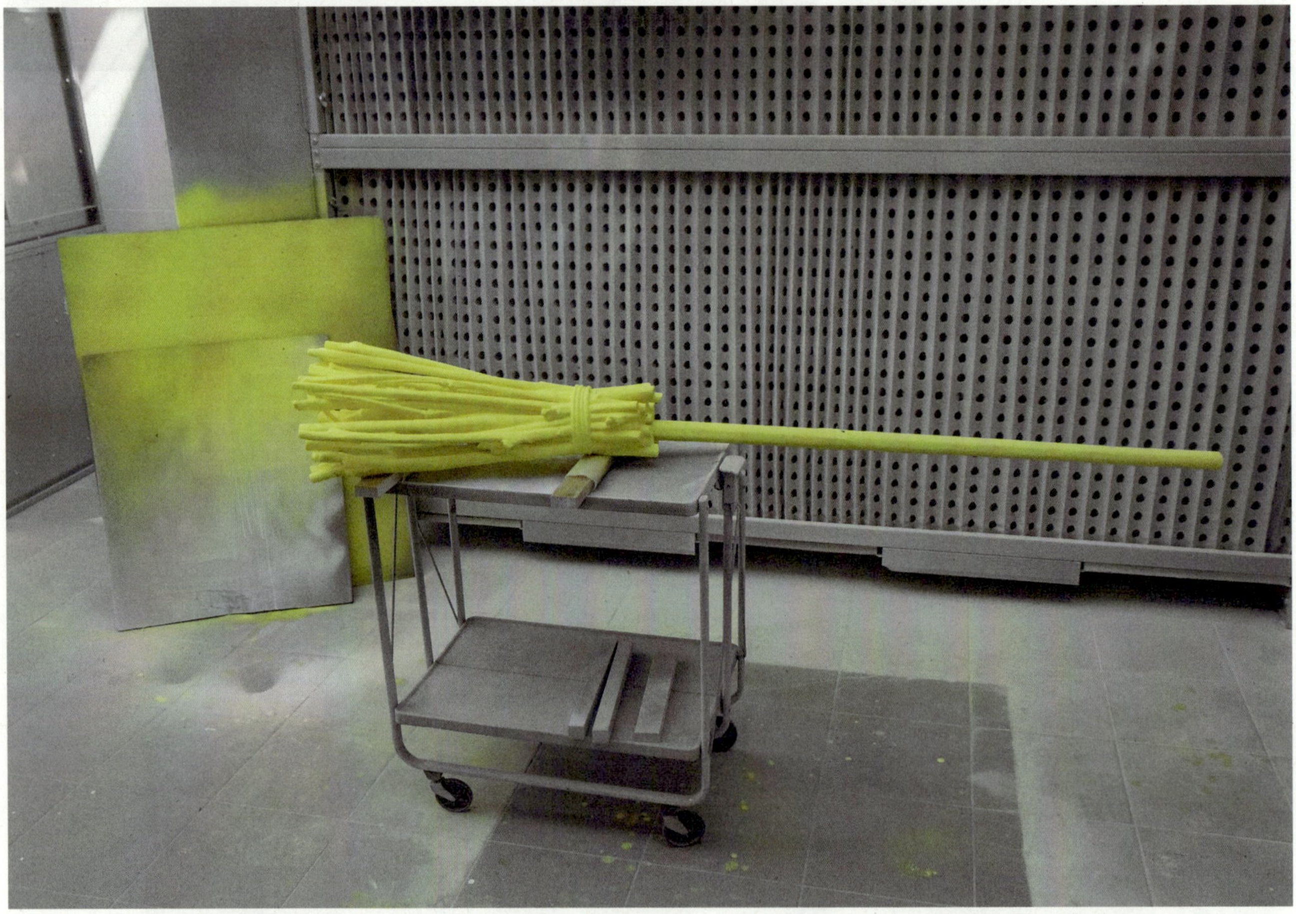

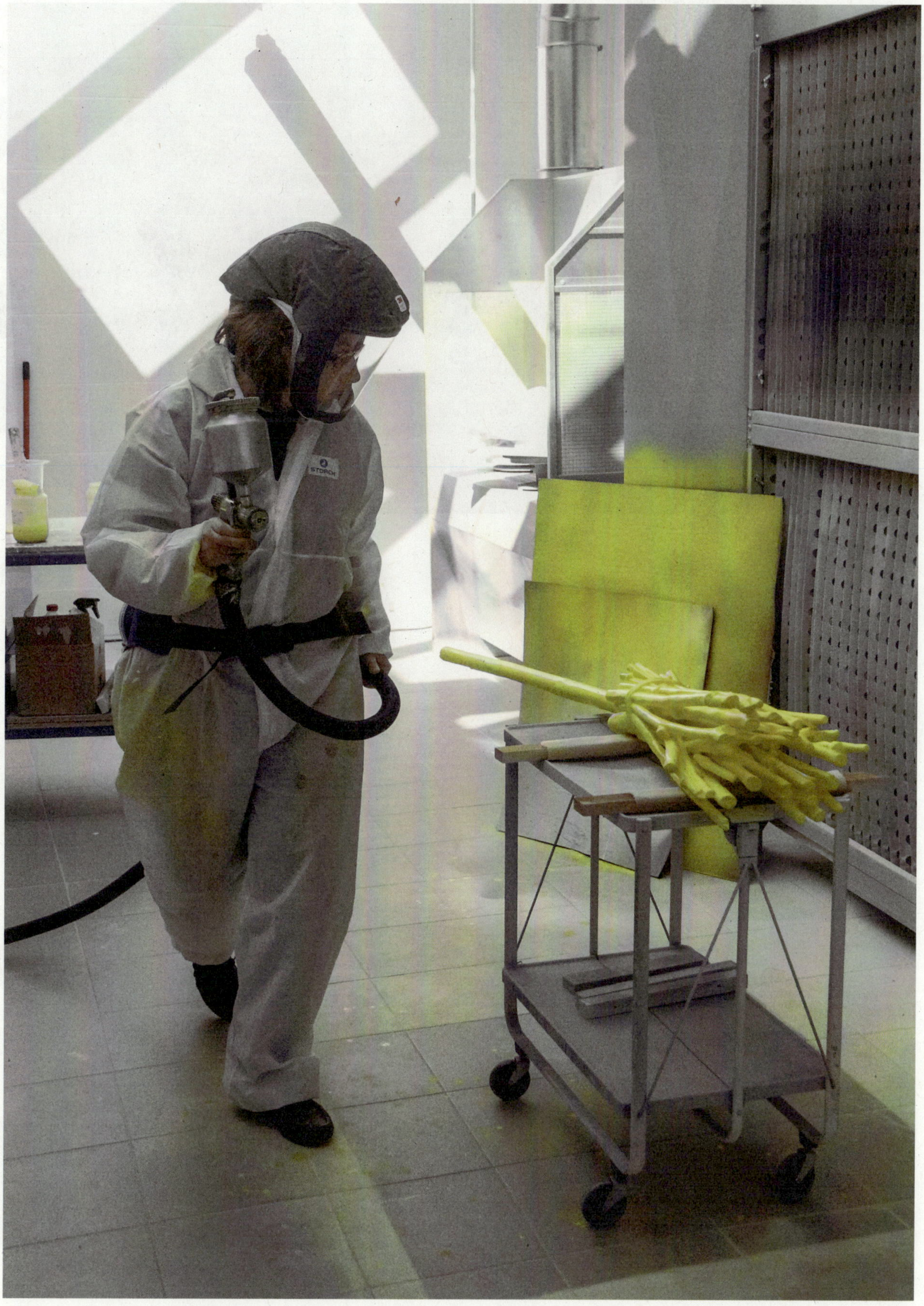

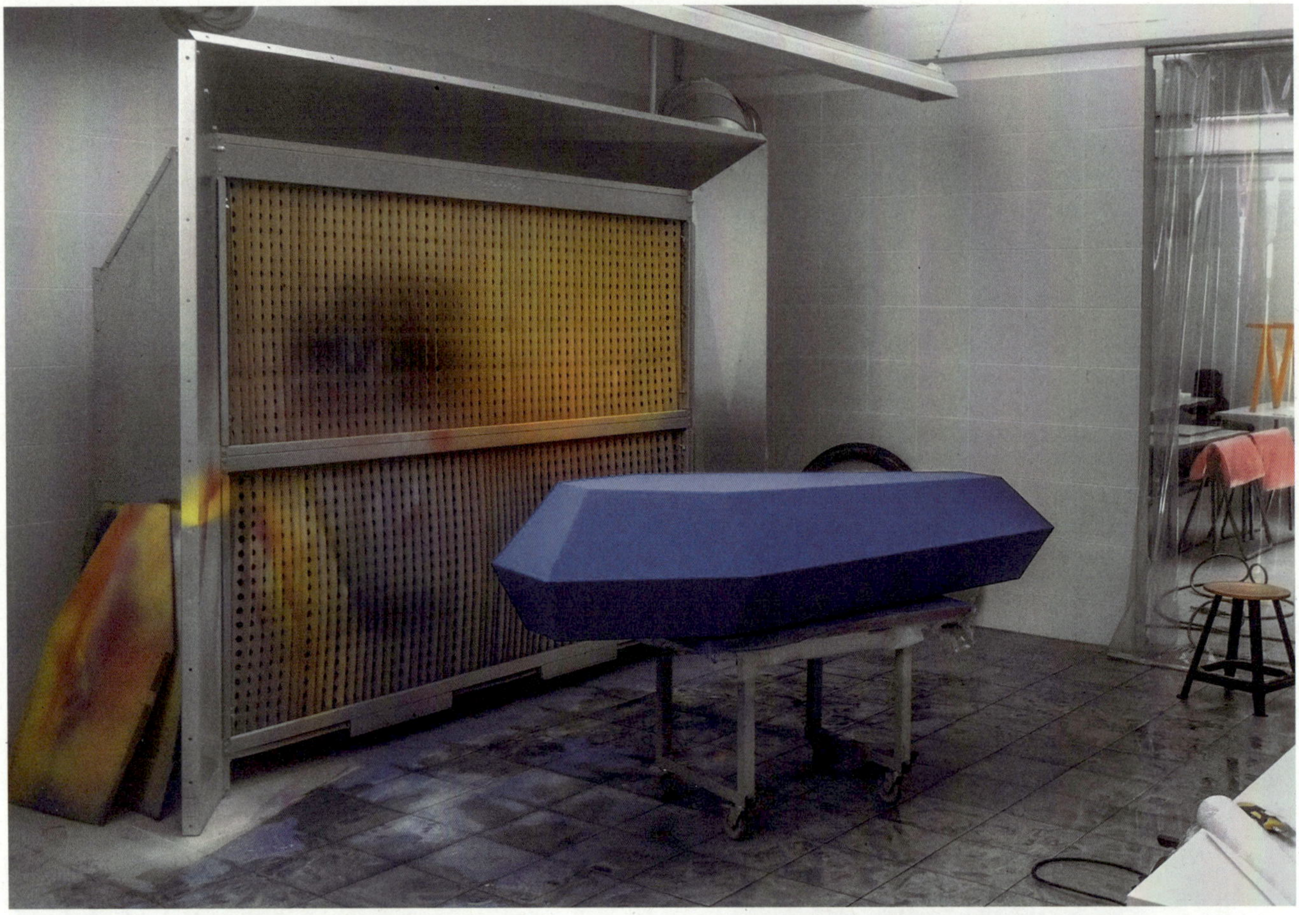

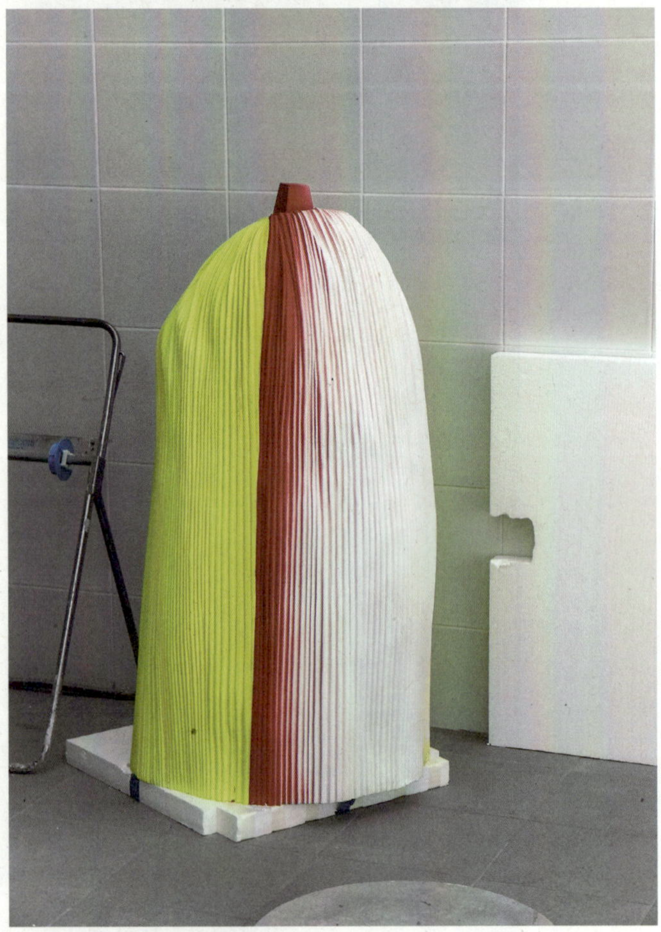

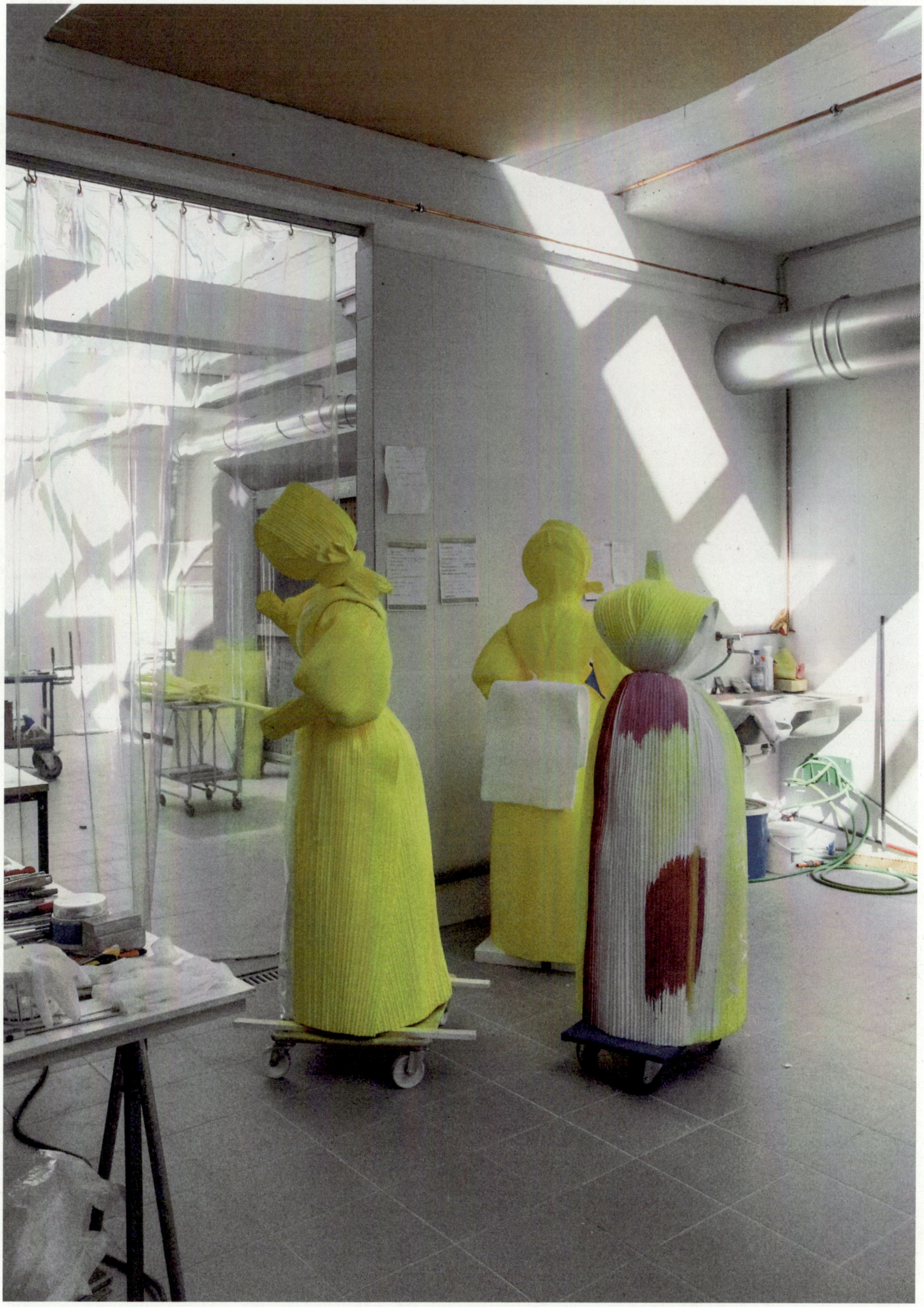

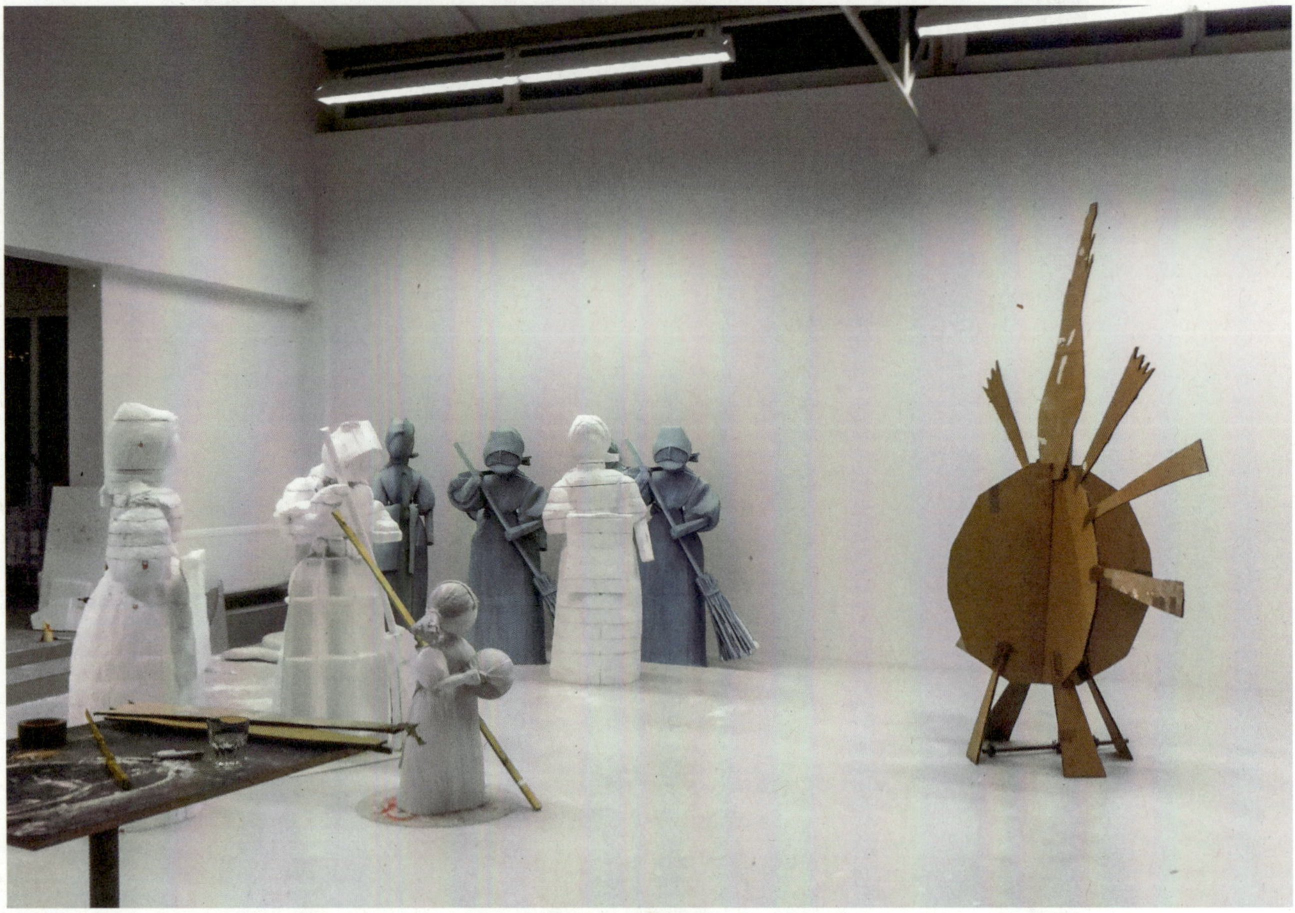

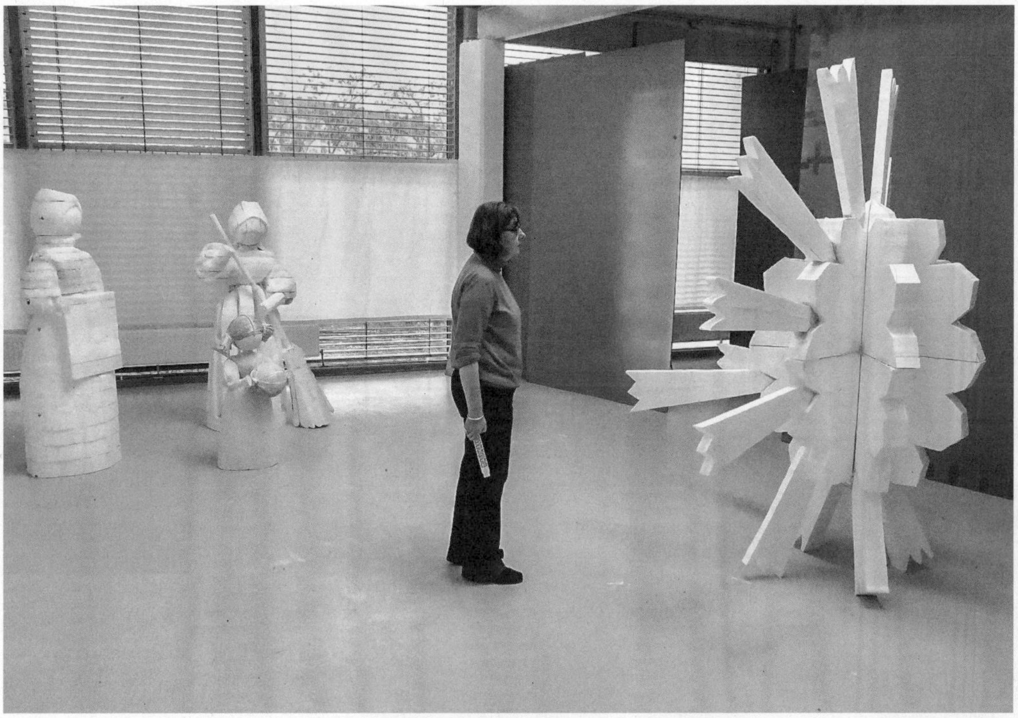

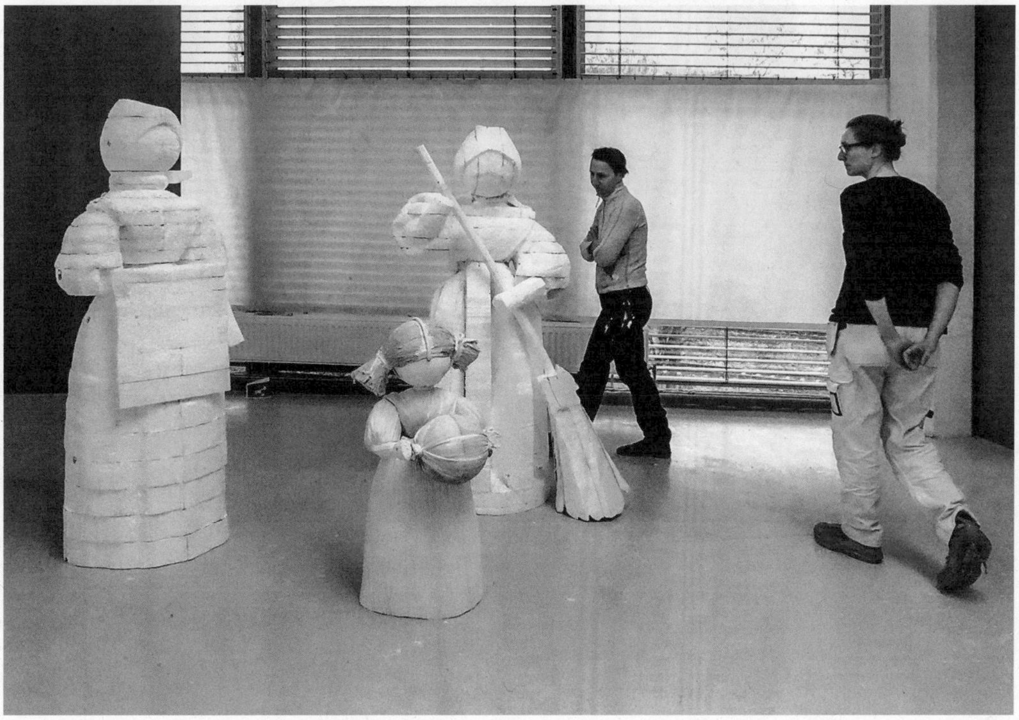

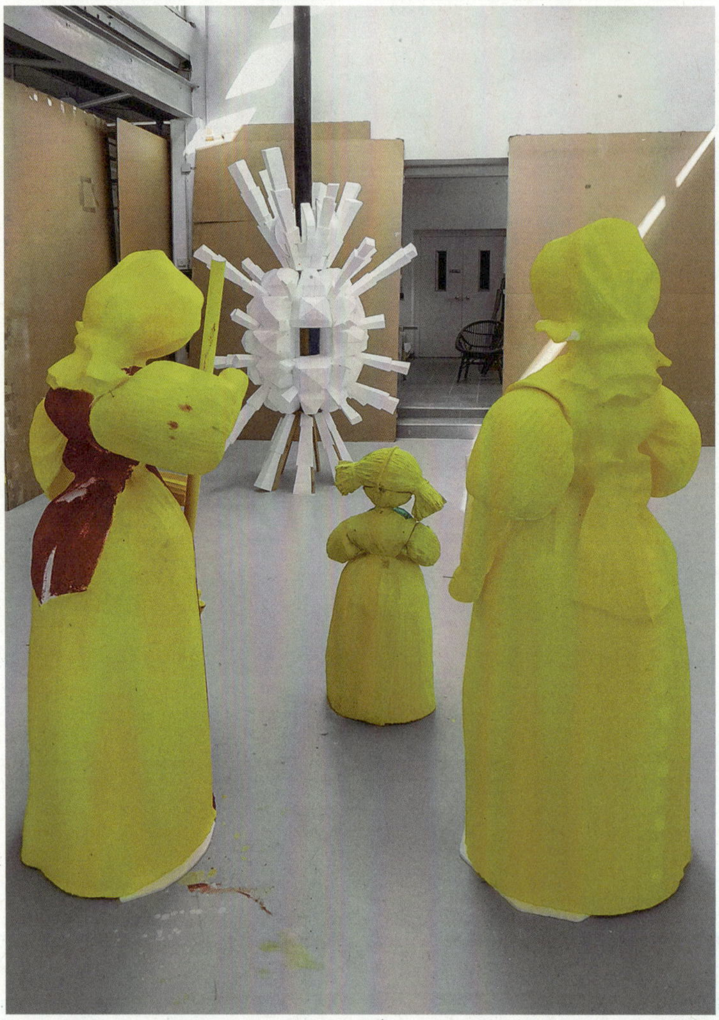

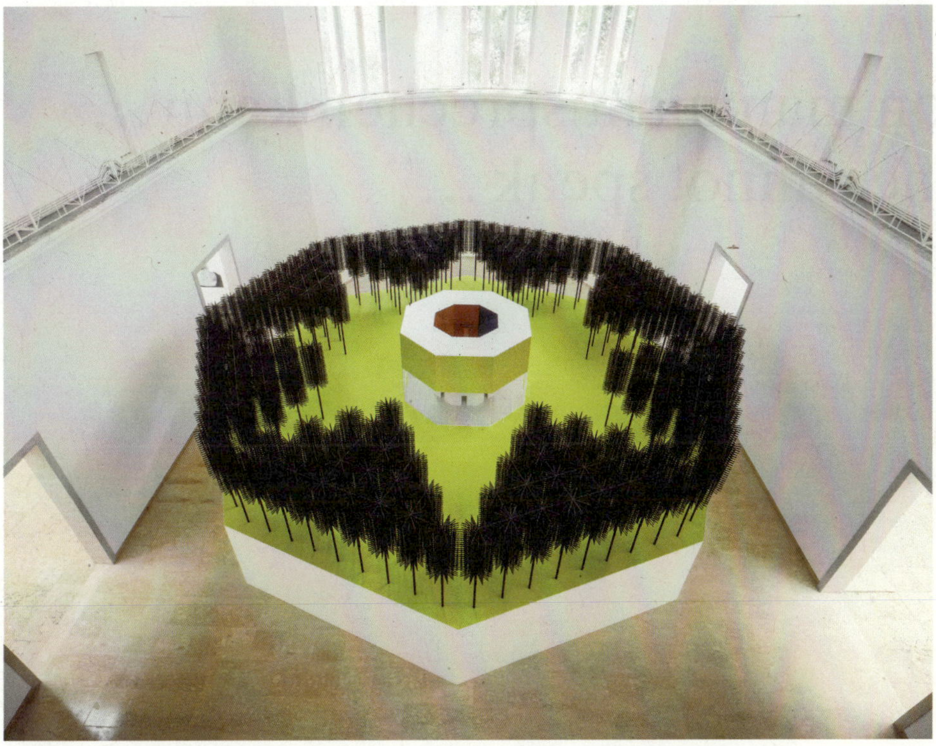

Katharina Fritsch
Museum, Modell 1:10, 1995

Während ich diesen Katalogbeitrag für das Projekt *Zita – Шара. Kammerstück von Katharina Fritsch und Alexej Koschkarow* schreibe, haben die beiden Künstler noch lange nicht die letzte Feile an ihre neuen Werke gelegt. Ich wurde jedoch mit Fotos von Skizzen und Modellen versorgt und habe im Januar und Februar 2016 Katharina Fritsch in Düsseldorf und Alexej Koschkarow in Brooklyn in ihren Ateliers besucht. Beiderorts wurde fieberhaft am *Kammerstück* gearbeitet. Mein Text gründet somit auch auf der Sichtung der unvollendeten Skulpturen und den Gesprächen mit den Künstlern. Mit Lampenfieber sehe ich dem Augenblick entgegen, da sich mein imaginiertes «Kammerstück» am realen zu messen hat.

Katharina Fritsch und Alexej Koschkarow sind beide Solisten. Dennoch arbeiten sie bereits zum dritten Mal aus Anlass einer Doppelausstellung zusammen. Erstmals geschah dies 1999, als Fritsch im Rahmen des Siemens-Kulturprogramms «Damenwahl» in der Kunsthalle Düsseldorf Koschkarow zu einem Pas de deux aufbot. Fritsch zeigte damals ihr achteckiges *Museum, Modell 1:10*, das sie zur 46. Biennale Venedig (1995) für den Deutschen Pavillon kreiert hatte, und Koschkarow wartete mit seiner neuen Installation *Befruchtung von Hecken* auf: einem roten Heckenlabyrinth aus Kunststoff, in dem man hindurchspazierend auf sieben Roboter stiess, lebensgrosse nackte «Mohren» mit silbernen Turbanen, die mit langsamen Hüftbewegungen die Hecken begatteten. Der faszinierend perverse Lustgarten belegte das offene Geschoss über dem Raum mit Fritschs *Museum*. So war auch erstmals die Aufsicht auf das Modell gewährt, die in Venedig verwehrt geblieben war, weil die dort vorhandene, aber zu wenig stabile Galerie aus finanziellen Gründen nicht hergerichtet werden konnte. 2012 kam es in einer Düsseldorfer Galerie zum zweiten gemeinsamen Auftritt. Mit der damals entstandenen Holzskulptur *Schtetl* und der grossformatigen Frottage *Höllentor* sind im *Kammerstück* zwei Werke von Koschkarow zu sehen, die heute zur Sammlung der Emanuel Hoffmann-Stiftung zählen. Beide gehören zu den ersten Arbeiten, die der Künstler kurz nach seinem Umzug von Berlin nach New York in seinem neuen Atelier in Brooklyn schuf.

Katharina Fritschs und Alexej Koschkarows profundes gegenseitiges Interesse am Werk des anderen und ihre freundschaftliche Vertrautheit sind über die Jahre so weit gediehen, dass sie für ihr drittes – und bisher engstes – Zusammenspiel im Schaulager die Inhalte, Grössen und Proportionen der Werke wie auch deren Anordnung, ja selbst die Ausstellungsarchitektur gemeinsam konzipierten. Das *Kammerstück* mit insgesamt sieben Werken, zwei von ihr und fünf von ihm, soll zu einem kleinen, aber energetisch hoch aufgeladenen Gesamtkunstwerk werden. Eine Vielzahl an Gedanken liegt den Inhalten und Stimmungen zugrunde, die sich durch die Räume ziehen werden. Ein «Kammerstück» hört sich intim und gemütlich an, ist in dieser Inszenierung aber alles andere als das. Obschon klein, ist es mit tiefernsten existenziellen Themen befrachtet, die in die Zeit des Ersten Weltkriegs zurückführen, die Zeit des ersten industriell geführten Massenkriegs, dessen Ausmass an Grausamkeit alle früheren Kriege übertraf. Zehn Millionen Soldaten fielen, sieben Millionen Zivilisten kamen um, dreissig Millionen Verletzte wurden registriert. Ein fundamentaler kultureller Epochenbruch hatte sich ereignet, in dem Vieles wurzelt, was uns heute prägt. Im *Kammerstück* werden nicht nur die einzelnen Werke Stimmungsträger

Jacqueline Burckhardt

«Wovon man nicht sprechen kann …»
"Whereof one cannot speak …"

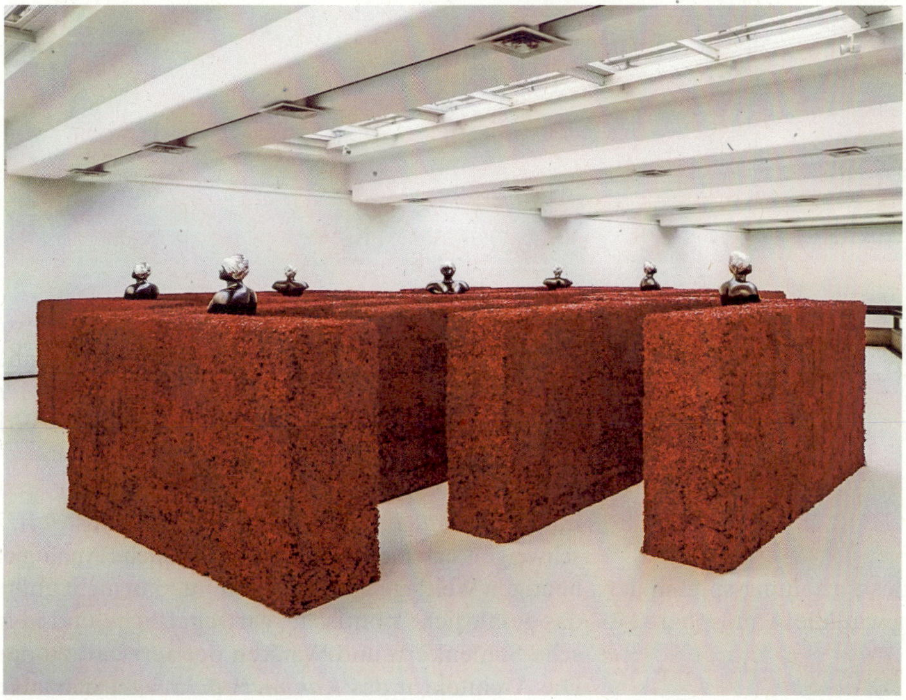

Alexej Koschkarow
Befruchtung von Hecken
[Insemination of Hedges], 1999

While I am writing this essay on the project, *Zita – Щара. Chamber Piece by Katharina Fritsch and Alexej Koschkarow*, the artists are still far from putting the finishing touches on their new works. I have, however, been supplied with photographs of sketches and models and when I visited their studios—Katharina Fritsch in Düsseldorf and Alexej Koschkarow in Brooklyn—at the beginning of this year, they were both feverishly busy on their *Chamber Piece*. What I say here is therefore based on the knowledge of unfinished sculptures and on conversations with the artists. I must admit having a bit of stage fright in anticipation of the encounter between the chamber piece I am imagining and the completed project.

Katharina Fritsch and Alexej Koschkarow are both soloists, and yet this is the third time they have shared an exhibition. Their first joint venture took place in 1999 when Fritsch invited Koschkarow for a pas de deux at the Kunsthalle Düsseldorf as part of the Siemens Arts Program, “Damenwahl” (Ladies’ Choice). Fritsch presented her octagonal *Museum, Modell 1:10*, which she had created for the German Pavilion at the 46th Venice Biennale (1995), and Koschkarow contributed his new installation *Befruchtung von Hecken* (Insemination of Hedges). While negotiating the red plastic labyrinth of the latter, visitors encountered seven robots, life-sized naked “moors” wearing silver turbans and inseminating the hedges with gyrating hips. This fascinatingly perverse pleasure garden was installed in the open gallery above the room containing Fritsch’s *Museum*. For the first time, therefore, viewers were able to see her model from above, a perspective that was not available in Venice because it was too expensive to renovate the existing but unstable gallery. In 2012, the two artists joined forces again at a gallery in Düsseldorf. Koschkarow’s wood sculpture *Schtetl* (Shtetl), made on the occasion of that exhibition, and his large-format frottage, *Höllentor* (Gates of Hell), are included in *Chamber Piece*. Both works, now in the collection of the Emanuel Hoffmann Foundation, are among the first that the artist created shortly after moving from Berlin to his new studio in Brooklyn, New York.

The artists’ third—and so far closest—collaborative project testifies to a profound interest in one another’s work and a mutual trust and friendship that has grown over the years: content, dimensions, and proportions of the works, as well as their arrangement and even the exhibition architecture, are all the result of their shared undertaking. The seven works in *Chamber Piece*, two by Fritsch and five by Koschkarow, form a small, but extremely charged Gesamtkunstwerk or total work of art. Varied thoughts underpin the content and mood of the works running through the rooms. To begin with, the words “chamber piece” connote intimate and cozy; the Schaulager project is anything but. Although small, it is freighted with the deadly earnest of existential themes that take us back to World War I, when large-scale industrial warfare, introduced for the first time, led to unprecedented mass atrocities: registered

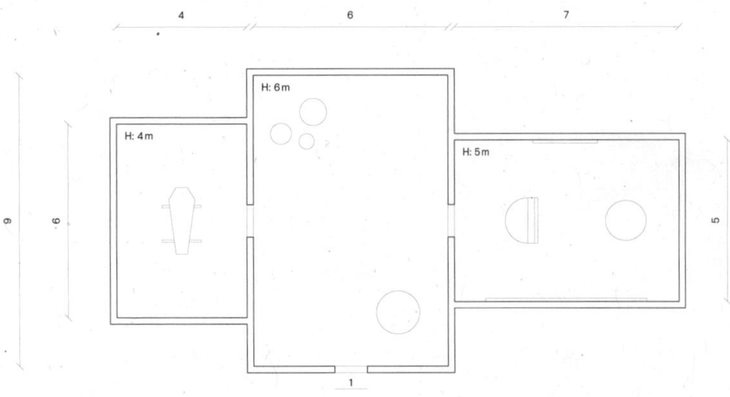

Grundriss / Floor plan
Zita – Щара
Kammerstück von / Chamber Piece by Katharina Fritsch und / and Alexej Koschkarow
Schaulager, Basel, 2016

sein, auch ihr wechselwirkendes Beziehungsspiel in der fein austarierten Inszenierung wird die Atmosphäre bestimmen.

Auf den Ersten Weltkrieg verweisen die Namen im Titel des Stücks: Zita, die letzte Kaiserin in Europa, und Щара, Schtschara, der Fluss in Weissrussland. An seinem Ufer, in einer romantischen Landschaft wurde 1915, wie es die Ironie des Schicksals will, Alexej Koschkarows Urgrossvater als russischer Soldat an der Front im Kampf gegen die Deutschen verwundet. Koschkarow erklärte mir, der Titel *Zita – Щара* entspräche auch seinem Hang zur Symmetrie, Schtschara schreibe sich in kyrillischer Schrift wie Zita in lateinischer mit nur vier Buchstaben. Zudem künden die beiden Namen und Schriften eine West-Ost-Thematik an, um die es im *Kammerstück* auch geht – allein schon durch die kulturelle Herkunft der beiden Künstler. Als der Eiserne Vorhang fiel, war Koschkarow 17 Jahre alt. Beide haben sich mit ausgewählter Literatur in die Thematik vertieft: Fritsch mit Christopher Clarks *Die Schlafwandler. Wie Europa in den Ersten Weltkrieg zog* (2012) und durch Internetrecherchen über Zita, die letzte Kaiserin Österreichs, und den Untergang der Habsburgermonarchie wie auch des Deutschen Kaiserreichs. Koschkarow einmal mehr mit der Lektüre von Franz Kafka. Zudem wies ihn Fritsch auf Ron McCreas Publikation *Building Taliesin: Frank Lloyd Wrights Home of Love and Loss* (2012) hin. Das Buch handelt vom Sommersitz des Architekten Frank Lloyd Wright, einem idealen Gebäudekomplex zum Wohnen und Arbeiten – ein Modellbeispiel organischer Architektur mit dazugehörender Farm, eingebettet in eine idyllische Landschaft über dem Fluss Wisconsin. Wright benannte den Ort nach dem legendären Barden Taliesin aus Wales, der im 6. Jahrhundert lebte und die schönen Künste besang. Er bewohnte Taliesin mit seiner Geliebten Mamah Borthwick und einigen Mitarbeitern und Angestellten. Doch am 15. August 1914, zufällig wenige Tage nach Ausbruch des Ersten Weltkriegs, steckte ein psychisch gestörter Angestellter Taliesin während Wrights Abwesenheit in Brand und erschlug Mamah, deren Kinder und vier weitere Anwesende mit der Axt. Brutaler hätte Wrights Traum nicht zerstört werden können.

Im *Kammerstück* wird nichts von alldem illustriert. Zwar schweigen sich die Künstler über mögliche Analogien zur heutigen Weltlage aus, doch kommt man nicht umhin, an das gefährliche politische, wirtschaftliche und ideologische Schlenkern und Wanken der Jetztzeit zu denken. Die Architektur des *Kammerstücks* setzt sich aus einer Folge von drei Räumen mit unterschiedlichen Dimensionen und Proportionen zusammen, selbst die Raumhöhen variieren und es wurden eigens Decken eingezogen. Sonst ist alles schlicht und nüchtern gehalten. Ein hellgrauer Belag überdeckt den Holzboden des Schaulagerbaus von Herzog & de Meuron, und für die Beleuchtung kommen gängige Neonröhren zum Einsatz. Der Grundriss der Raumsuite ist leicht kreuzförmig, was ihr den Anschein einer Kapelle verleiht. Museologen würden das Gebilde vielleicht als *Period Rooms* bezeichnen wie jene eigenständigen Ambienti, die in historischen Museen für Exponate hergerichtet sind, die aus einer bestimmten Epoche stammen und zusammengehören. Das Gehäuse des *Kammerstücks* soll im Schaulager wie ein Fremdkörper wirken, als hätte es sich von einem anderen Standort abgekoppelt, um hier zu stranden.

Das Inszenieren von Gehäusen in Gehäusen ist Katharina Fritsch wie Alexej Koschkarow vertraut. Fritschs achteckiges *Museum, Modell 1:10* war präzise den Raumdimensionen des Deutschen Pavillons in Venedig angemessen, und bereits 1985 bis 1986 entstand ihre minimalistische Skulptur *Messekoje mit vier Figuren*, ein Bau mit quadratischem Grundriss, dessen äussere Ecknischen mit vier identischen, gotisierenden St.-Nikolaus-Statuetten bestückt waren. Und Koschkarow konstruierte 2008 ein *Ägyptisches Badezimmer*, 2009 das Kontrollhäuschen *Checkpoint Charly* und bereits 2002 hatte er in die Kölner Galerie Jablonka Lühn einen mysteriösen, üppigen Bibliotheksraum aus Holz- und Marmorimitation eingebaut, den man durch ein Cheminée betrat. Der Raum war mit fingierten Akten vollgestopft, zwischen denen ein Totenkopf auftauchte, ein Vanitas-Symbol, das auf die verronnene Lebenszeit jener Menschen verwies, von denen die Akten hätten handeln können.[1]

1 Vgl. / See Kölner Stadt-Anzeiger, 12.7.2002, http://www.ksta.de/kultur/die-wirklichkeit-in-attrappe-und-traum,15189520,14399992.html, und / and Noemi Smolik, «Alexej Koschkarow», in: *Artforum*, Jg. / vol. XLI, Nr. 4, Dezember / December 2002, S. / pp. 146–147.

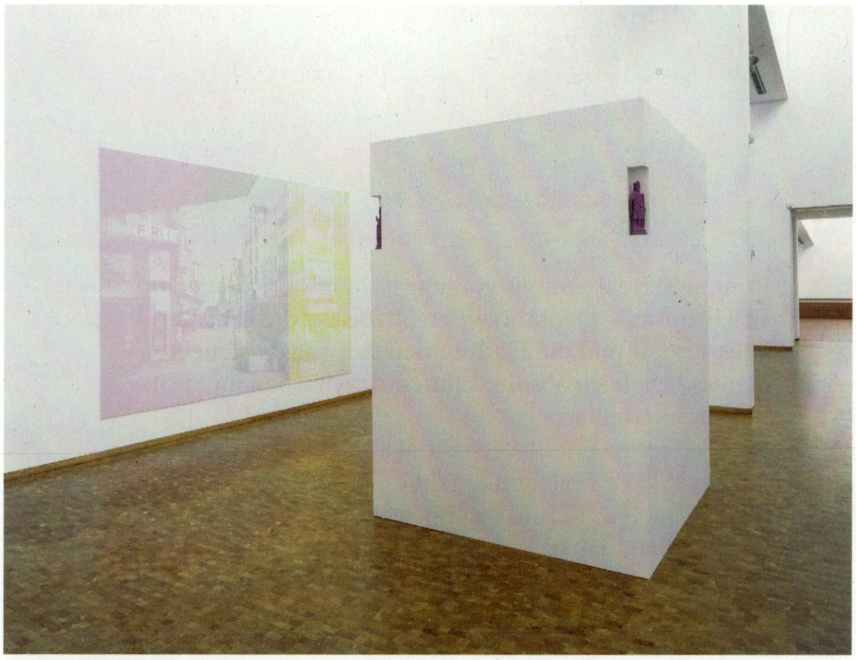

Katharina Fritsch
Messekoje mit vier Figuren
[Booth with Four Figures]
1985–1986/2001

casualties of ten million soldiers and seven million civilians; thirty million more wounded. This war represents a fundamental rift in civilization; it is the root of much that has left its mark on us all, up to the present day. Not only do the individual works in *Chamber Piece* communicate a mood, the atmosphere is also defined by their minutely calibrated interaction.

The names in the title of the piece reference World War I: Zita, the last Empress in Europe, and Щара, the Belarusian Shchara River. In a romantic landscape along its shores, a Russian soldier fighting on the front lines against the Germans was wounded in 1915; this was Koschkarow's great-grandfather. Koschkarow told me that the title *Zita–Щара* also gratifies his penchant for symmetry since, in Cyrillic script, Shchara only has four letters, like Zita in Latin script. In addition, the two names and scripts prefigure another theme of *Chamber Piece*, namely, the relationship between East and West, beginning with the cultural heritage of the two artists. Koschkarow was 17 years old when the Iron Curtain fell. Both artists have immersed themselves in their topic through reading and research: Fritsch studied Christopher Clark's *The Sleepwalkers. How Europe Went to War in 1914* (2012) and trawled the Internet for in-depth information on Austria's last Empress Zita and the collapse of the Habsburg monarchy and the German Empire. Koschkarow returned to one of his favorites: Franz Kafka. In addition, Fritsch drew his attention to Ron McCrea's *Building Taliesin: Frank Lloyd Wright's Home of Love and Loss* (2012). The book introduces architect Frank Lloyd Wright's summer residence, an ideal complex of buildings to accommodate living and working—a model example of organic architecture with adjoining farm, nestled in the idyllic landscape above the Wisconsin River. Wright had named the complex after a legendary, sixth-century bard from Wales, who sang of the fine arts. The architect lived there with his mistress Mamah Borthwick, a small professional staff, and a few employees. On August 15, 1914, coincidentally a few days after the outbreak of World War I, Wright's dream came to an abrupt and brutal end. While he was away on business, a deranged employee set fire to Taliesin and then axed to death Mamah, her two children, and four employees. None of that is illustrated in *Chamber Piece*. The two artists say nothing about possible analogies to the present day, but one cannot help thinking of today's increasingly precarious political, economic, and ideological climate. Architecturally, *Chamber Piece* occupies three rooms, each different in size and proportion; even the heights of their custom-built ceilings vary. Otherwise, the whole is plain and understated. Light-gray cladding covers the wooden floor of the Schaulager building, designed by Herzog & de Meuron; commercially available neon tubes supply the lighting. The ground plan hints at the shape of a cross, giving the suite of rooms the appearance of a chapel. Museologists would perhaps speak of period rooms, like those installed in historical museums to evoke a specific era. *Chamber Piece* is meant to be an alien body, is meant to appear as if wrest from somewhere else and stranded at Schaulager.

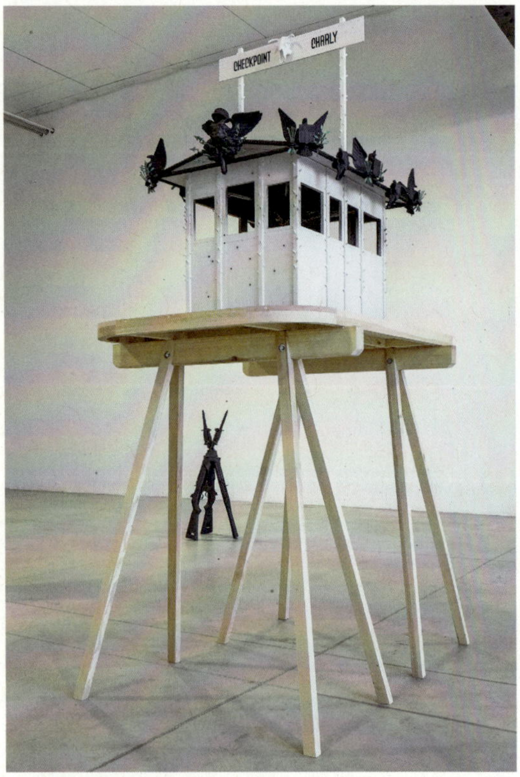

Alexej Koschkarow
Checkpoint Charly
Waffenpyramide
[Pyramid of Weapons], 2009

Der einzige Zugang ins *Kammerstück* führt direkt in den grössten und mittleren der drei Räume, der im kreuzförmigen Grundriss dem «Querschiff» entspricht. Eine Figurengruppe im linken hinteren Raumteil zieht beim Eintreten den Blick auf sich: drei leuchtend gelbe, menschengrosse Puppen, zwei Frauen mit Kopftuch, die eine mit einem weissen Handtuch über dem rechten Arm, die andere, den Kopf leicht geneigt, trägt eine rote Schürze und in der Hand einen Besen; vor den Frauen ein Kind, die Haare zu seitlichen Schwänzchen zusammengebunden, einen grossen grünen Ball umfassend. Alle drei haben kugelige Köpfe ohne Gesichter und ihre bauschigen Röcke fallen bis auf den Boden.

Als Vorlage dienten Katharina Fritsch drei kleine Puppen aus Maisblättern, die sie in einem Souvenirladen in Bratislava gefunden hatte. Sie liess die Figuren scannen und anhand der digitalen Daten stark vergrösserte 3-D-Prints herstellen, allerdings immer noch kleiner als die endgültigen Figuren. Dann folgte der Prozess, den Fritsch bei jeder ihrer Skulpturen vornimmt: Die ersten Prototypen werden in Gipsabgüsse übertragen, weil sich dieser Werkstoff besser bearbeiten lässt als der Kunststoff, den der 3-D-Drucker ausspuckt. An den Gipsmodellen nimmt sie dann das akribisch genaue, bildhauerische Ummodellieren vor. Sie reduziert die Detailformen auf deren Essenz hin, abstrahiert und idealisiert sie bis zu jenem sensiblen Grad an Perfektion, den nur das sichere Auge der Künstlerin als den richtigen erkennen kann. Danach lässt sie die bearbeiteten Modelle erneut scannen und in ihrer endgültigen Grösse herstellen. Der Scan, Print- und Bearbeitungsvorgang ist langwierig und kann sich mehrmals wiederholen, so oft, bis für die Künstlerin alles stimmt und die Figuren den Auftrag der leuchtenden und zugleich absolut matten Acrylfarben im Spritzverfahren erhalten.

Katharina Fritsch versteht sich als Bildhauerin. Doch um den Akt des «Hauens» geht es ihr nicht, sondern um das Bestreben, ein Bild von höchster Einprägsamkeit zu finden, eines, das sich ins Gedächtnis einbrennt. So verdanken die Skulpturen ihre ikonische Erscheinung der Formreinheit und Massstäblichkeit, aber auch ihrer spezifischen Farbigkeit, denn die Künstlerin versteht sich auch als Malerin. 1980 wurde für sie der Besuch einer Ausstellung von Kasimir Malewitsch in der Kunsthalle Düsseldorf, in deren Mittelpunkt das Spätwerk (1928–1932) stand, zu einem zündenden Erlebnis. Es fesselten sie die volkstümlichen Szenen mit den vereinfachten Formen und den kräftigen, flächigen Farben, die auf Malewitschs radikale, suprematistische Phase folgten, mitunter nachdem die kommunistische Partei den Suprematismus als unverständlich für das Proletariat und somit als nicht funktionalisierbar und verwerflich deklariert hatte. Es faszinieren sie aber auch jene drastischen Comicstrips, mit denen 1914 die russischen Avantgardisten – Malewitsch, der futuristische Dichter und Maler Wladimir Majakowski oder der Maler Aristarch Lentulow – Kriegspropaganda betrieben und mit abgründigem Humor enthusiastisch ihrem Kampfrausch Ausdruck verliehen. In grellen, poppigen Farben stellen ihre plakativen Comics, die übrigens belegen, dass die amerikanische Comic-Kultur Wurzeln in Osteuropa hat, lustvoll und sarkastisch die Grausamkeiten des Kampfs dar: Russen spiessen Deutsche auf, eine russische Bäuerin ersticht mit der Heugabel einen österreichischen Soldaten. Diese Comics nehmen den traditionellen Stil des Luboks auf, des russischen Volksbilderbogens mit satirischem, sozialkritischem und patriotischem Inhalt. Interesse am Lubok hatten in Russland vor den Avantgardisten bereits slawophile Künstler des 19. Jahrhunderts gezeigt, und Alexander Schewtschenko schreibt 1913: «Als Ausgangspunkt für unsere Kunst betrachten wir den Lubok, das Primitive, die Ikone, weil wir darin die stärksten und unmittelbarsten Wahrnehmungen des Lebens finden und darüber hinaus die reinste Form der Malerei.»[2]

Auch bei Katharina Fritsch ist es die leuchtend monochrome Farbigkeit, welche die stilisierten Figuren zu entrückten, zeichenhaften Erscheinungen werden lässt. Sie sagt, es sei in ihrer Kunst die Farbe selber, die

2 Zitiert nach / Quoted by Christina Wagner: http://www.bundeskunsthalle.de/blog/2013/12/26/ziemlich-drastisch-russische-kriegspropaganda-der-avantgarde/

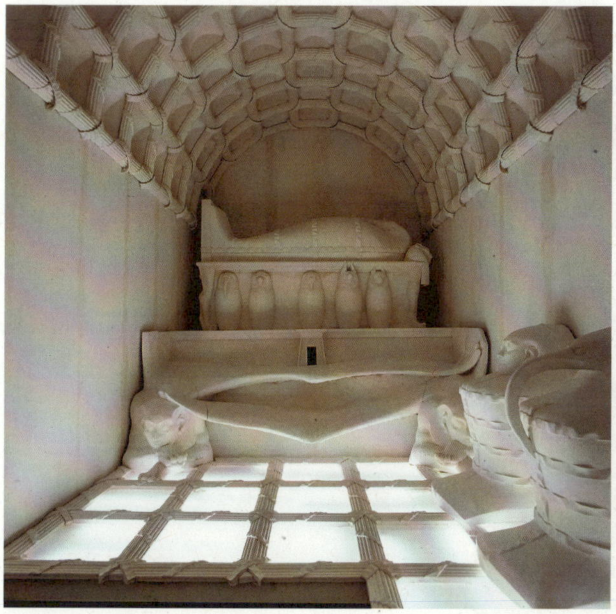

Alexej Koschkarow
Ägyptisches Badezimmer
[Egyptian Bathroom], 2008

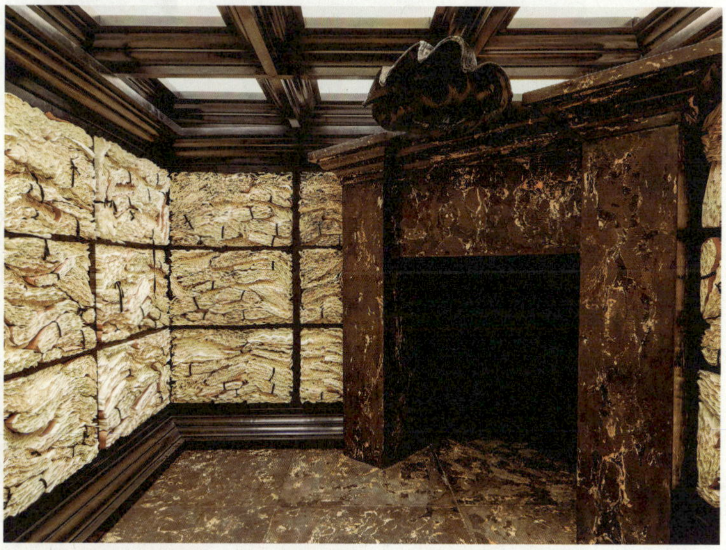

Alexej Koschkarow
Ohne Titel (falsches Holz,
falscher Marmor, falsche Akten)
[Untitled (Fake Wood, Fake
Marble, Fake Documents)], 2002

The idea of a nested structure is not new to the art of Katharina Fritsch and Alexej Koschkarow. Fritsch's octagonal *Museum, Modell 1:10* precisely matched the dimensions of the German Pavilion in Venice and from 1985 to 1986 she created a very early Minimalist sculpture, *Messekoje mit vier Figuren* (Booth with Four Figures): a square structure embellished with four identical, faux-Gothic St. Nicholas statuettes at the corners. And in 2008, Koschkarow in turn constructed *Ägyptisches Badezimmer* (Egyptian Bathroom), *Checkpoint Charly* in 2009, and earlier on, in 2002, a mysterious, sumptuous library out of wood and imitation marble. When visitors stepped through the fireplace—the only means of accessing the library inserted into the Jablonka Lühn gallery in Cologne—they came upon a room stuffed with fake files, in which a skull made an appearance as a Vanitas symbol, referring to time that has run out and to the past lives of all those who might have been mentioned in the files.[1]

The only entrance to *Chamber Piece* leads directly into the largest room in the middle, which would correspond to the transept in a cruciform ground plan. Attention is immediately drawn to a trio of life-sized figures standing toward the back of the space to the left: luminous, yellow dolls, two women wearing head scarves, one of them with a white towel draped over her right arm, the other, her head slightly inclined, wearing a red apron and holding a broom; the third figure standing in front of the two women is a child clutching a big green ball, her hair in pigtails sticking out left and right. All three have spherical heads, no faces, and full-length dresses with puffed sleeves.

The figures are based on three small, corn-husk dolls that Fritsch came across in a souvenir shop in Bratislava. She had the figures scanned and the digital data converted into 3-D prints, vastly enlarged but still smaller than the final figures. The next step involved a process that Fritsch applies to all of her sculptures. She made plaster casts of the first prototypes because that material is more responsive to sculpting than the plastic that issues from a 3-D printer. She then moved on to the meticulous and painstaking process of remodeling the plaster casts. As in all of her work, she honed the details until they were reduced to essentials, abstracted and idealized to that sensitive degree of perfection that only the unerring eye of the artist can recognize as being right. She then had the elaborated models scanned once again and produced in their final size. Scanning, printing, and sculpting are protracted processes that may be repeated several times until the artist is satisfied with the outcome and ready to have the figures spray-painted in luminous but completely flat acrylic paint.

Katharina Fritsch sees herself as a sculptor but the act of "carving" is not her main concern. She seeks to create images so compelling that they are indelibly burned into memory. The effect is indebted not only to the iconic impression of pure form and scale but also to the distinctive coloring of her sculptures: the artist also

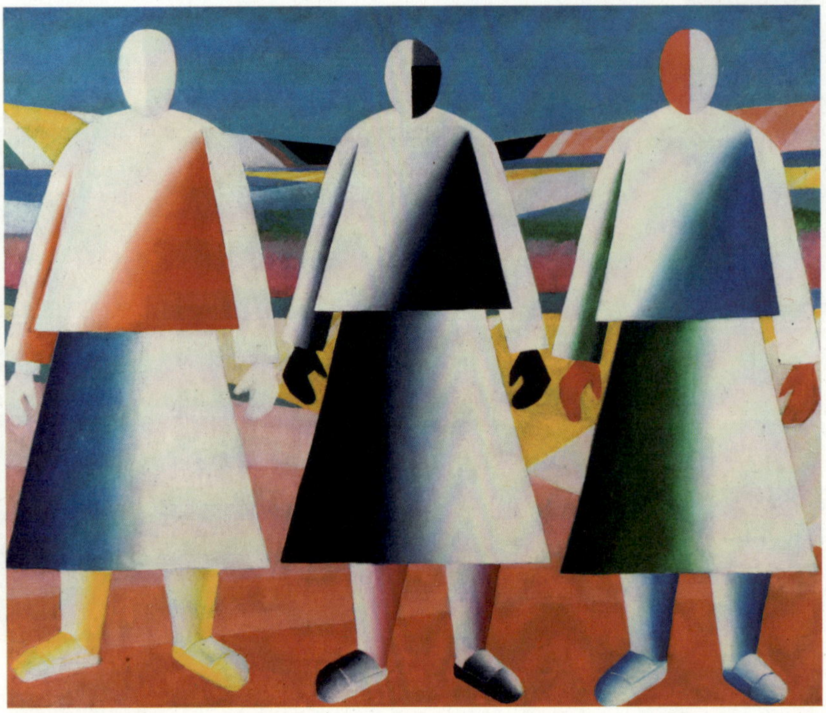

Kasimir Malewitsch
Junge Mädchen auf dem Felde /
Young Girls in the Field,
1928–1929

ihre Gestalt suche, nicht umgekehrt. Und die Farbe wechselt ihre Gestalt immer von Neuem. Nimmt das Gelb heute die Form der Puppen an, war es gestern jene eines Totenschädels und vorgestern die einer Madonna. Dabei ist es die vollkommen matte Farbe, die bei ihr ihre Autonomie bewahrt und nur vom Licht bestimmt ist, im Gegensatz zur glänzenden Farbe, die zwangsläufig die Reflexionen ihres Umfelds aufnimmt.

Zu Fritschs kostbarstem Rohstoff gehören die archetypischen, im kollektiven Bewusstsein verankerten Motive aus der Populärkultur. Die gelben Puppen im *Kammerstück* scheinen zunächst den Bezug zum Boden und zu den christlichen Werten einer sich selbst versorgenden Gemeinschaft darzustellen, eine bäuerliche Genreszene voller Unbekümmertheit. Betrachtet man sie länger, weicht diese Illusion dem Gefühl eines Widerstrebens. Ihre Zeitlosigkeit und Grösse, ihre formale Stilisierung und distanzierende monochrome Farbigkeit irritieren, aber auch die Tatsache, dass sie gesichtslos sind und dadurch gänzlich unbeseelt wirken. Fritsch selbst bezeichnet sie gar als devote Frauen mit angsteinjagenden stumpfen Kugelköpfen, die mit ihrer zur Schau getragenen Unterwerfung emotionale Erpressung betreiben könnten.

Verfolgen wir zudem, wohin sich die Figuren ausrichten, ist es gänzlich aus mit der Behaglichkeit in dieser Kammer: Sie schauen auf Alexej Koschkarows riesige Handgranate schräg vis-à-vis. Diese Skulptur ist ein Hybrid, Granate und Ofen zugleich, ein *Kalter Ofen*, wie der Künstler ihn nennt, aus weisser bleiglasierter Keramik. In seinem Bauch, der mit der Sprengladung gestopft sein könnte, dreht sich wie eine Art goldene Trommel eine zerknüllte und durchlöcherte, elektrisch angetriebene XXL-Aludose für Gurken, in der ein schummriges Licht aufflammt und so tut, als flackere hier ein Feuer. Im Ersten Weltkrieg wurde die Granate bei Grabenkämpfen als eine der effizientesten Waffen eingesetzt, dabei verdankt sie ihren Namen zynischerweise dem Granatapfel, der in vielen Kulturen als Liebes-, Fruchtbarkeits- und Unsterblichkeitssymbol gilt. Als Vorlage für die Skulptur benutzt Koschkarow das Granatenmodell mit den markanten rechtwinkligen Sollbruchstellen, das für ihn als Bildhauer formalästhetisch am meisten hergibt. Rundum setzt er in die Sollbruchstellen Explosionsstrahlen aus Keramik ein, auf einigen von ihnen kommt die Skulptur zu stehen. Aus der Explosionskrone steigt eine Stichflamme auf, während ein schwarzes Rohr bis zur Decke reicht und den Rauch abzuleiten vortäuscht. Das präzis inszenierte Beziehungsspiel zwischen Ofen und Puppen wird in dieser Kammer eine gärende ambivalente Stimmung der Unsicherheit im Vertrauten verbreiten, ein Oszillieren zwischen idyllischer Häuslichkeit und schwelender Gefahr.

Trete ich bei meinem imaginierten Gang durch das *Kammerstück* in den rechten Raum ein, treffe ich dort auf vier Arbeiten Koschkarows. Mein Blick fällt zunächst auf eine seltsam verworrene architektonische Assemblage, eine dadaistische Vision von Kraftmeierei und Rad schlagender Borniertheit, eine apotropäische Parodie auf den Geist eines Terrorregimes, die uns kalte Schauer durch das Rückenmark fahren lässt. Die Schreckensbastion ist etwas mehr als zwei Meter hoch, ein modellartiges Gegen-

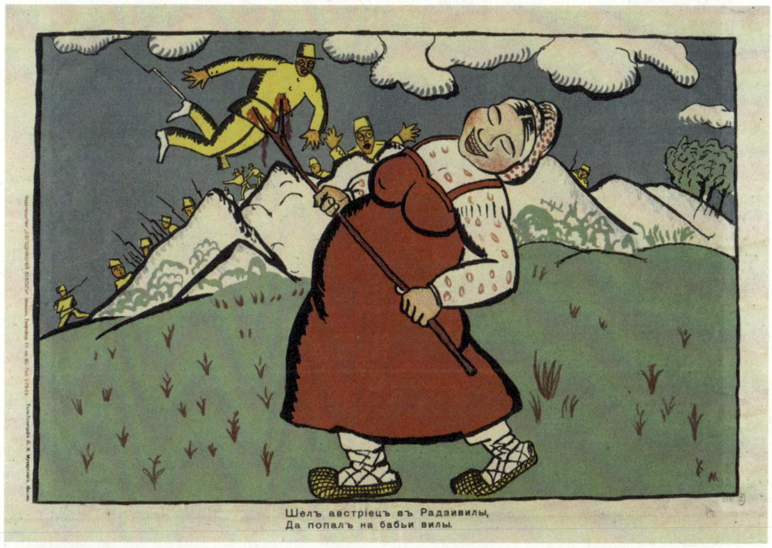

Kasimir Malewitsch
«Es kam der Österreicher bis Radziwill, da besorgten es ihm die Weiber mit der Heugabel» / "An Austrian went to Radziwill and came right on to a Peasant Woman's Pitchfork," 1914

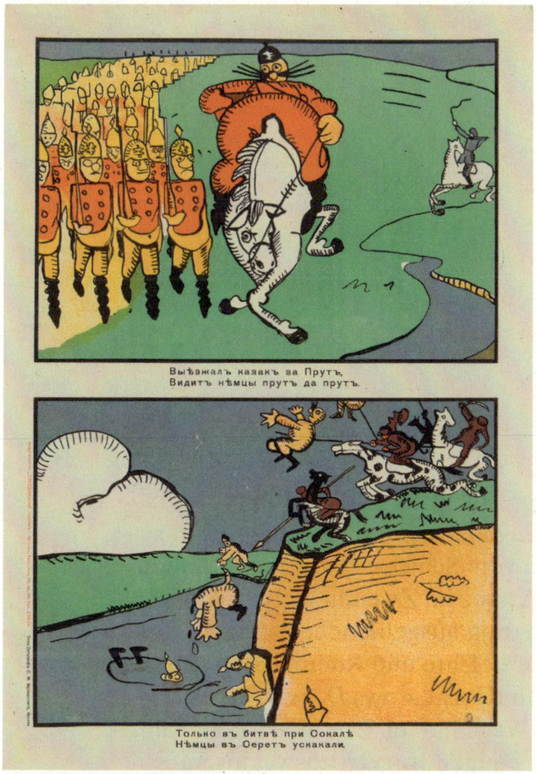

Wladimir Majakowski
«Выезжал казак за Прут, видит немцы прут да прут» / "The Cossack goes out to the Prut...," 1914

sees herself as a painter. In 1980 she attended an exhibition at Kunsthalle Düsseldorf that highlighted the late work (1928–1932) of Kazimir Malevich. It proved to be a seminal experience. Fritsch was enthralled by the simplified shapes and planes of strong colors in the artist's vernacular scenes. He had painted them following his radical Suprematist phase, which he had abandoned, not least, because the Communist Party condemned Suprematism as being incomprehensible to the proletariat and therefore incapable of being functionalized. But she is also fascinated by the drastic comic strips with which representatives of the Russian avant-garde—for instance, Malevich, the futurist writer and painter Vladimir Mayakovsky, and the painter Aristarkh Lentulov—enthusiastically touted war propaganda with inimitably outlandish humor. Their comics, in garish pop colors, blatant and oversimplified (incidentally demonstrating that American comics descend from Eastern Europe), took sarcastic pleasure in glorifying the horrors of war: Russians are seen impaling Germans and a Russian peasant woman stabs an Austrian soldier to death with her pitchfork. The comics adopted the traditional style of the lubok, popular Russian prints whose subject matter could be satirical, socially critical, or patriotic. However, Slavophile artists of the 19th century had already shown an interest in luboks prior to the avant-gardists. In 1913, Alexander Shevchenko writes, "We consider the lubok, the primitive and the iconic, the starting point of our art because we find there the strongest and most immediate perception of life and beyond that, the purest form of painting."[2]

The detached, emblematic impression of Fritsch's figures is similarly generated by their luminous, monochromatic palette. According to Fritsch, it is color that seeks a form in her art, and not the converse. And her colors keep changing their shape. If yellow is embodied in the shape of dolls today, it took the shape of a skull yesterday and of a Madonna the day before yesterday. As mentioned, the paint that preserves its autonomy in her work is flat and subject only to light, in contrast to glossy paint that necessarily reflects its surroundings.

Fritsch culls her most valuable raw material from the archetypical motifs of popular culture that are anchored in collective memory. The yellow dolls in *Chamber Piece* would appear, at first sight, to represent the down-to-earth life and Christian values of a self-sustaining society, a genre scene of carefree peasant existence. That first impression fades as other disconcerting factors take precedence: timelessness and size, stylization and standoffish monochromatic palette, and facelessness through which the figures are completely deprived of soul. Fritsch herself describes them as devout women with frighteningly mute spherical heads, whose patent display of submission is tantamount to emotional blackmail.

Should any traces of comfort remain in this chamber, they are definitively banished the moment we follow the direction in which the figures face. They are looking

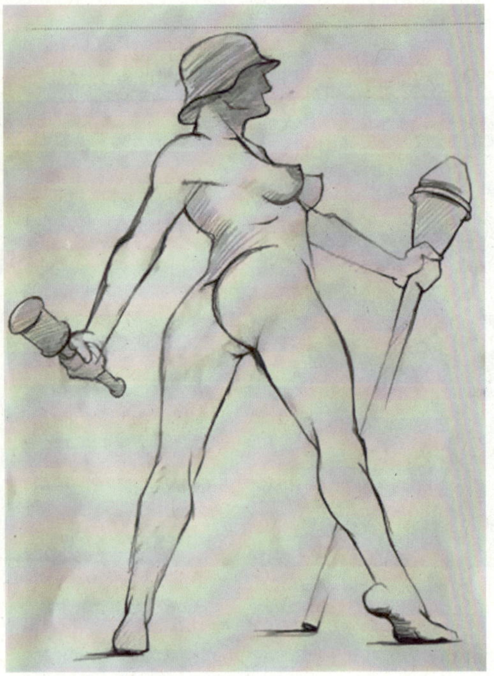

Alexej Koschkarow
Kalenderblätter [Calendar sheets]
(Volkssturm), 2009

über mit Menschenmass, dessen kubistische Formen die Gestalt einer aufgerichteten Kobra mit aufgerissenem Rachen bergen. Koschkarow gibt der Skulptur den Titel *Das was keinen Namen hat*, wohl weil das, was dieser Vision zugrunde liegt, sprachlos macht, nicht in Worte zu fassen ist oder im Dunkeln bleibt. Das Gebilde erinnert denn auch an den bedrohlichen und unfassbaren Kontrollapparat, der das Leben in Kafkas *Das Schloss* (1922) steuert. Jedoch: Wovon man nicht sprechen kann, daraus erwächst Kunst. Den Kopf der Kobra krönen ins Lächerliche verzerrte, sexualisierte Kriegsallegorien in weiblicher Gestalt: drei schwarze, symmetrisch postierte Soldatinnen mit stählern angespannten Muskeln in martialischer Imponierhaltung, die von ihren Helmen abgesehen schamlos nackt sind.[3] Ganz oben auf der Bestie steht breitbeinig aufgepflanzt die Herrin dreier schwarzer Kampfhunde der blutrünstigsten Rasse, Zerberus mal drei. Rechts und links wird sie von zwei identisch aussehenden Soldatinnen flankiert, die über den Schiessscharten beziehungsweise Augen der Kobra stehen, wobei sich die eine nach vorne und die andere nach hinten richtet. Sie wirken wie Automatenfiguren, die sich im Räderwerk der Gewaltmaschinerie im Kreis drehen. Zum Wurf ausholend halten sie in ihrer Rechten eine Granate beziehungsweise eine Kugel und stützen sich mit der Linken auf einen Stock beziehungsweise eine Panzerfaust – Objekte, die ebenso Waffen wie Spielzeuge für die grässlichen Hunde sein könnten.

Diese Materialisierung einer Ideologie und zugleich Verherrlichung der Macht ist Koschkarows Parodie auf eine groteske Männerphantasie, die in ihrer Absurdität keineswegs dem Buch *Der Krieg hat kein weibliches Gesicht* (1985) der weissrussischen Schriftstellerin Swetlana Alexijewitsch widersprechen will. Die auf Interviews basierenden Aufzeichnungen der Literaturnobelpreisträgerin von 2015 erzählen vom Schicksal rund einer Million Frauen in der Roten Armee im Zweiten Weltkrieg, die in der offiziellen Erinnerung ausgeblendet und in Vergessenheit geraten sind, weil Ehre und Ruhm den Männern vorbehalten blieben. In Koschkarows *Das was keinen Namen hat* führen zwei Wege hinauf. Der eine ist ein Fahrzeugtunnel, der nach einigen Kurven ausweglos im Rachen der Kobra endet. Der andere ist der Treppenaufgang, der als ein skulpturales Kleinod überrascht. Er besteht aus zwei ineinander verschlungenen Wendeltreppen, die eigentlich viel zu verspielt sind, um in die Düsternis dieses Bunkers hinaufzuführen. Da sie es aber tun, wirkt die Abgründigkeit der architektonischen Situation noch gemeiner. Wie verirrte Versatzstücke aus einem manieristischen Lustschloss scheinen sie hier aufzutauchen. Eine weitere Überraschung bietet die Rückseite des Kobrakopfs: Dort zeigt sich das schwarze Modell eines gutbürgerlichen Wohnhauses, dessen Fassade durch die Anordnung der Erker ebenfalls ein Gesicht erhalten hat. Koschkarow liess sich dazu von den eklektischen Wohnhäusern der reichen Handelsleute aus dem frühen 20. Jahrhundert in Brooklyns elegantem Quartier Clinton Hill inspirieren. Unbekümmert trifft hier Renaissancestil auf amerikanische Kolonialarchitektur, Jugendstil auf Neoromanik und auf alle erdenklichen Exotismen.

Doch Koschkarow treibt das architektonische Verwirrspiel noch weiter: Hinter der janusköpfigen Kobra steht die Skulptur *Schtetl*, die das ideale Modell einer osteuropäischen jüdischen Siedlung darstellt, eine Form dörflichen Zusammenlebens, die mit dem Zweiten Weltkrieg verschwand. Dicht aneinandergedrängt schmiegen sich ringförmig Holzbauten um eine Hügelkuppe, auf der sich ein grosser Platz ausdehnt, in dessen Mitte ein gigantisches Monument steht: eine in einen Baumstrunk getriebene Axt.[4] Im Spiel mit den Assoziationen erinnert mich diese Axt nicht nur an die Mordwaffe in Taliesin, sondern auch an die Wunde von Gregor Samsa in Kafkas Erzählung *Die Verwandlung* (1915). Im Rückenpanzer Gregors, der zum Käfer mutiert ist, steckt der faulende

3 Koschkarow lässt diese Figuren bereits 2009 in seinen *Kalenderblättern* aufleben. Vgl. *Alexej Koschkarow*, hrsg. von Katharina Fritsch, Düsseldorf, 2010, S. 44–45.

Koschkarow introduced these figures in his *Kalenderblätter* (2009). See *Alexej Koschkarow*, edited by Katharina Fritsch, Düsseldorf, 2010, pp. 44–45.

4 Vgl. Bettina Friedli, «Alexej Koschkarow», in: *Future Present. Die Sammlung der Emanuel Hoffmann-Stiftung*, Basel: Laurenz-Stiftung, 2015, S. 638–639.

See Bettina Friedli, "Alexej Koschkarow," in: *Future Present. The Collection of the Emanuel Hoffmann Foundation*, Basel: Laurenz Foundation, 2015, pp. 638–639.

diagonally across at Alexej Koschkarow's gigantic hand grenade. The lead-glazed ceramic sculpture is a hybrid, both hand grenade and stove, as indicated by the artist's title: *Kalter Ofen* (Cold Oven). In its belly, which could be stuffed with explosives, a crushed and perforated XXL-aluminum can, that once contained cucumbers, has been motorized so that it rotates like a golden drum and flashes in the dim light as if it were a flickering fire. Hand grenades, the most efficient weapons in the trenches of World War I, are cynically named after pomegranates, known in many cultures as symbols of love, fertility, and immortality. Koschkarow has based his sculpture on a type of hand grenade with right-angled breaking points, for it best serves his purpose esthetically and formally. Explosive rays in ceramic come shooting out of the breaking points all around and also serve as the legs. In addition, a flame shoots out of the top while a black stove pipe for the nonexistent smoke reaches up to the ceiling. The meticulously planned relationship between stove and dolls oscillates between idyllic domesticity and festering danger, investing the familiar with a smoldering sense of ambivalence and uncertainty.

Proceeding on my imaginary tour of *Chamber Piece*, I enter the room to my right and encounter four works by Koschkarow. The first thing I see is a curiously convoluted architectural assemblage, a Dadaist vision of swaggering bravado and cartwheel obstinacy, an apotropaic parody of a reign of terror that sends shivers down my spine. The bastion of horror is a mere six-and-half feet tall, the model of an "other" in human scale, its cubist shape conjuring up an erect cobra with yawning jaws. Koschkarow titles the sculpture *Das was keinen Namen hat* (Which Has No Name), most likely because his vision is based on something that is beyond speech and beyond words, something that remains in the dark. The sculpture also evokes visions of the menacing, incomprehensible surveillance in Kafka's *The Castle* (1922). Luckily, however: Whereof one cannot speak, thereof emerges art. The head of the cobra is crowned with preposterously distorted, sexualized war allegories in female form: three black, symmetrically posing women soldiers, bombastic, steely-muscled, and stark naked except for their helmets.[3] The mistress of three black and bloodthirsty attack dogs, Cerberus to the third power, stands firmly, feet apart, at the very top of the beast. She is flanked left and right by two identical women soldiers, respectively facing front and rear and planted above the embrasures, that is, the eyes of the cobra. They look like automatons, revolving in the gears of this machinery of violence. Leaning with their left hands on a bazooka, they are about to hurl a hand grenade held in their right hands. The objects could as easily be toys—a stick and a ball—for the ghastly dogs.

This ideology, and glorification of power made flesh, is Koschkarow's parody of an absurdly grotesque male fantasy that certainly does not intend to contradict Belarusian writer Svetlana Alexievich's *War's Unwomanly Face* (1985). Based on interviews, this book by the 2015 Nobel Prize winner in literature gives a voice to some one million women who served in the Red Army in World War II. They had been ignored, relegated to oblivion by official memory, confirming that honor and victory are still a male privilege. Two paths lead up to Koschkarow's *Das was keinen Namen hat*: a tunnel for motorized vehicles that takes a few curves only to end in the yawning mouth of the cobra and a staircase that is a surprising sculptural jewel. The latter, consisting of two intertwined spirals, is much too playful to access such a dismal, cheerless bunker. However, by so doing, the stairs merely heighten the abysmal gloom of the architectural creation, for they crop up like set pieces gone astray from a Mannerist castle. Another surprise awaits viewers at the back of the cobra's head. There, Koschkarow has added a residence, in black, with bay windows in the façade that form a face. He was inspired by the eclectic homes erected by wealthy merchants in the elegant Clinton Hill neighborhood of Brooklyn in the early 20th century. Insouciantly, Renaissance style meets American colonial architecture, and nouveau art meets not only neo-Romanticism but a host of random exotic follies.

Koschkarow's architectural imagination goes even further: *Schtetl* emerges behind the cobra's Janus head. It represents the ideal model of Eastern European Jewish settlements and their distinctive community life, wiped out in the course of World War II. Houses constructed of wood form close-knit circles around a hill with a large square on top. A gigantic monument marks the middle of the square: a tree trunk cloven by an axe.[4] Giving association free rein, I think of the murder weapon in Taliesin, but also of Gregor Samsa's wound in Kafka's tale, *The Metamorphosis* (1915). Gregor, transformed into an insect, struggles with an apple hurled at him by his father. Unable to remove it, it remains stuck and rotting in his carapace until he dies. *Schtetl* also has zoomorphic traits; like an insect with a wound in its back, it is poised on unsteady, rickety legs, as if trying to walk away.

5 Zur Geschichte dieser Adlerskulpturen, siehe / For the history of these eagles, see https://ephemeralnewyork.wordpress.com/tag/central-park-zoo-eagles/

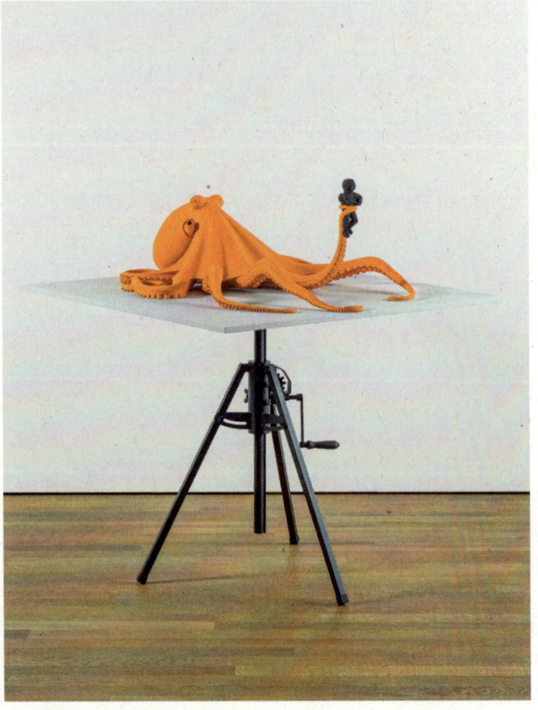

Katharina Fritsch
Oktopus [Octopus], 2006/2009

Apfel, mit dem sein Vater ihn beworfen hat und den abzustreifen dem Käfer bis zu seinem kläglichen Verenden nicht gelingt. Auch das *Schtetl* besitzt zoomorphe Züge und scheint sich wie ein Insekt mit einer Wunde auf dem Rücken unsicher auf seinen langen, einknickenden Beinen fortbewegen zu wollen. Es kommt die Ahnung auf, es verwandle sich hier eine Heimat zur Hölle. Dieses Gefühl verstärkt sich noch, wenn ich an der Längswand daneben das *Höllentor* betrachte, Koschkarows Frottage oder «Smearing» (Schmiererei), wie er seine Arbeiten in Abriebtechnik nennt. Er hat sie, ebenfalls in Brooklyns Quartier Clinton Hill, vom Eingangsportal eines 1901 erbauten Patrizierhauses abgenommen, indem er eine vorgrundierte Leinwand über das Tor legte und mit Grafit den Abrieb vornahm. Als ich vor dem Portal stand, erschien mir dieses weit weniger unheimlich als das davon angefertigte «Smearing». Das liegt am starken Grafitauftrag, womit Koschkarow auf der Leinwand eine drohende Finsternis über das Tor zu legen wusste, die am Mahnspruch über Dante Alighieris Höllentor in der *Divina Commedia* keinen Zweifel lässt: «Lasciate ogni speranza, voi ch'entrate» (Lasst, die ihr eintretet, alle Hoffnung fahren). An der gegenüberliegenden Längswand prangen zwei «Smearings» von Adlern. Sie stammen von Steinskulpturen aus dem Jahr 1912, die heute im Zoo des Central Park in New York stehen.[5] Im *Kammerstück* hängen sie so, dass sie einander zugewandt sind. Das erinnert mich an die Doppeladler in den Wappen sowohl des österreichischen Kaiserreichs wie auch des russischen Zarenreichs, in denen sich die beiden Köpfe des Doppeladlers voneinander abwenden. Ist in der spezifischen Hängung dieser «Smearings», in denen die Krafttiere wie bedrohliche Schatten auftauchen, eine Anspielung auf die fatale Konfrontation der beiden Kriegsmächte im Ersten Weltkrieg auszumachen? Mit diesen Grafitarbeiten vollzieht Koschkarow in seiner Kammer sowohl einen Wechsel des Massstabs wie des Realitätsbezugs. Entsprechen die Schreckensbastion und das *Schtetl* architektonischen Fantasien in Modellgrösse, dokumentieren die «Smearings» im Massstab 1:1 dekorative Elemente mit symbolhaftem Gehalt, die von historischen Bauten in New York stammen. Es haftet ihnen etwas Spukhaftes an, denn sie tragen unmittelbare Spuren von Objekten, in denen Geschichte steckt. Je höher die Erhebungen auf den Objekten, desto dunkler treten sie in der Grafitwolke der Frottage hervor, als wolle das Objekt seine unergründliche Nachtseite zeigen. Der Zufall will es, dass die Architektur des *Kammerstücks* annähernd in der Ost-West-Achse ausgerichtet ist und folgerichtig Koschkarow die Kammer im Osten, Fritsch jene im Westen belegt. Schreite ich in meiner Vorstellung zurück ins «Querschiff» am Granate-Ofen-Hybrid vorbei, drängt sich mir unter dem Eindruck des hölzernen *Schtetls* die erschreckende Konnotation noch stärker auf: der Albtraum der Schoah.

Ein paar Schritte weiter trete ich in die dritte und letzte Kammer ein, in der nur eine Skulptur von Katharina Fritsch steht, der *Sarg*. Er besitzt eine normale Länge von ungefähr zwei Meter, wie ihn der Bestatter anbieten würde, und doch ist das für uns alle ultimative Gehäuse, so wie es sich in dieser Skulptur manifestiert, nirgendwo sonst zu finden. Auf den Sarg hat sich das strahlende Ultramarin von Fritschs gigantischem *Hahn/Cock* (2013) gelegt und auf die Malerböcke das leuchtende Orange des *Oktopus* (2006/2009), der mit einem Tentakel den schwarzen Taucher umfängt. Der Raum ist hell, ohne die düster-feierliche Atmosphäre eines Ortes, wo die Toten wohnen, wie etwa der Wiener Kapuzinergruft, in der die sterblichen Reste von Kaiserin Zita ruhen. In seiner ikonischen Erscheinung ist der Sarg ins Zeitlose, Unreduzierbare und Ewigmenschliche entrückt. Darin liegt paradoxerweise seine beruhigende Symbolkraft.

Selbstbewusst treten die Werke in diesem kleinen *Kammerstück* auf – jedes ein Protagonist mit der je eigenen künstlerischen Rhetorik der Autorin oder des Autors. Im Zusammenspiel entwickeln sie einen unheilig sich potenzierenden Dialog, in dessen Zentrum eine prekäre Condition humaine steht. Sie machen Wissen, Wähnen, Fürchten und Begehren erfahrbar und geben Visionen des Häuslich-Alltäglichen, der Verletzlichkeit, der pervertierten Macht und Zerstörung zur Reflexion frei. Als Basso continuo zieht sich eine Gewissheit durch das *Kammerstück*: Keine Macht vermag die schöpferische Energie der Kunst zu vernichten. Und: Wovon man nicht sprechen kann, daraus erwächst Kunst.

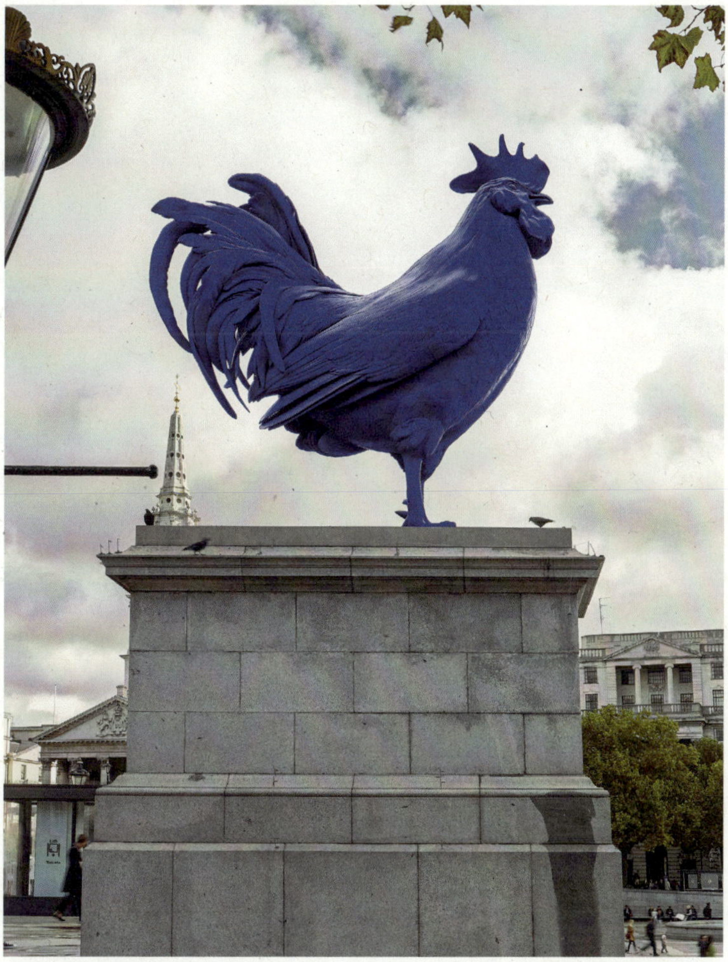

Katharina Fritsch
Hahn / Cock, 2013

The whole evokes the premonition of another metamorphosis, from home to hell, a feeling that is reinforced when I look at the *Höllentor* on the adjoining wall. Koschkarow also sourced his frottage, or "smearing" as he calls his rubbings, from the Clinton Hill neighborhood of Brooklyn; it is the entrance to a mansion built in 1901. When I stood in front of the actual portal, it seemed much less disturbing than Koschkarow's smearing. The thick graphite coating that the artist has applied to the canvas transforms the gate into menacing darkness, leaving no doubt about the warning above the Gate to Hell in Dante Alighieri's *Divina Commedia*: "Lasciate ogni speranza, voi ch'entrate" (Abandon all hope, ye who enter here). The two eagles emblazoned on the wall opposite are smearings of stone sculptures from 1912, now installed at Central Park Zoo in New York.[5] In *Chamber Piece* they face each other, which makes me think of the double-headed eagles in the coats of arms of the Austrian and Russian Empires. In both cases, the eagles' heads are back to back. Does the hanging of these smearings, in which the animals of power appear like menacing shadows, perhaps allude to the fatal confrontation between the two warring powers in World War I? The rubbings in Koschkarow's chamber change not only the scale but also the reference to reality. The bastion of horror and the *Schtetl* are models of architectural fantasies while the smearings show full-scale decorative elements of symbolic import from historical buildings in New York. The effect is eerie for they bear unfiltered traces of objects freighted with history. The higher the relief on the objects, the darker does the graphite cloud of the frottage become, as if the object were intent on displaying its unfathomable nocturnal side.

The rooms of the *Chamber Piece* happen to be laid out on an east-west axis so that Koschkarow fittingly occupies the room to the east and Fritsch the one to the west. I return in my imagination to the transept, still under the impression of the wooden *Schtetl* and as I pass the hybrid of hand grenade and stove, its horrendous connotation becomes even more inescapable: the nightmare of the Shoah.

I take a few more steps and enter the third and last chamber, containing a single sculpture by Katharina Fritsch, the *Sarg* (Coffin). It is about six-and-a-half feet long, the usual length of coffins supplied by funeral homes, but nowhere else would we ever encounter our ultimate resting place as manifested in this sculpture. The coffin, painted the same radiant ultramarine as Fritsch's gigantic *Hahn/Cock* (2013), rests on radiant orange sawhorses, like the color of the artist's *Oktopus* (2006/2009) that holds up a black diver in one tentacle. The room is bright; it does not have the gloomy, somber atmosphere of a place where the dead live, like the Imperial Crypt in Vienna that houses Empress Zita's mortal remains. The iconic appearance of the coffin makes it timeless, irreducible, and eternally human, lending it a paradoxically comforting symbolic effect.

Each of the works in this small *Chamber Piece* makes a statement of their own; they are imbued with the distinctive artistic rhetoric of their makers. Together, they enter into a dialogue of relentless and increasingly unholy cogency, with the precarious *condition humaine* at its core. The knowledge, phantasmagory, fear, and desire with which they are informed become palpable; they submit their visions of domesticity, vulnerability, perverted power, and destruction to us for reflection. A comforting basso continuo accompanies the *Chamber Piece* throughout: No authority shall ever destroy the creative energy of art. And: Whereof one cannot speak, thereof emerges art.

Jacqueline Burckhardt, 1947 in Basel geboren, ist Kunsthistorikerin und Kunstkritikerin. Nach ihrer Ausbildung als Restauratorin am Istituto Centrale del Restauro in Rom promovierte sie 1989 nach einem Studium der Kunstgeschichte, Archäologie und aussereuropäischen Kunst an der Universität Zürich. Sie ist Mitbegründerin und Redakteurin der Kunstzeitschrift *Parkett*. Von 2006 bis 2015 war sie künstlerische Beraterin und Kuratorin für ortsspezifische Kunstprojekte bei der Novartis in Basel, von 1998 bis 2006 amtete sie als Präsidentin der Eidgenössischen Kunstkommission. Seit 2009 ist sie Direktorin der Stiftung Sommerakademie am Zentrum Paul Klee in Bern. Sie ist Mitglied zahlreicher Kunstkommissionen und schreibt regelmässig Beiträge für Ausstellungskataloge und Publikationen zu zeitgenössischer Kunst.

Jacqueline Burckhardt, born in 1947 in Basel, is an art historian and art critic. Trained as an art restorer at the Istituto Centrale del Restauro in Rome, she earned her doctorate in art history at the University of Zürich in 1989 after studying art history, archaeology, and non-European art. She is co-founder and editor of the art magazine *Parkett*. From 2006 to 2015, she was commissioned as art consultant and curator for site-specific art works at Novartis in Basel, and from 1998 to 2006 she was president of the National Committee of the Arts in Switzerland. Since 2009, Burckhardt has been the director of the Summer Academy at Zentrum Paul Klee in Bern. She is a member of numerous art committees and regularly writes contributions for exhibition catalogues and publications dedicated to contemporary art.

Katharina Fritsch

Puppen [Dolls], 2016
Epoxidharz, Polyurethan, Acrylfarbe / Epoxy resin, polyurethane, acrylic
167 × 108.3 × 59.2 cm;
173 × 70.2 × 54 cm;
96.5 × 44 × 52.2 cm /
65 ¾ × 42 ⅝ × 23 5/16 in;
68 ⅛ × 27 11/16 × 21 ¼ in;
38 × 17 5/16 × 21 9/16 in
Besitz der Künstlerin / Collection of the artist

Sarg [Coffin], 2016
MDF, Tischlerplatte, Acrylfarbe / MDF, blockboard, acrylic
120 × 80 × 206 cm
47 ¼ × 31 ½ × 81 in
Besitz der Künstlerin / Collection of the artist

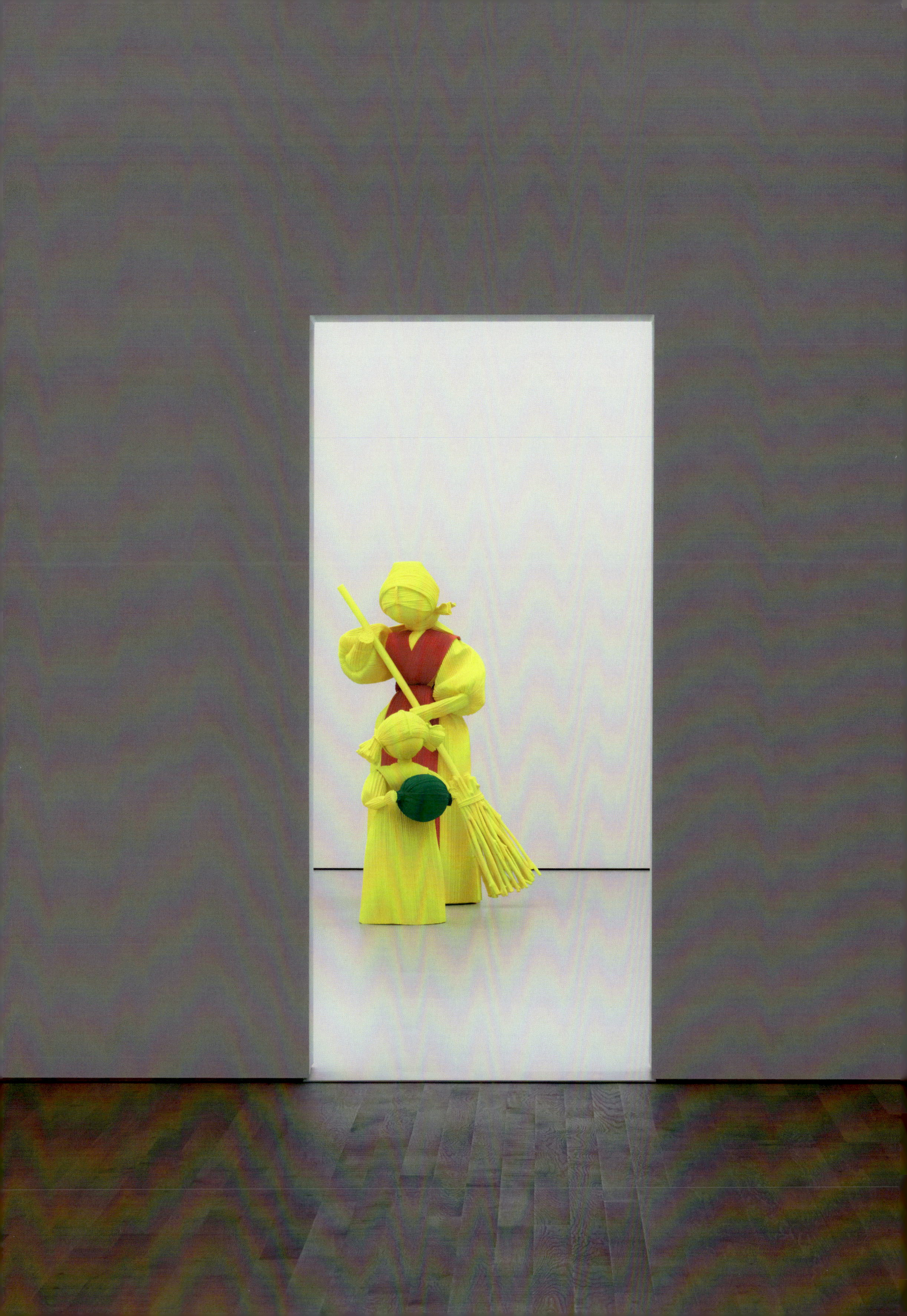

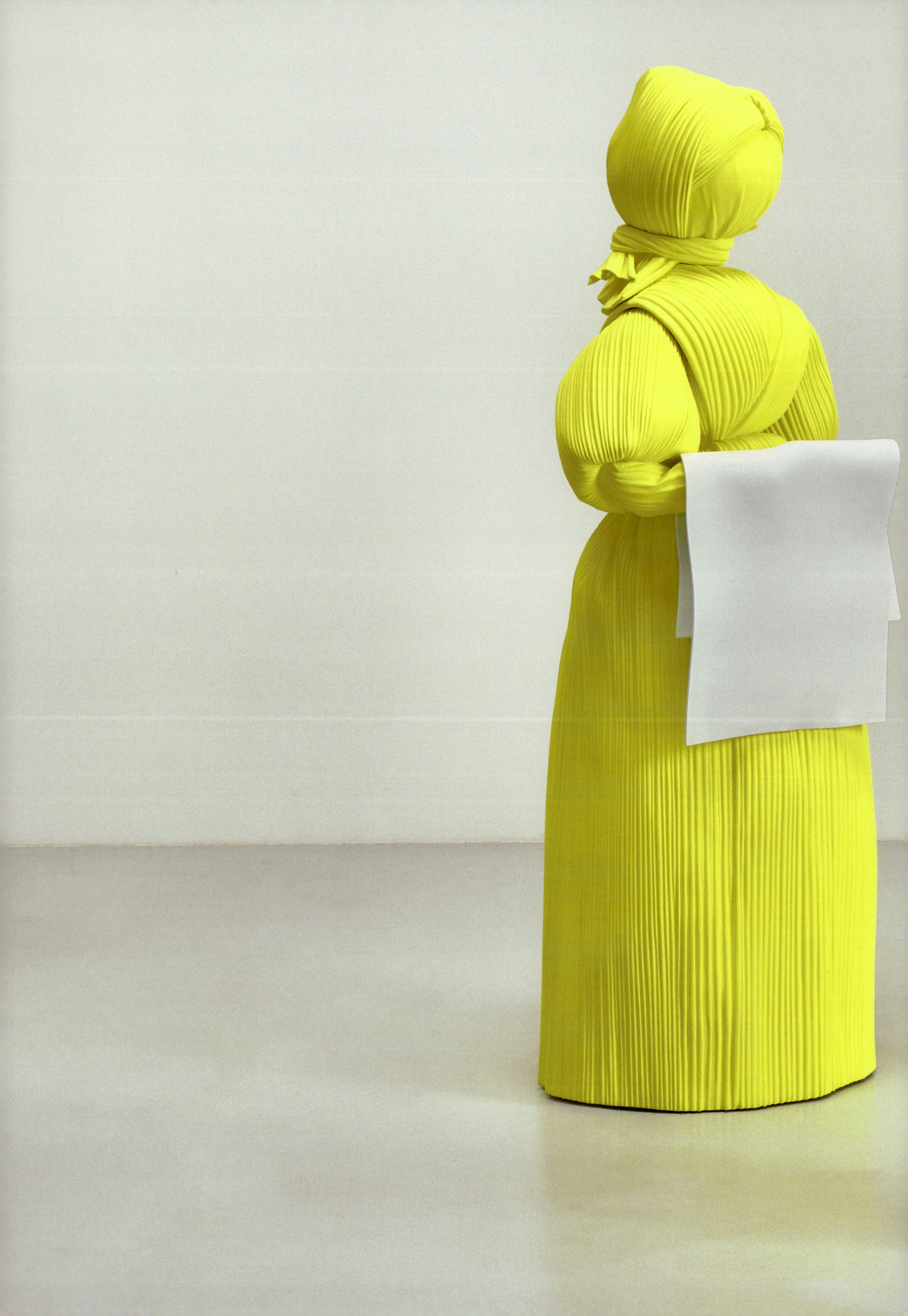

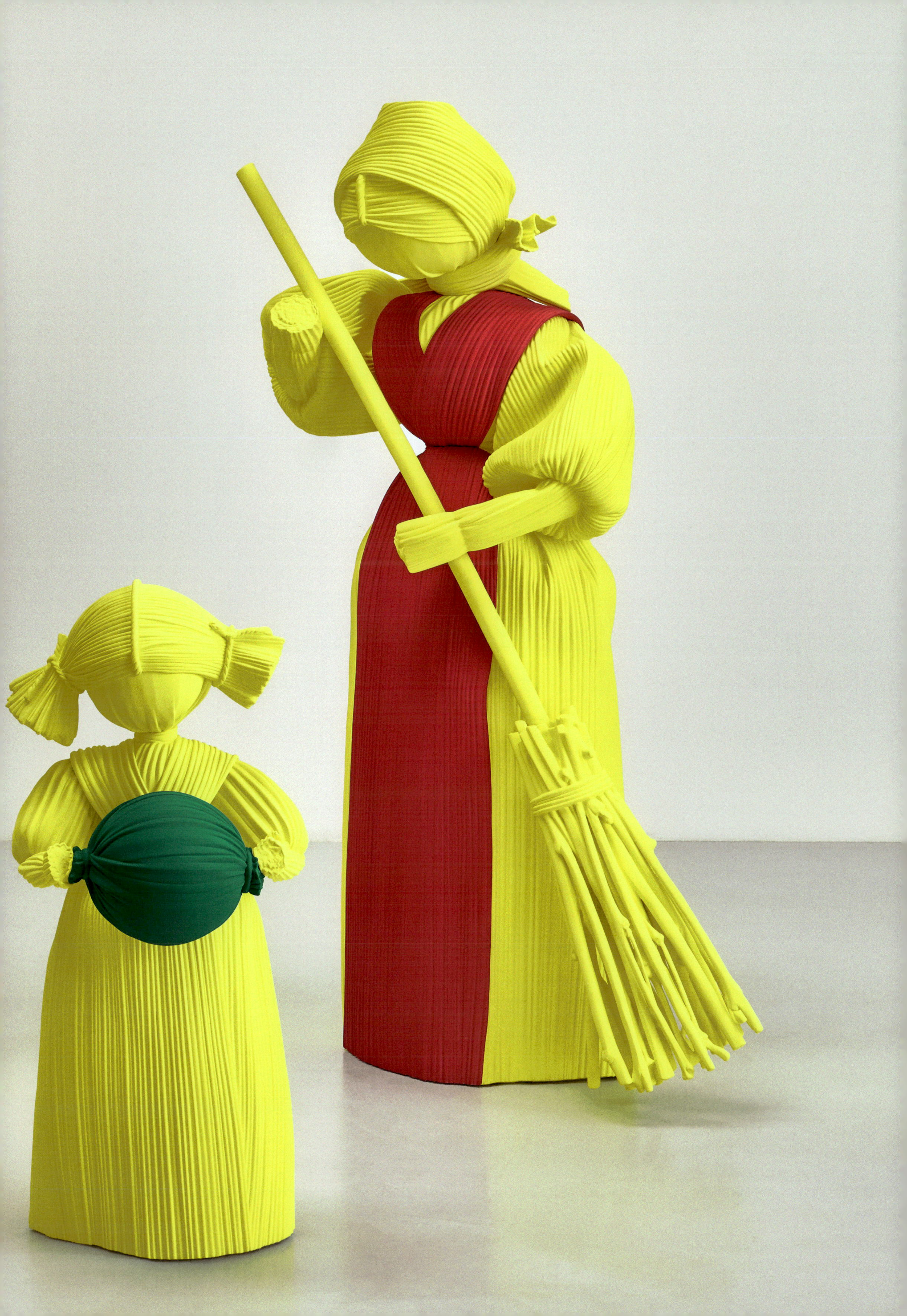

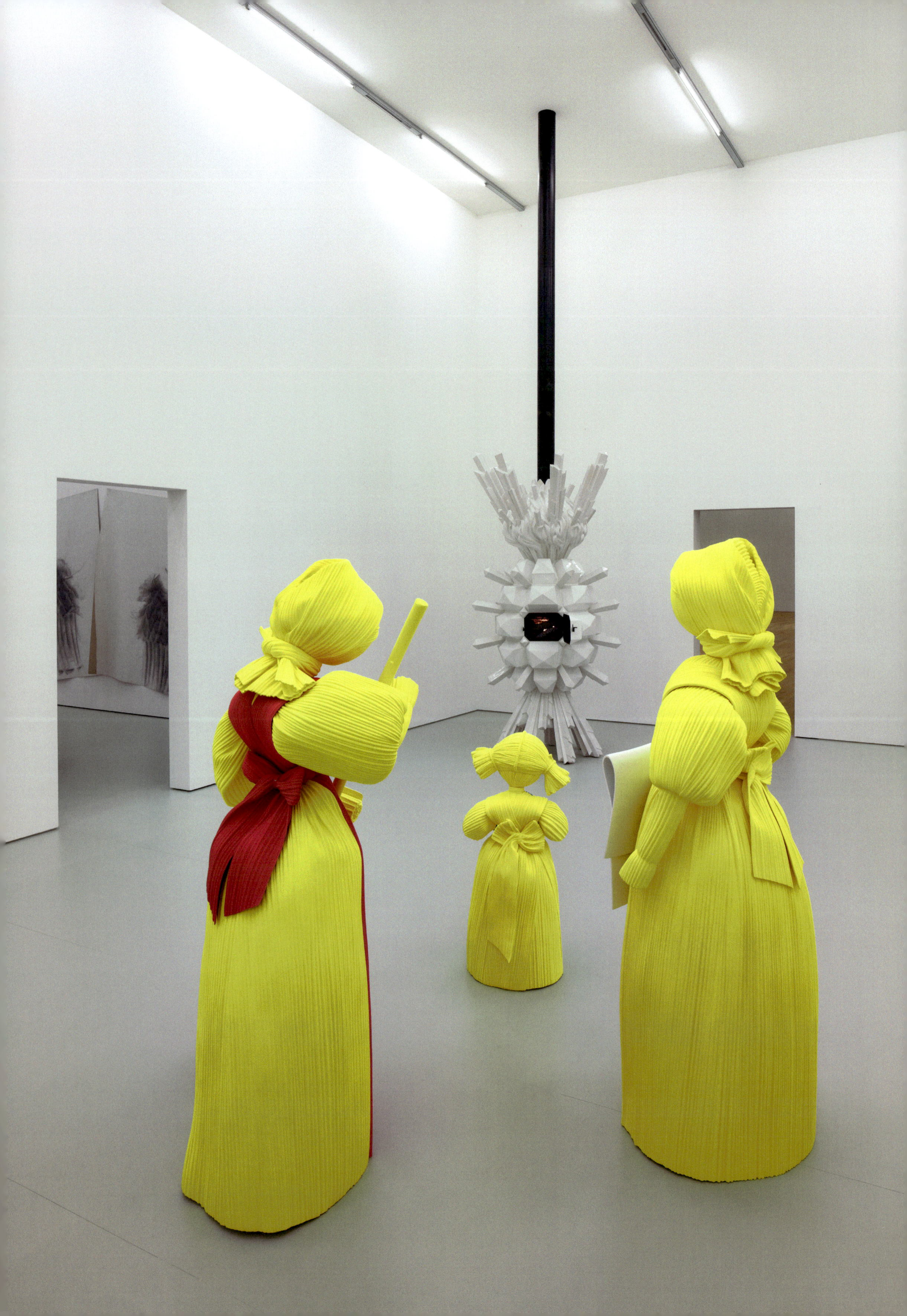

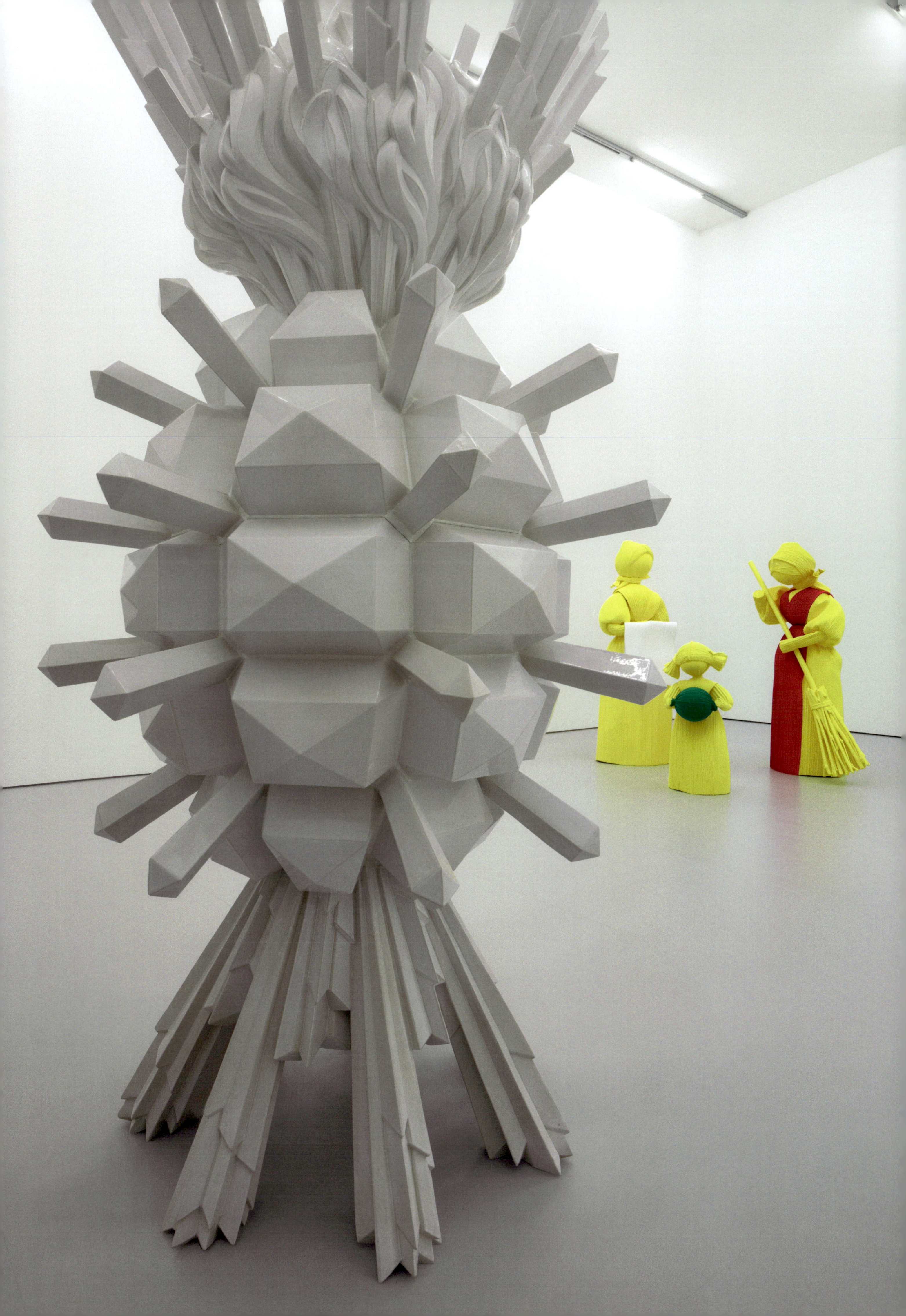

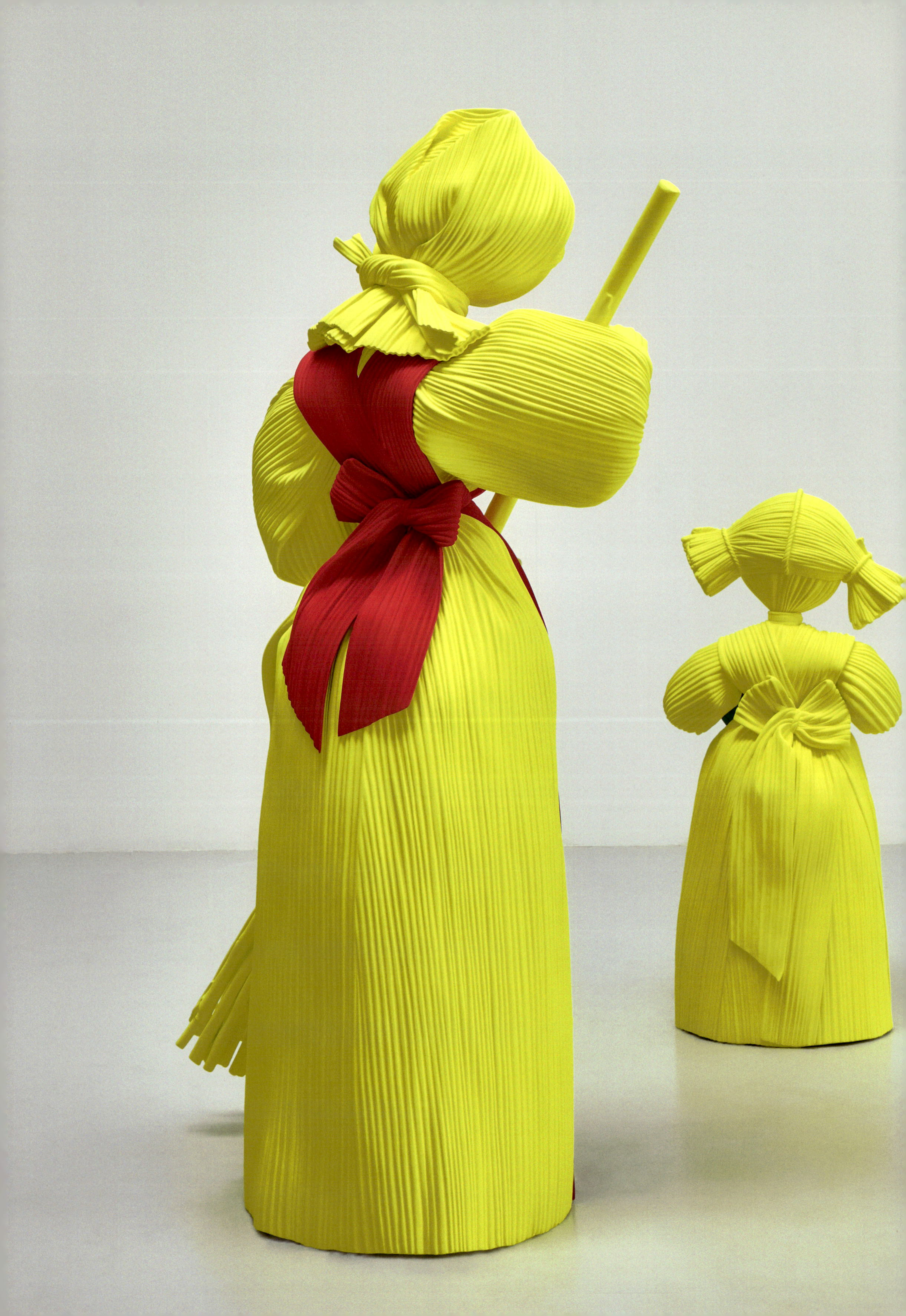

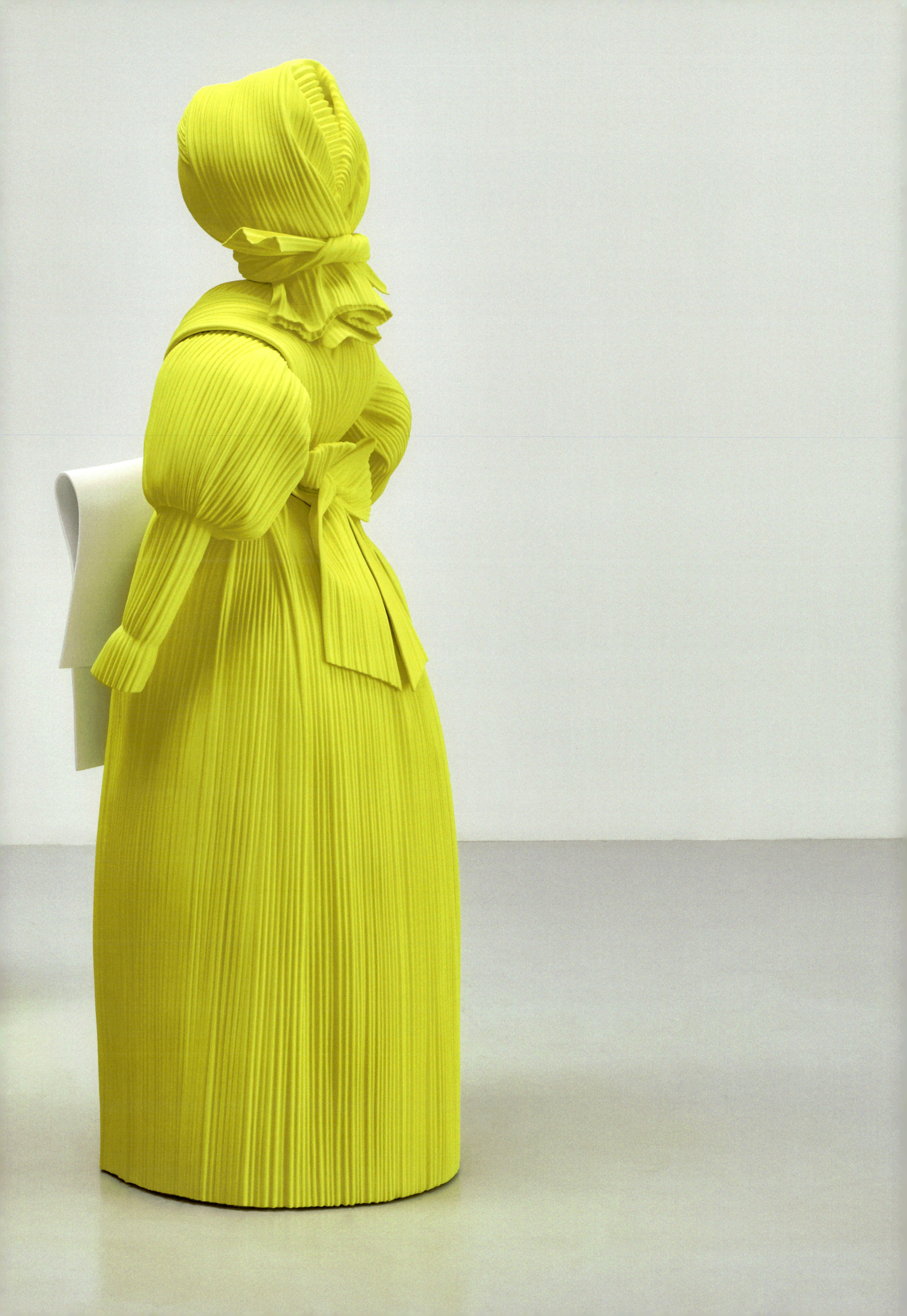

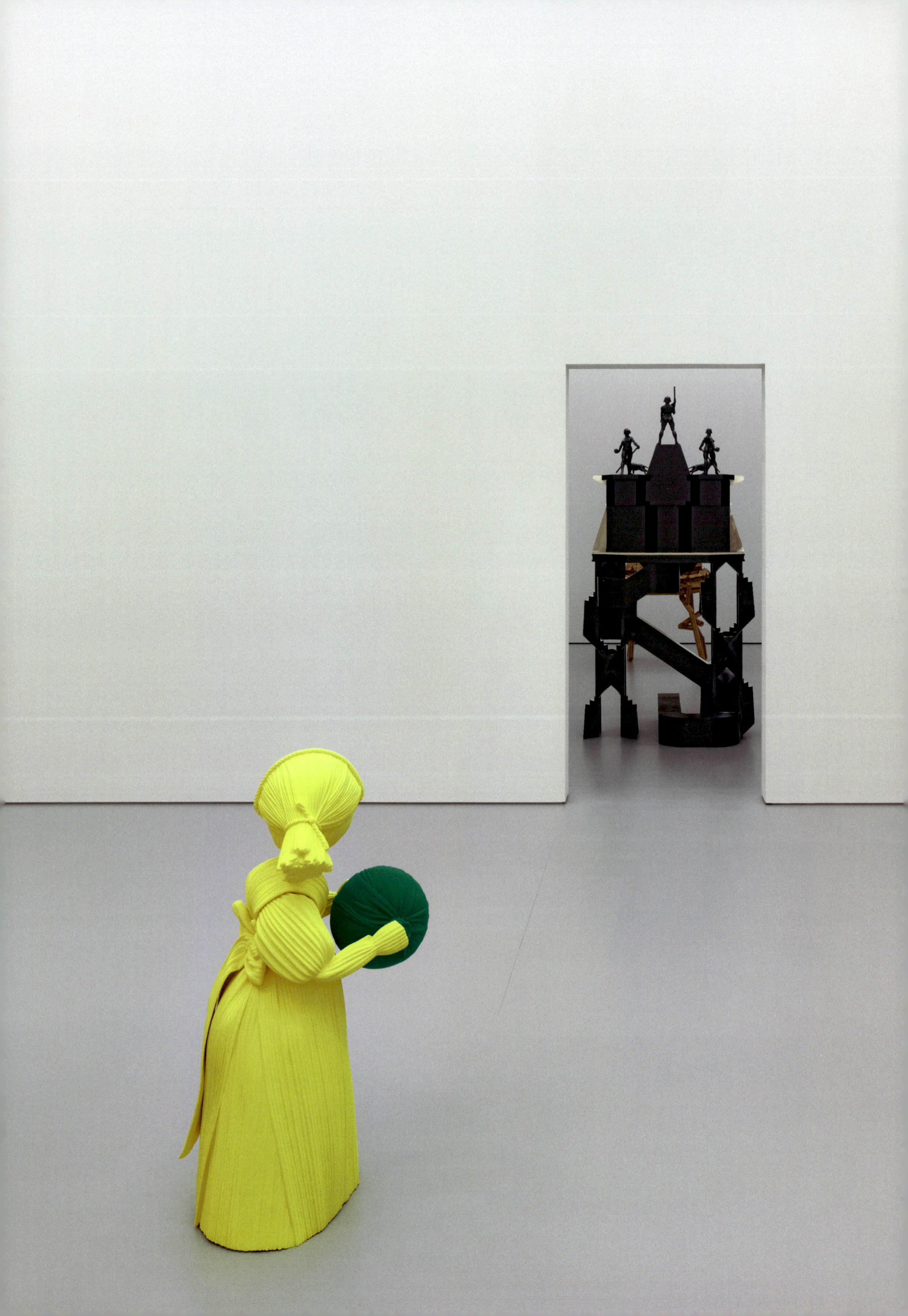

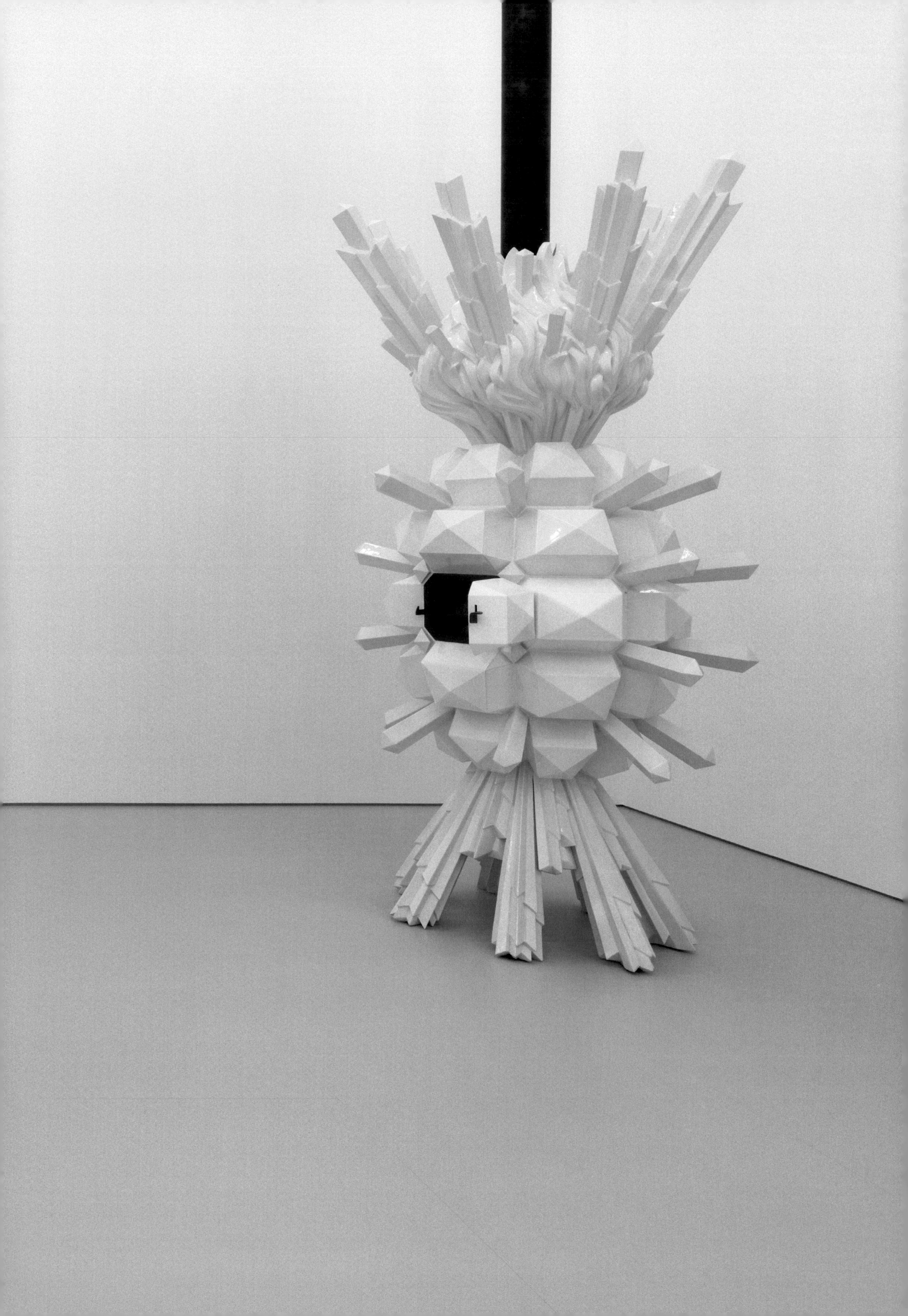

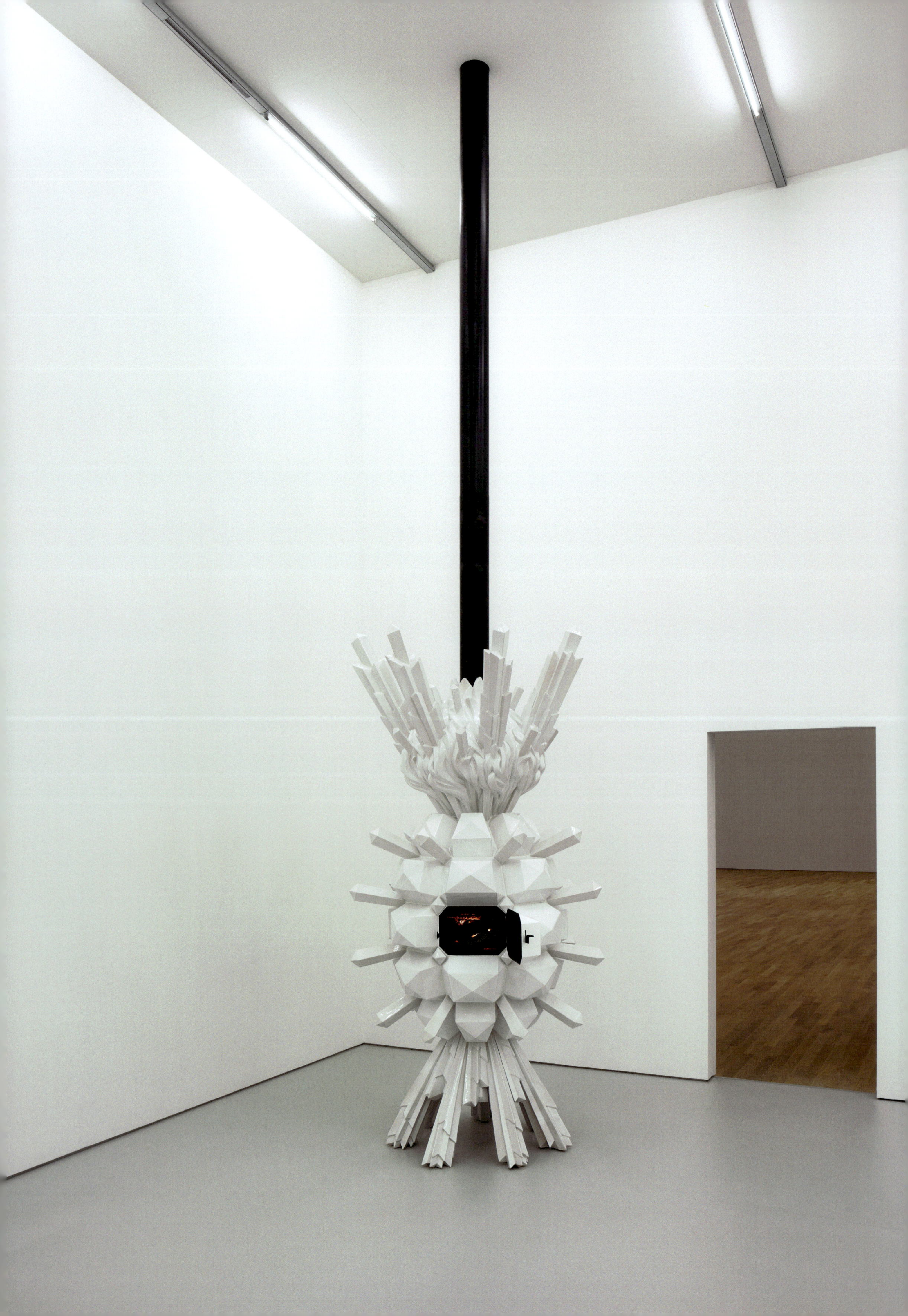

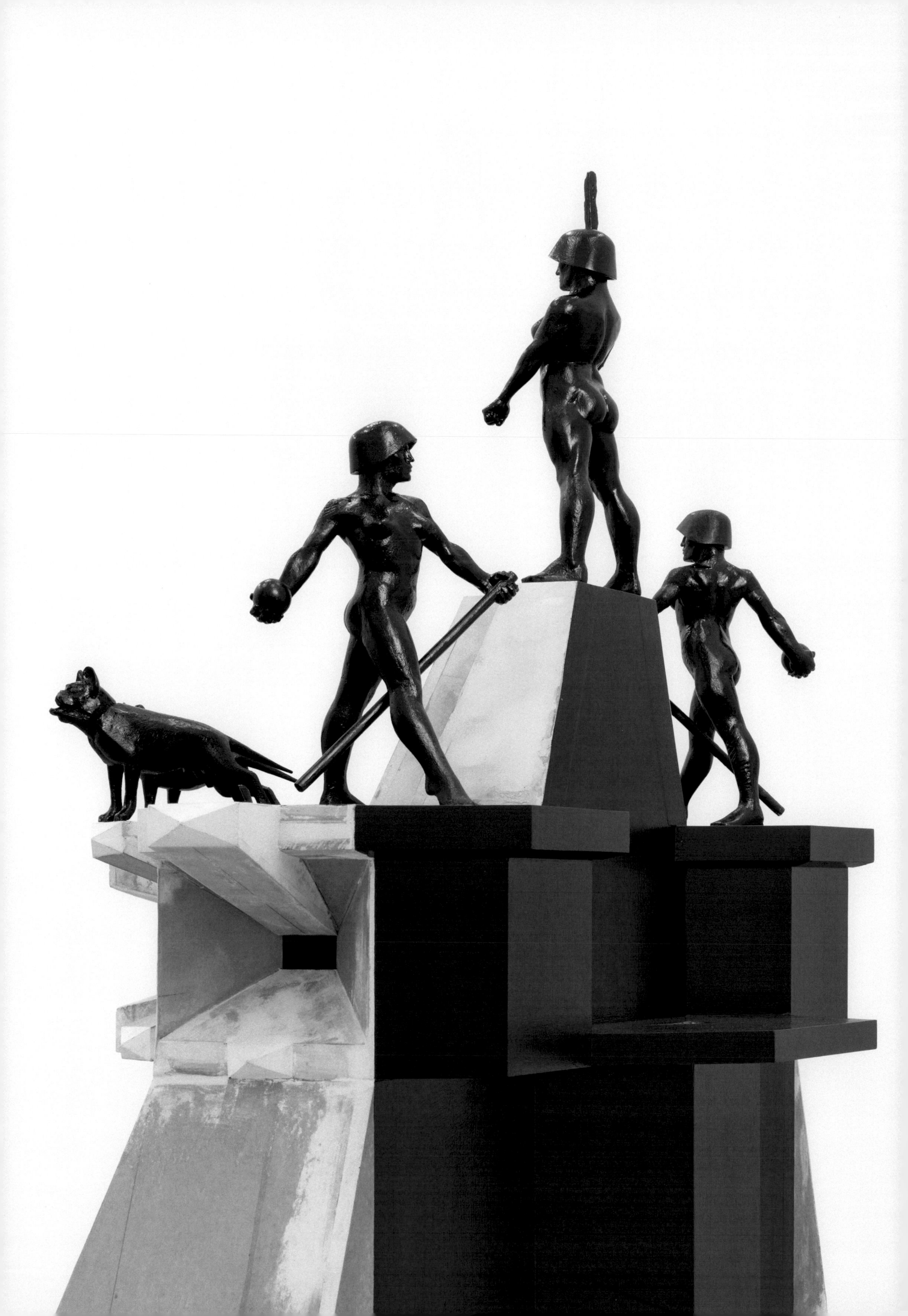

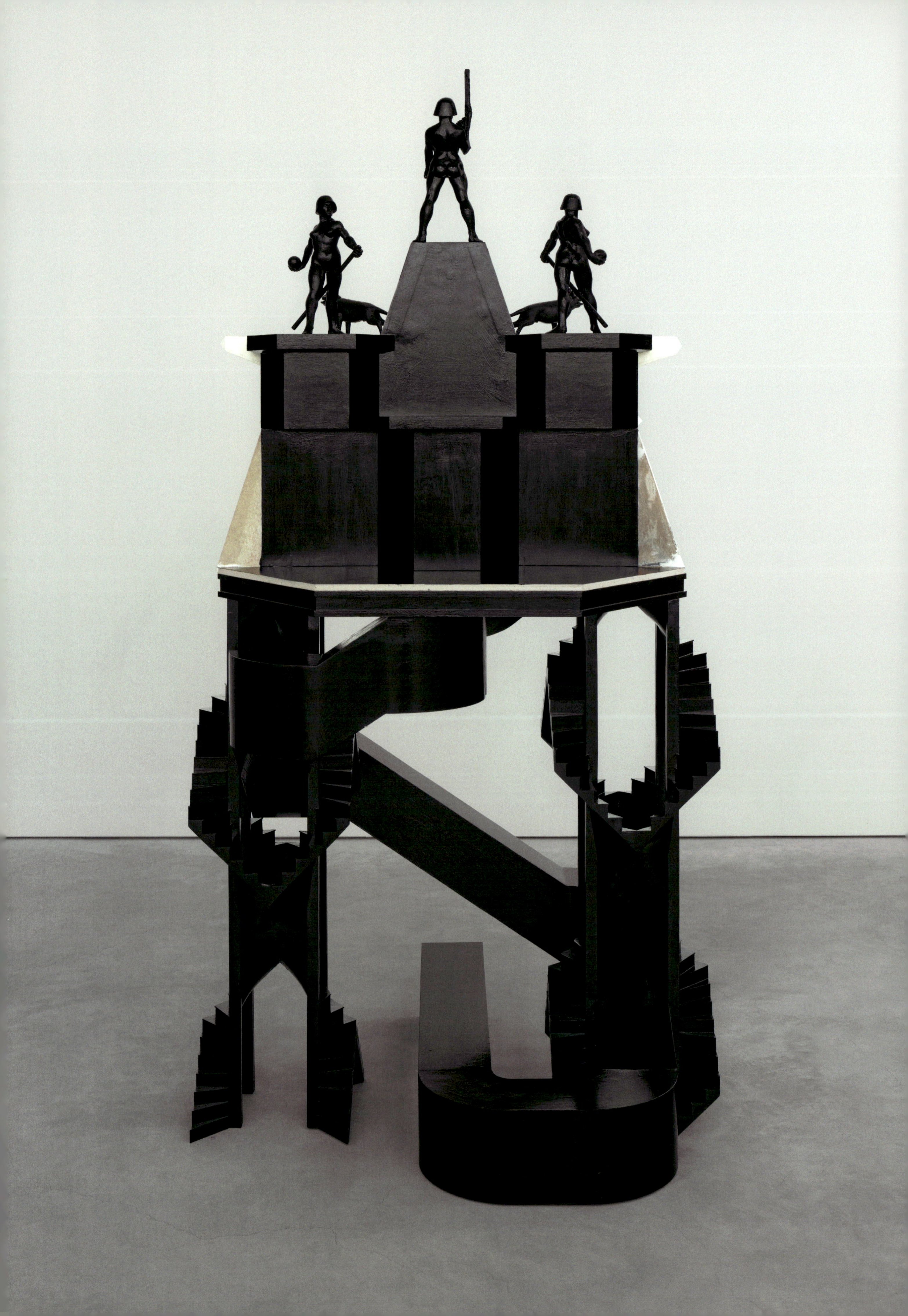

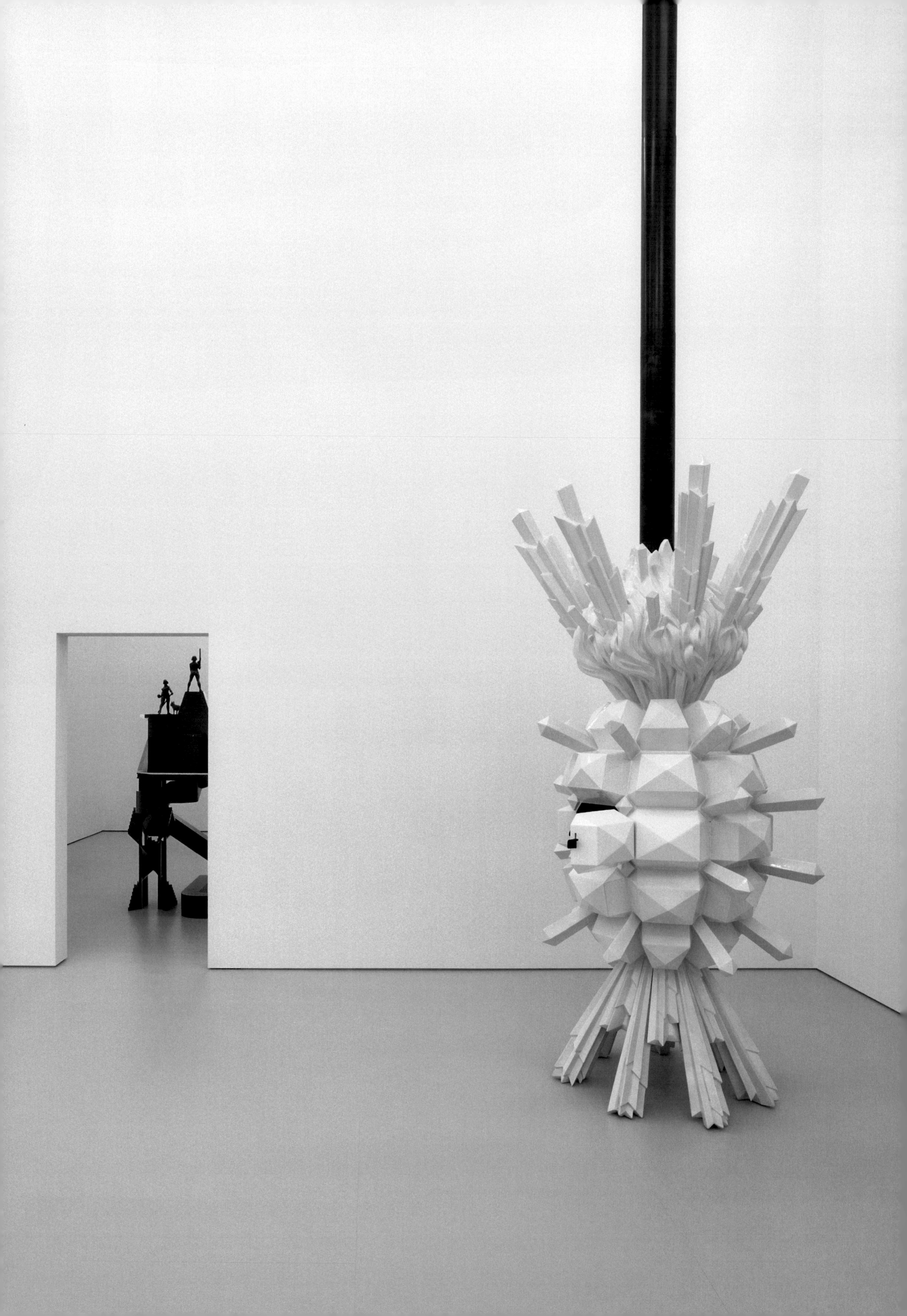

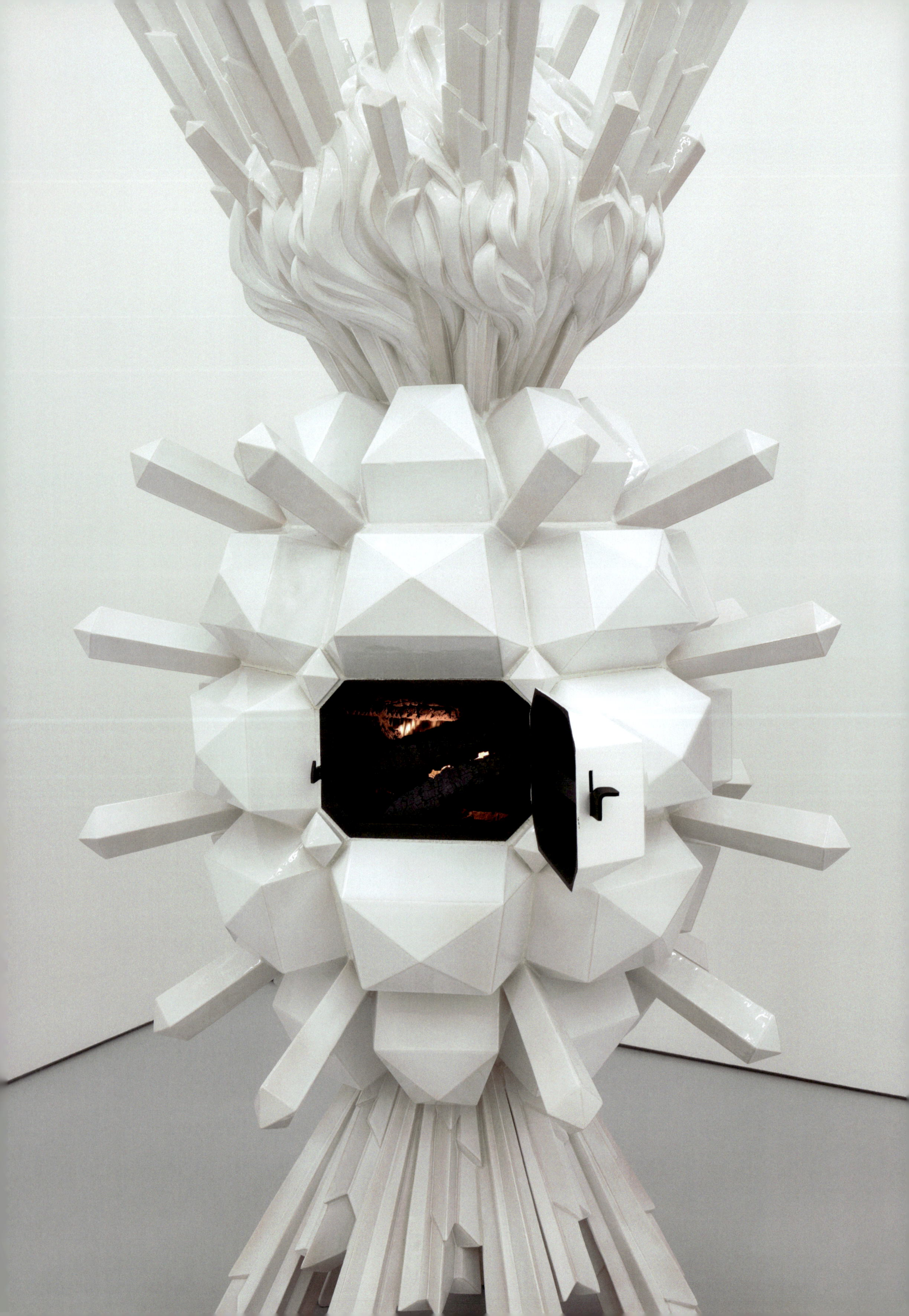

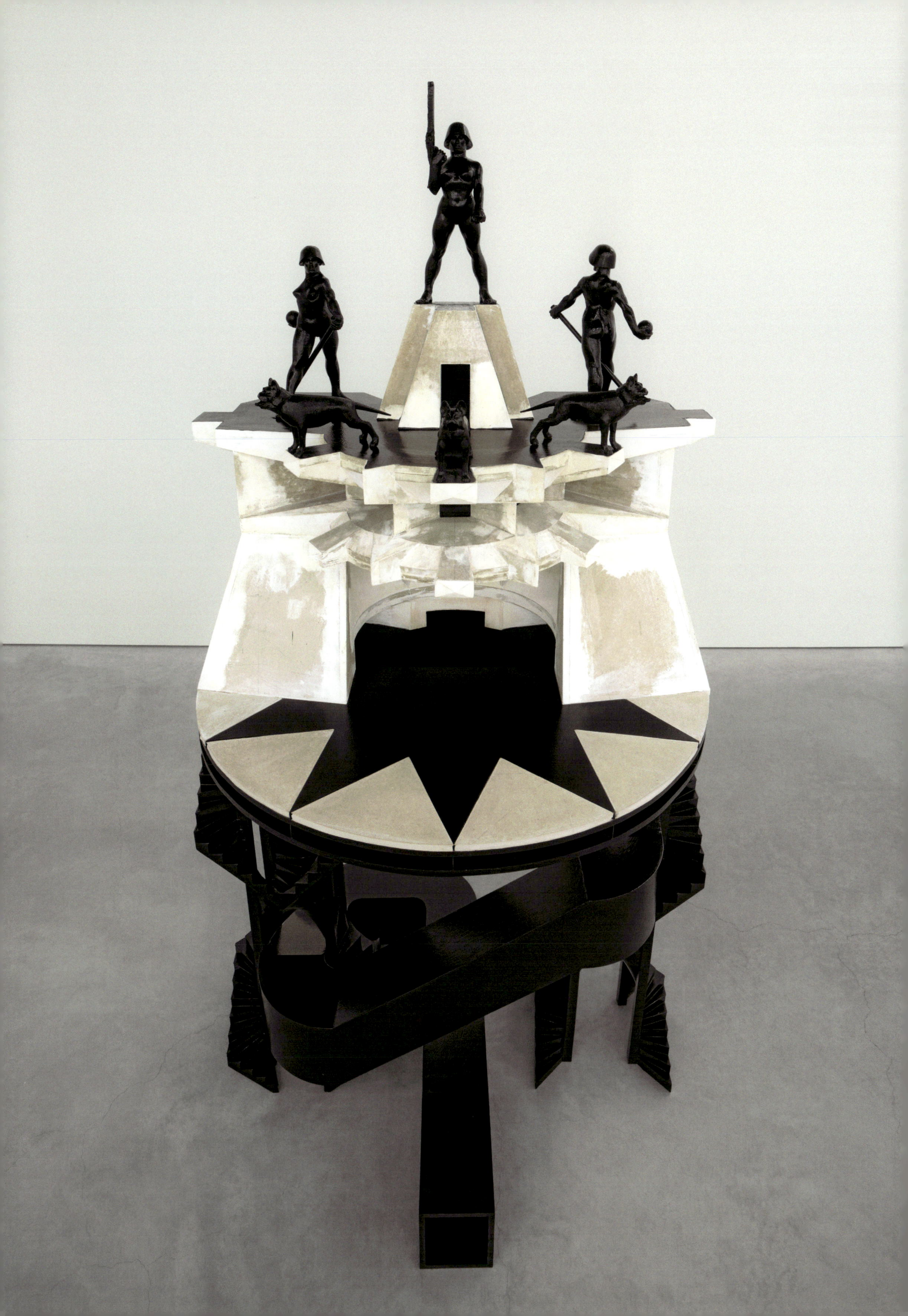

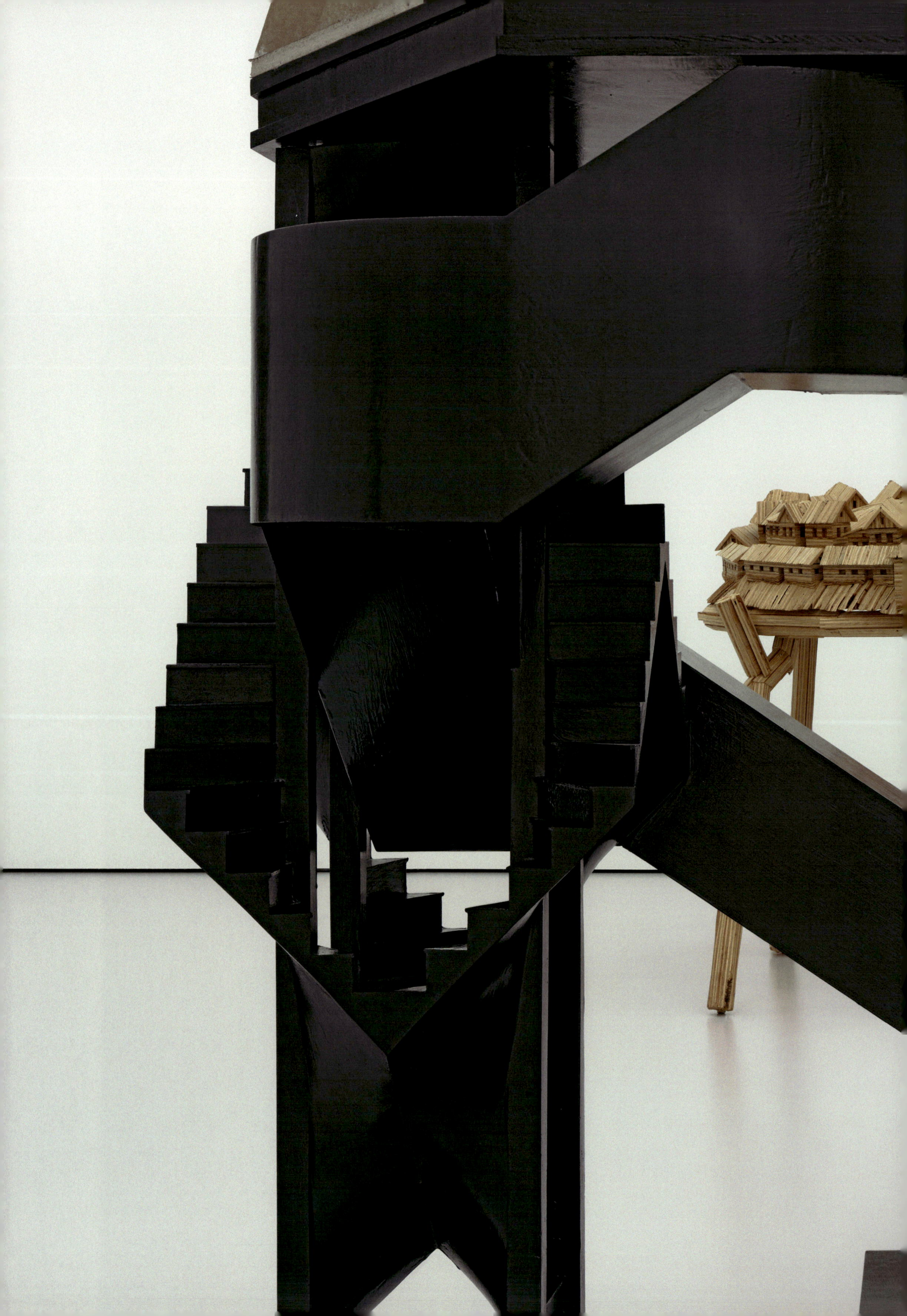

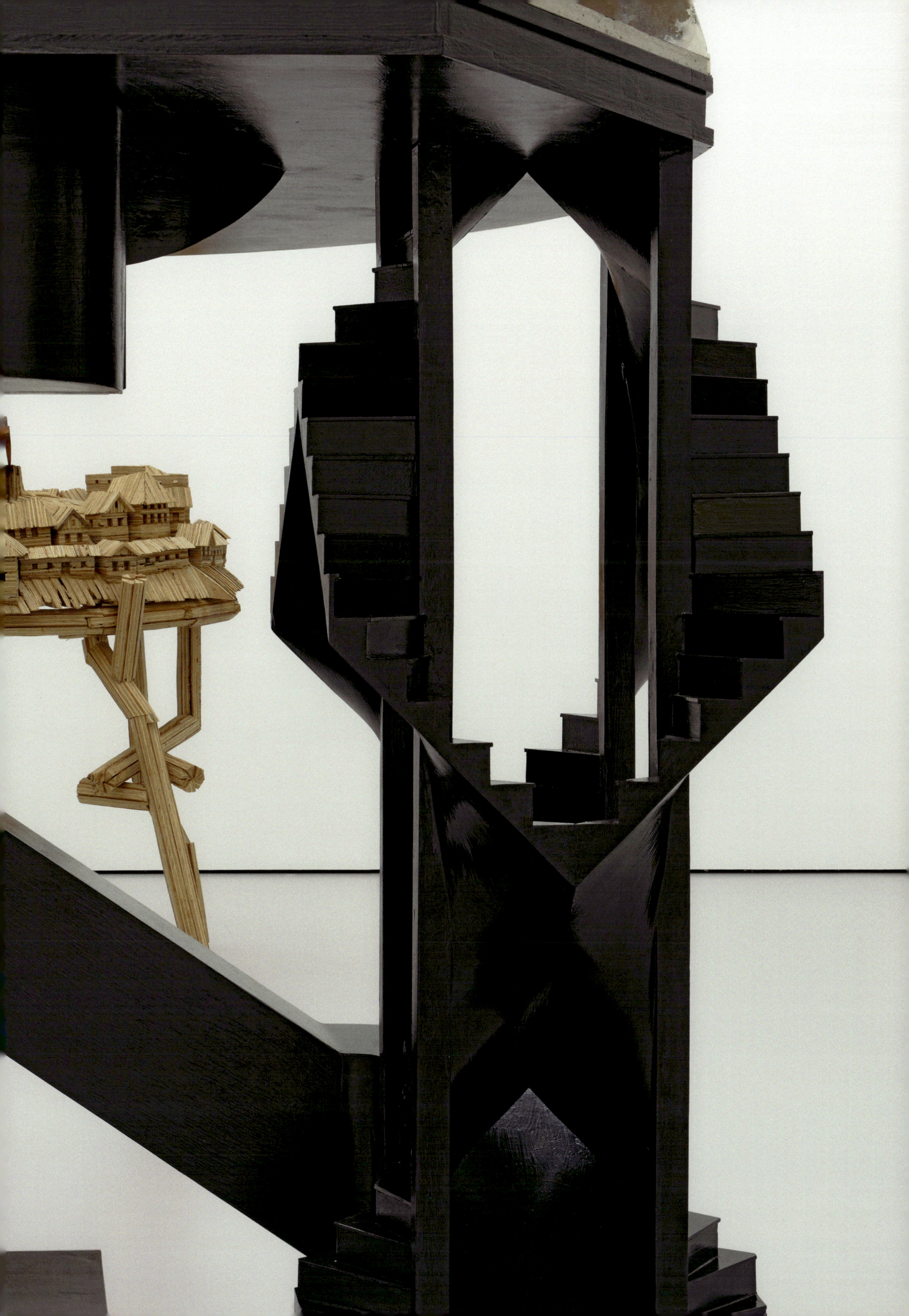

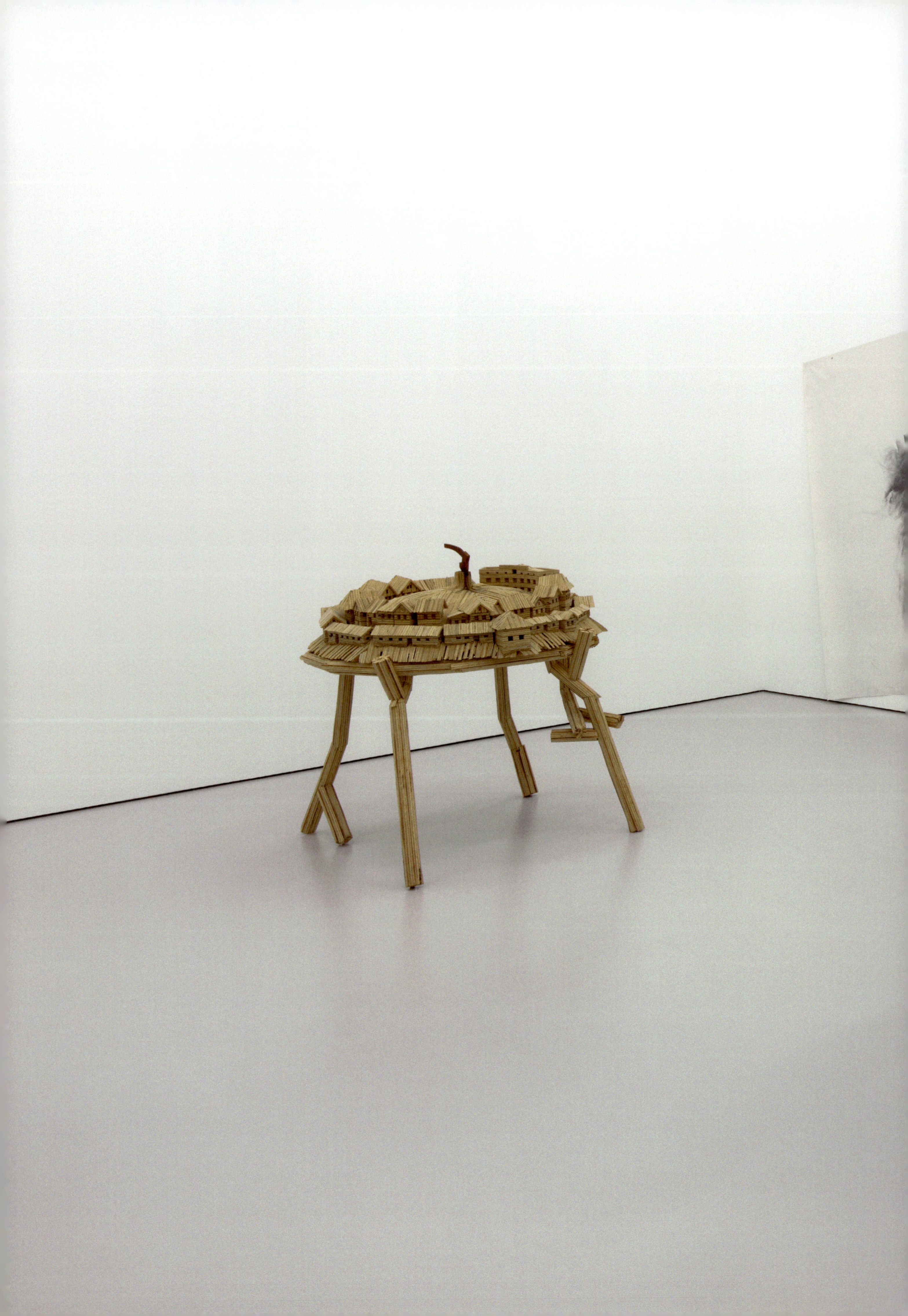

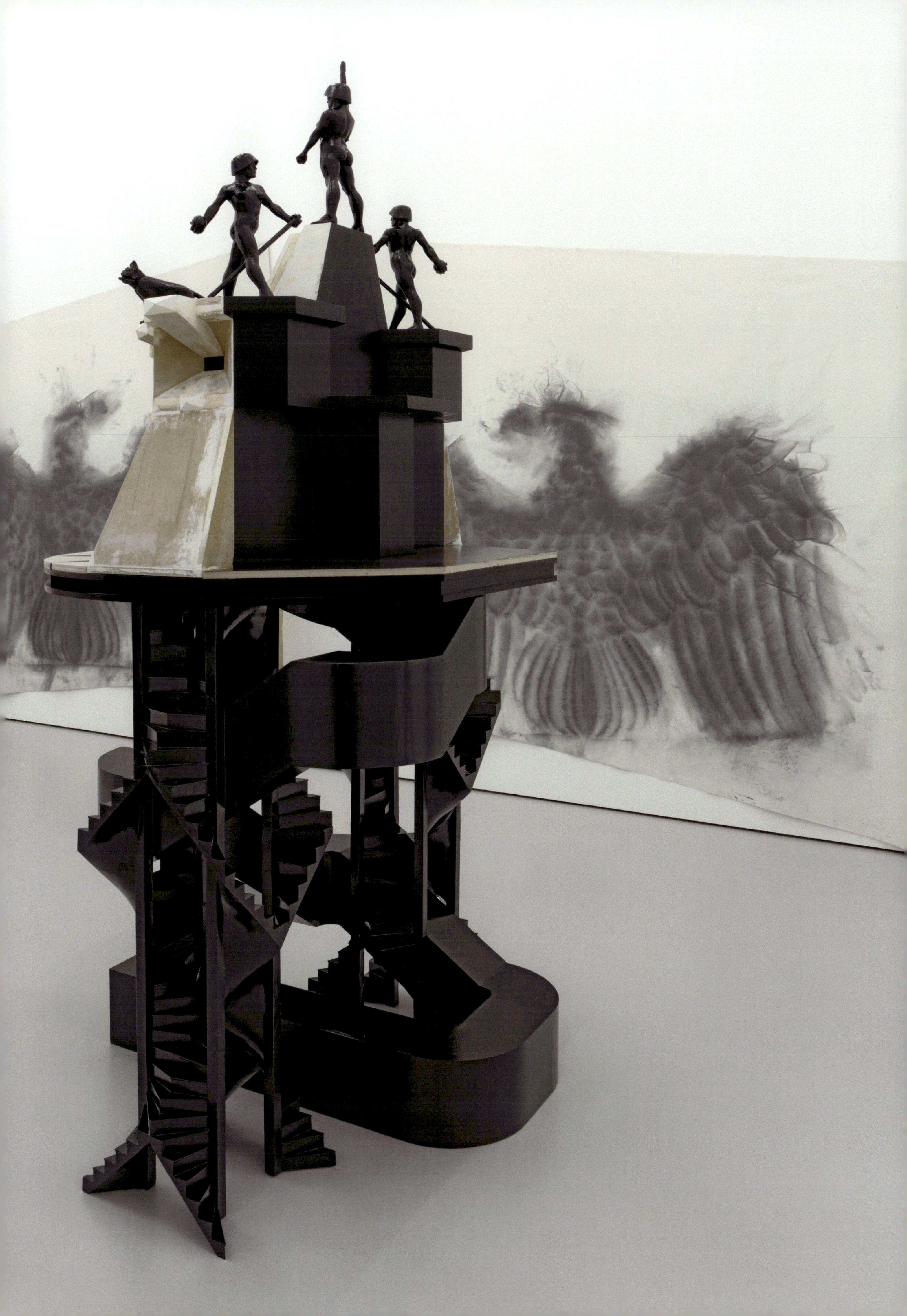

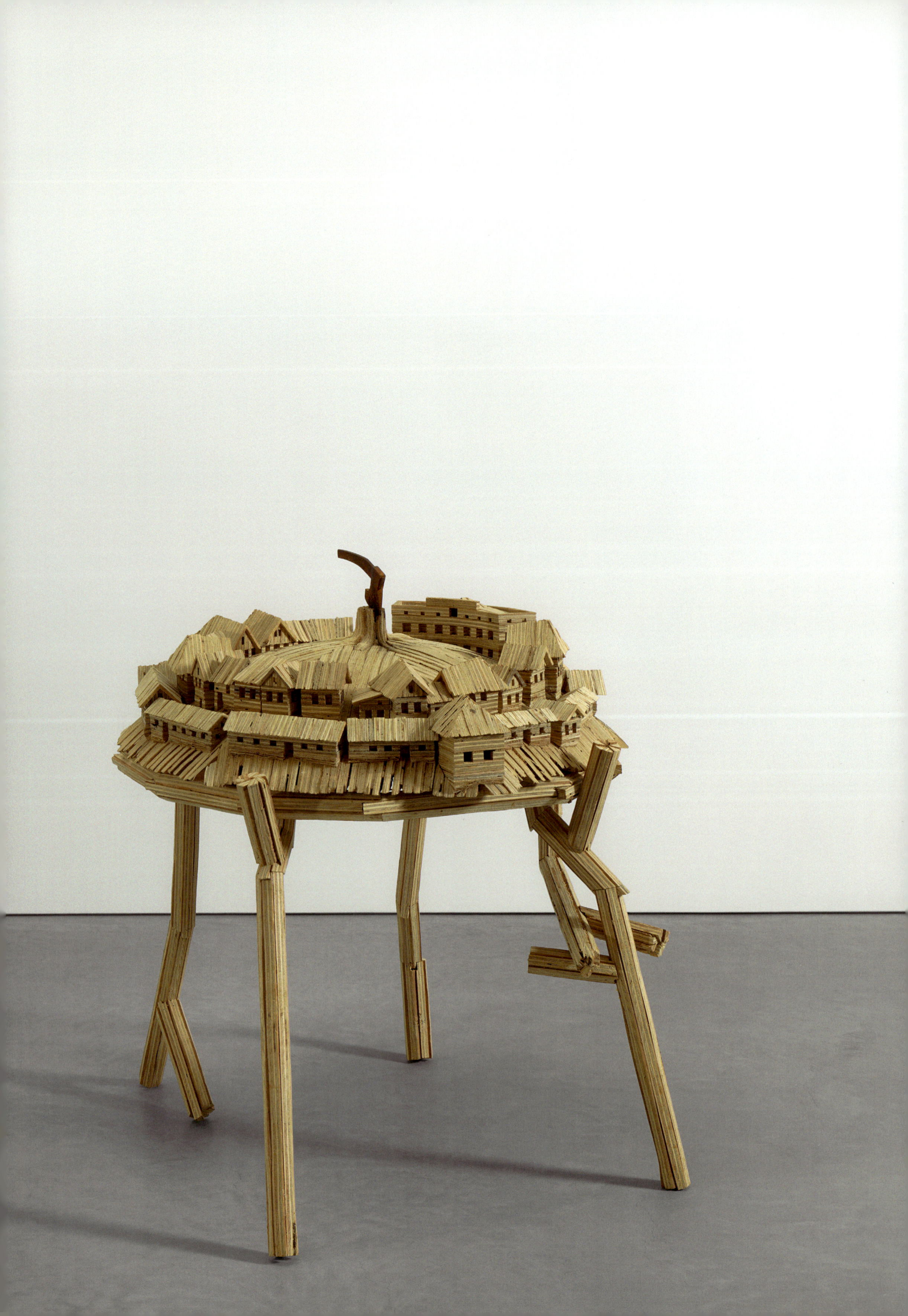

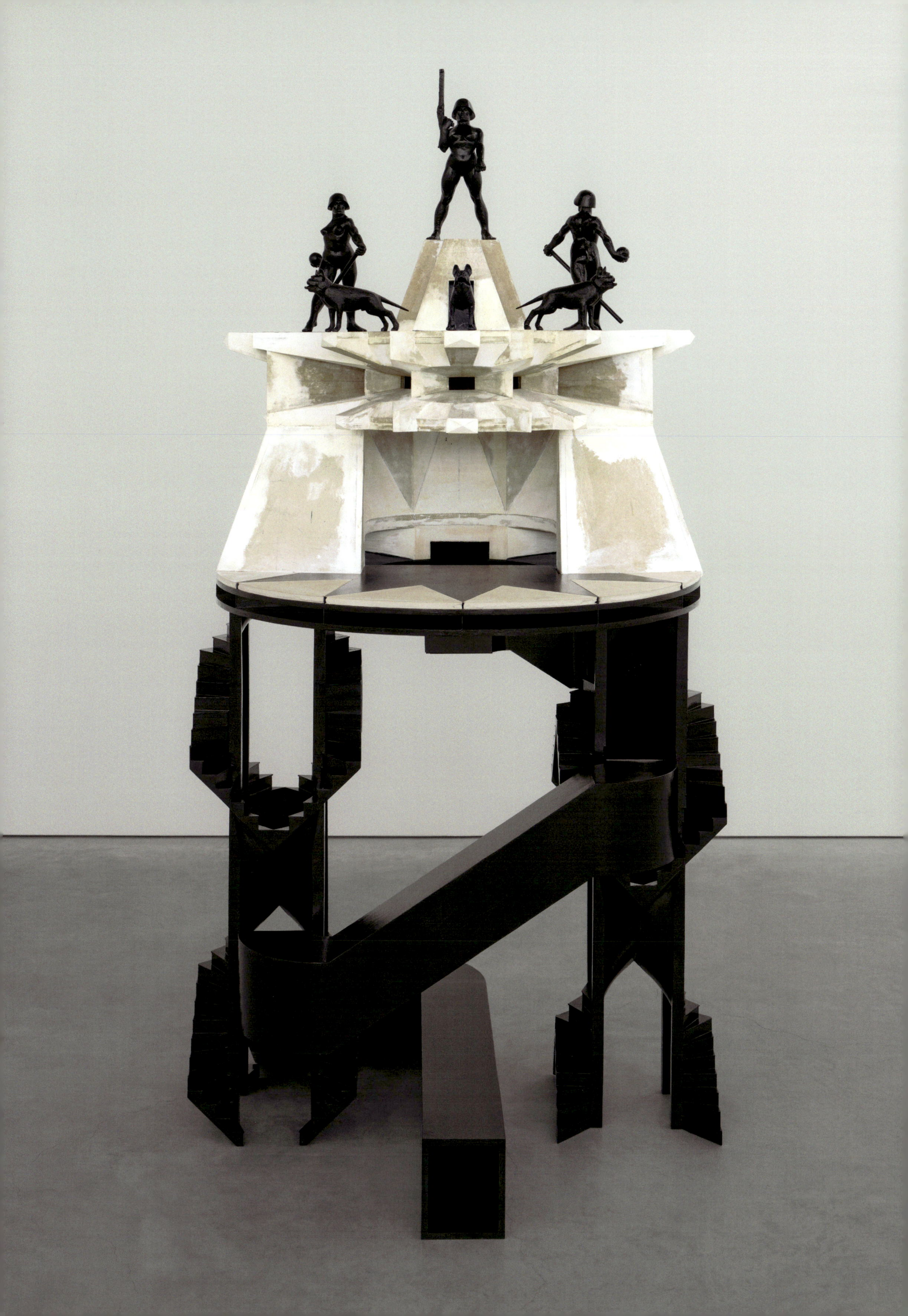

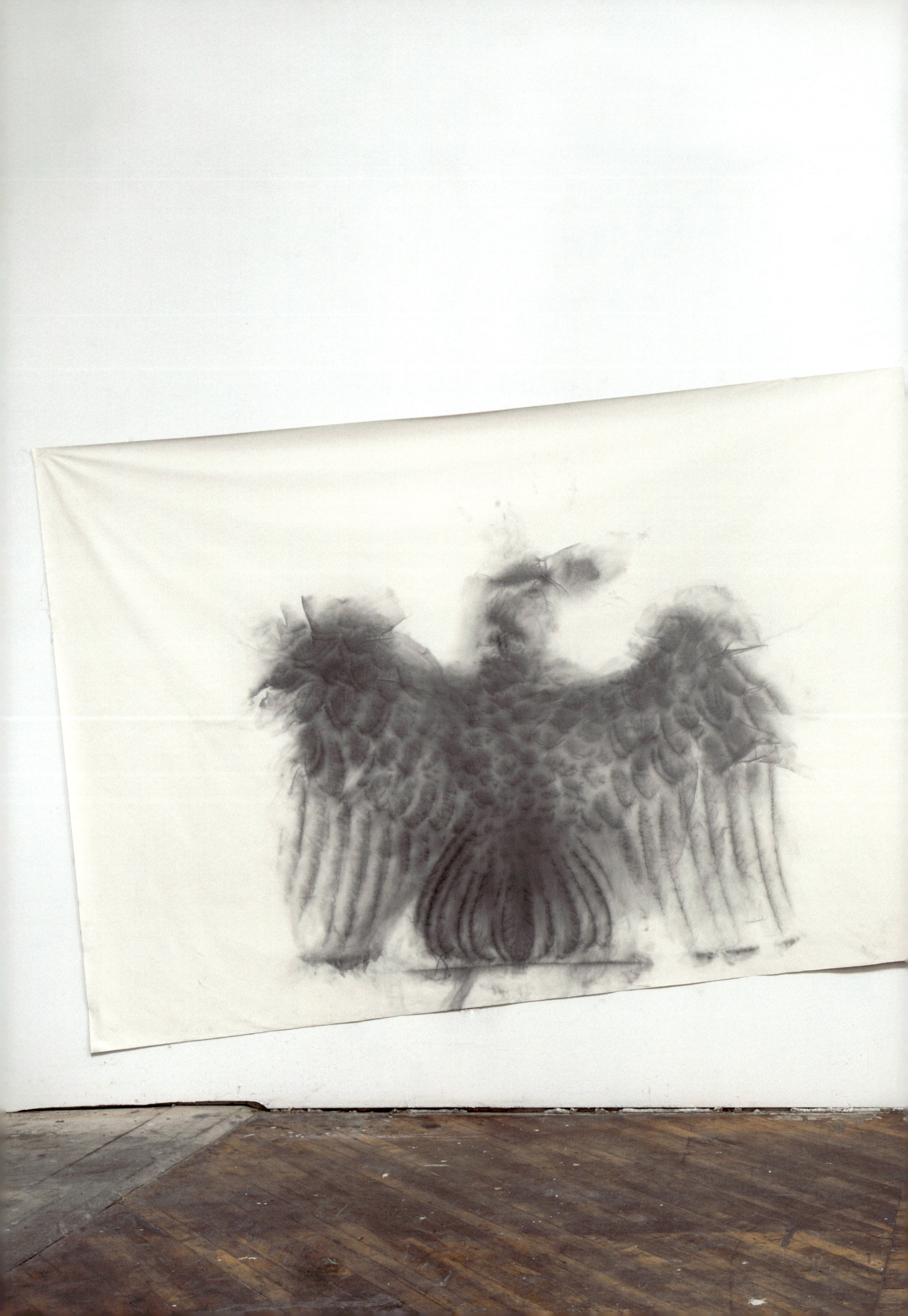

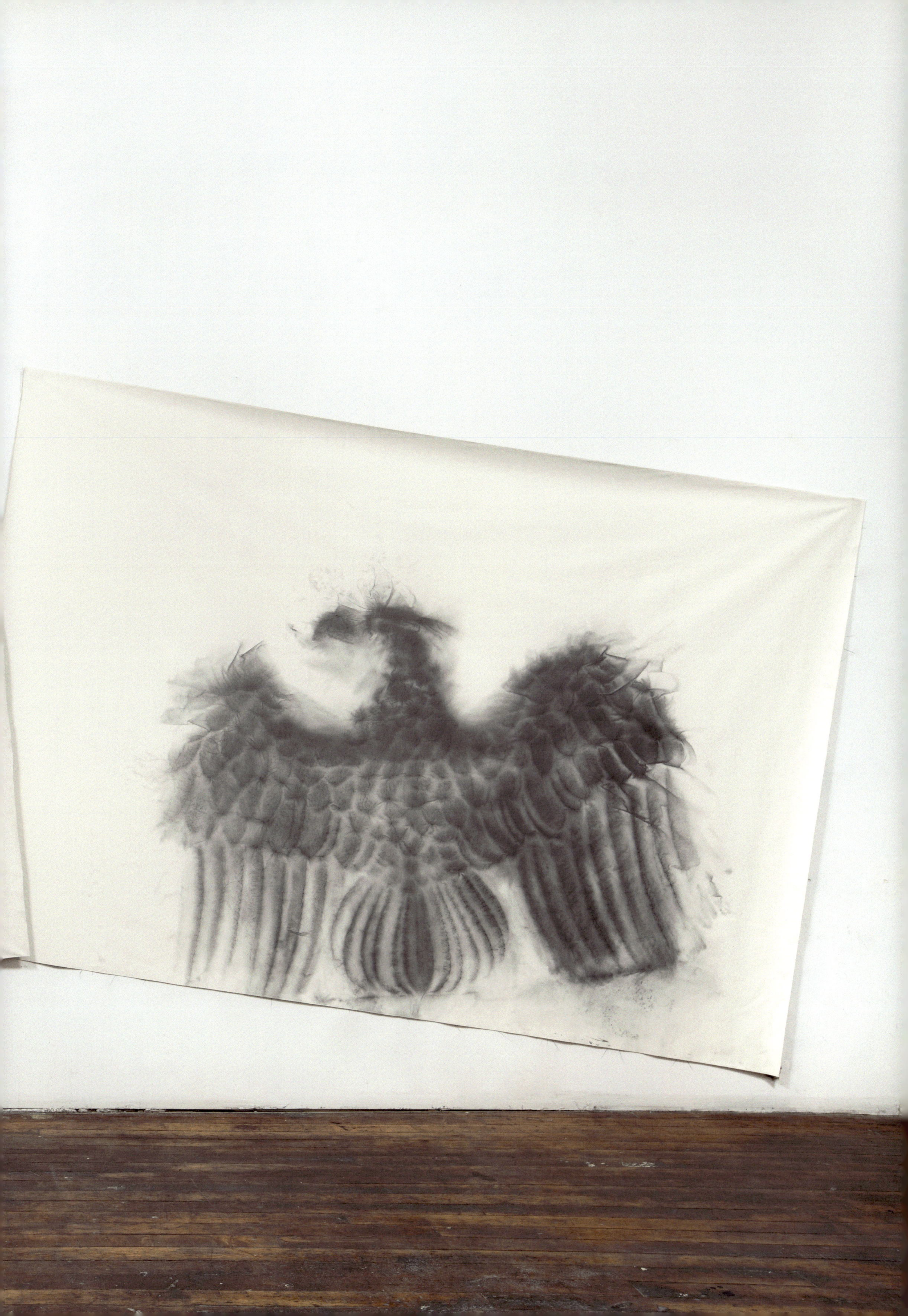

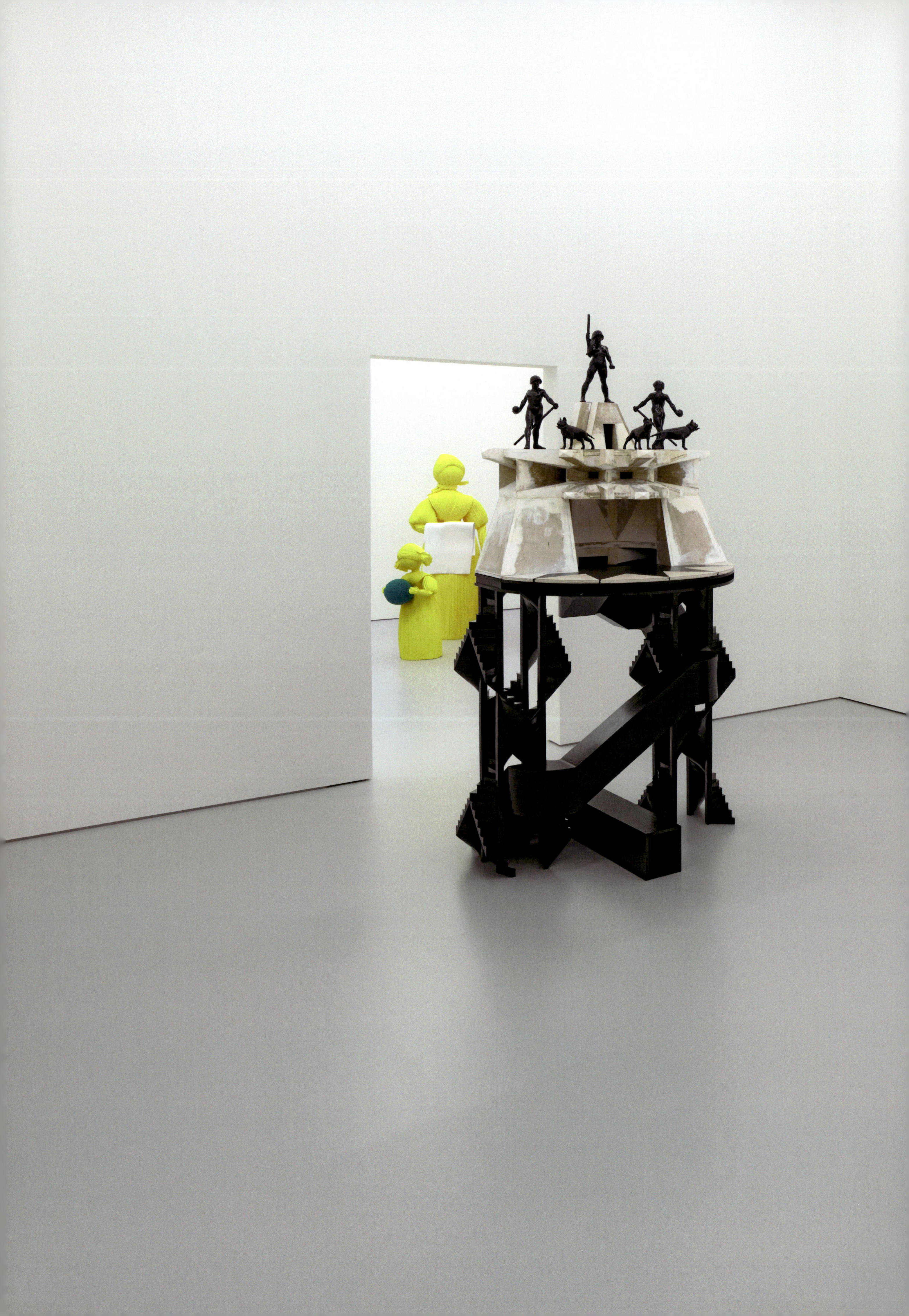

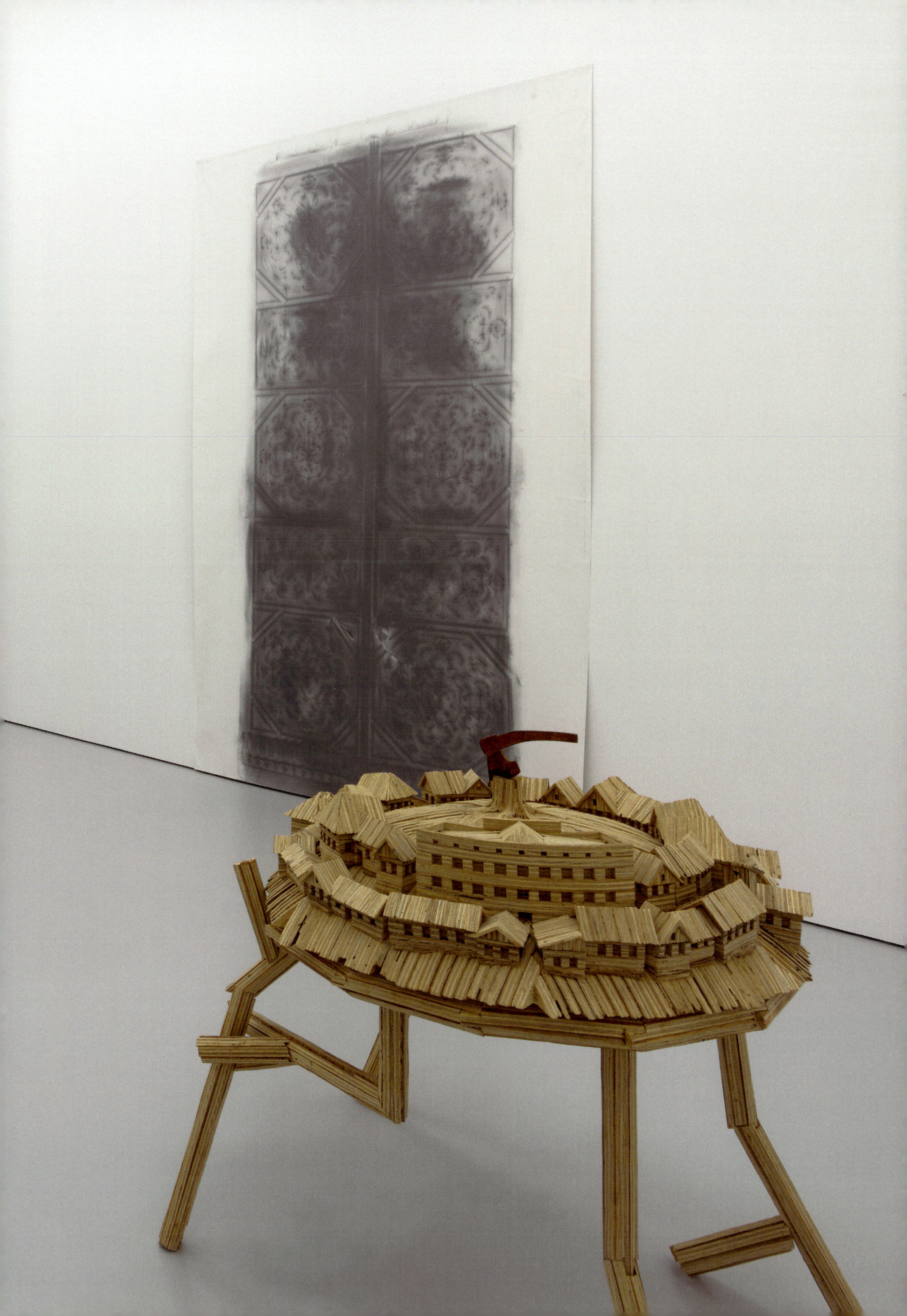

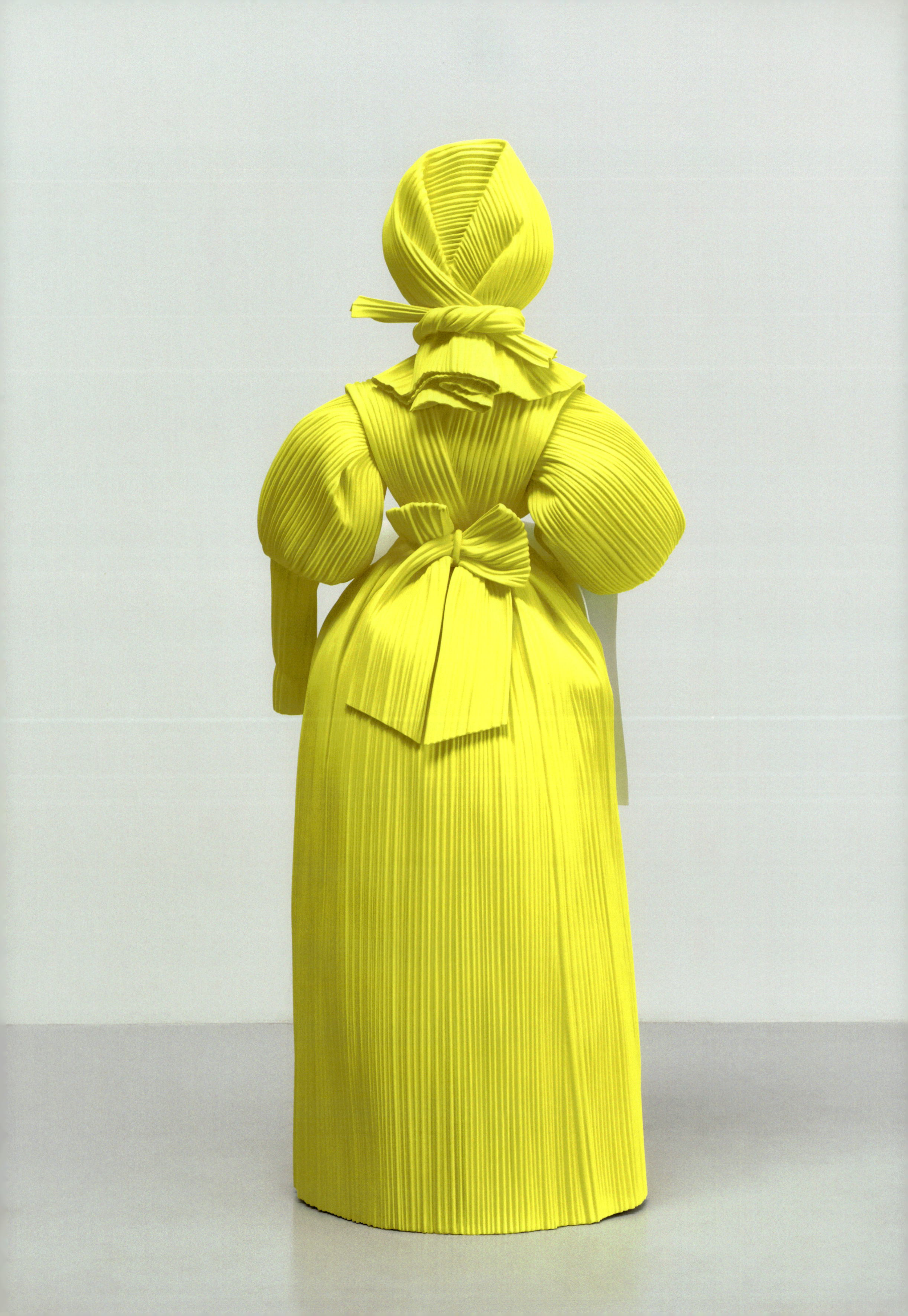

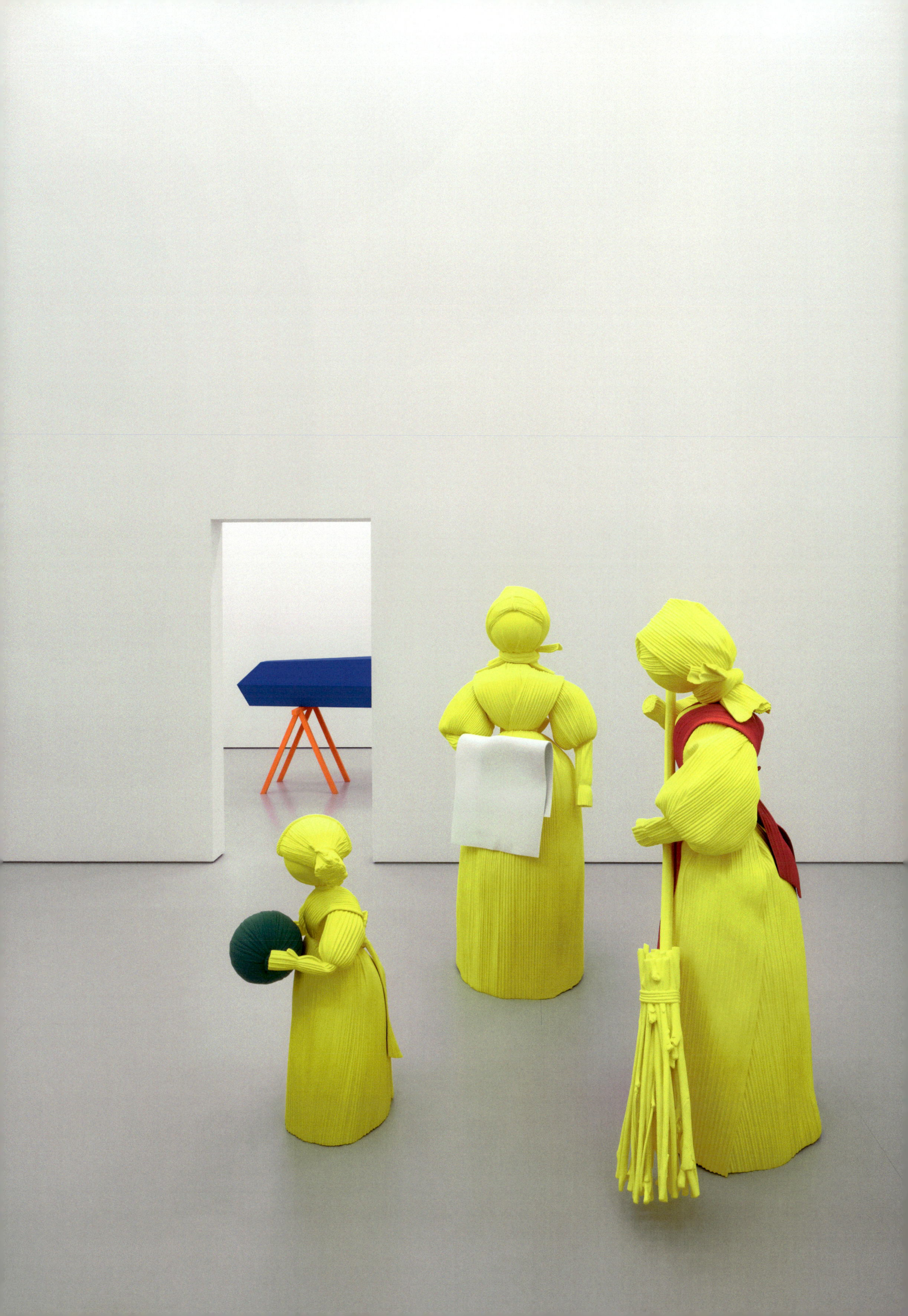

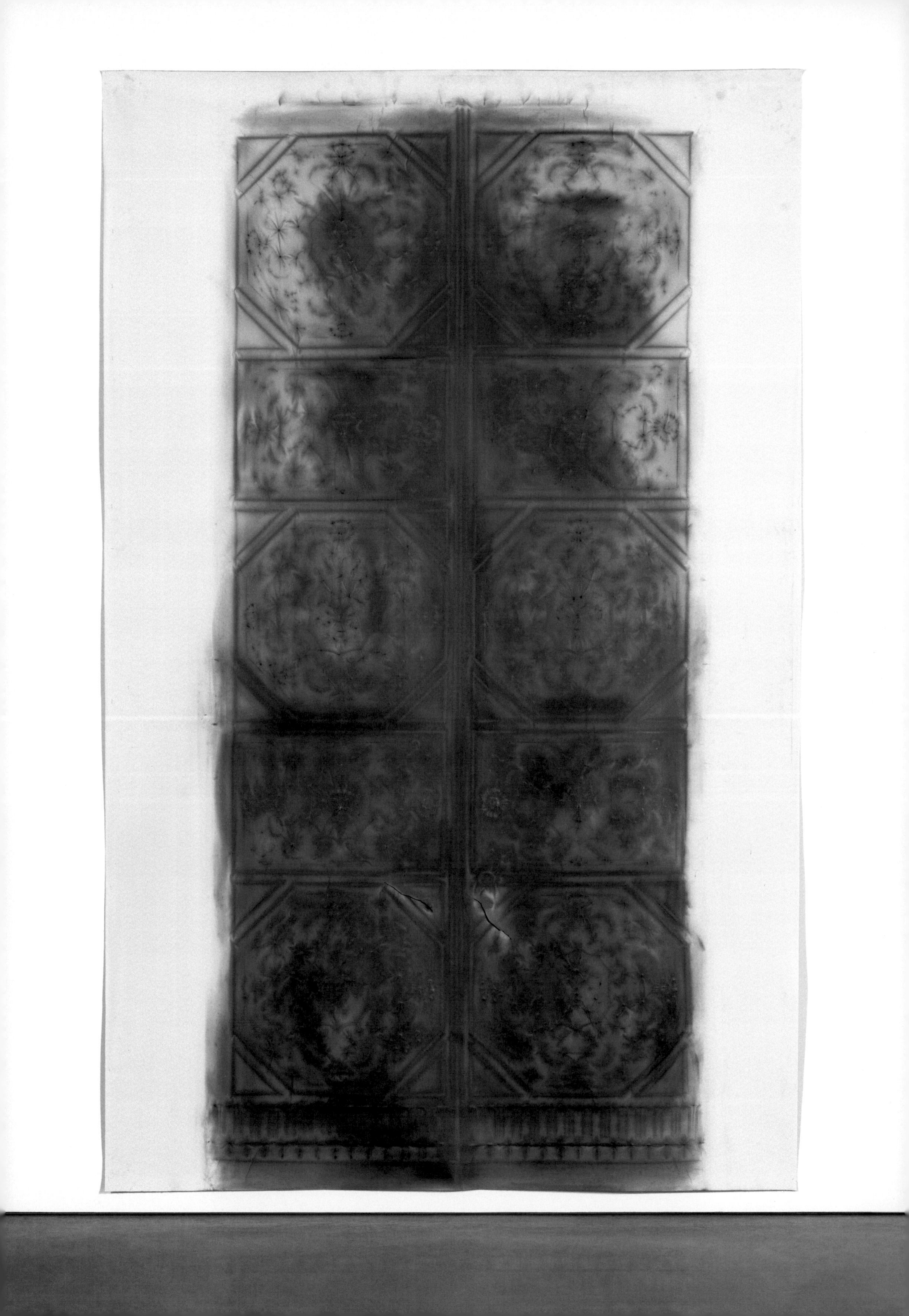

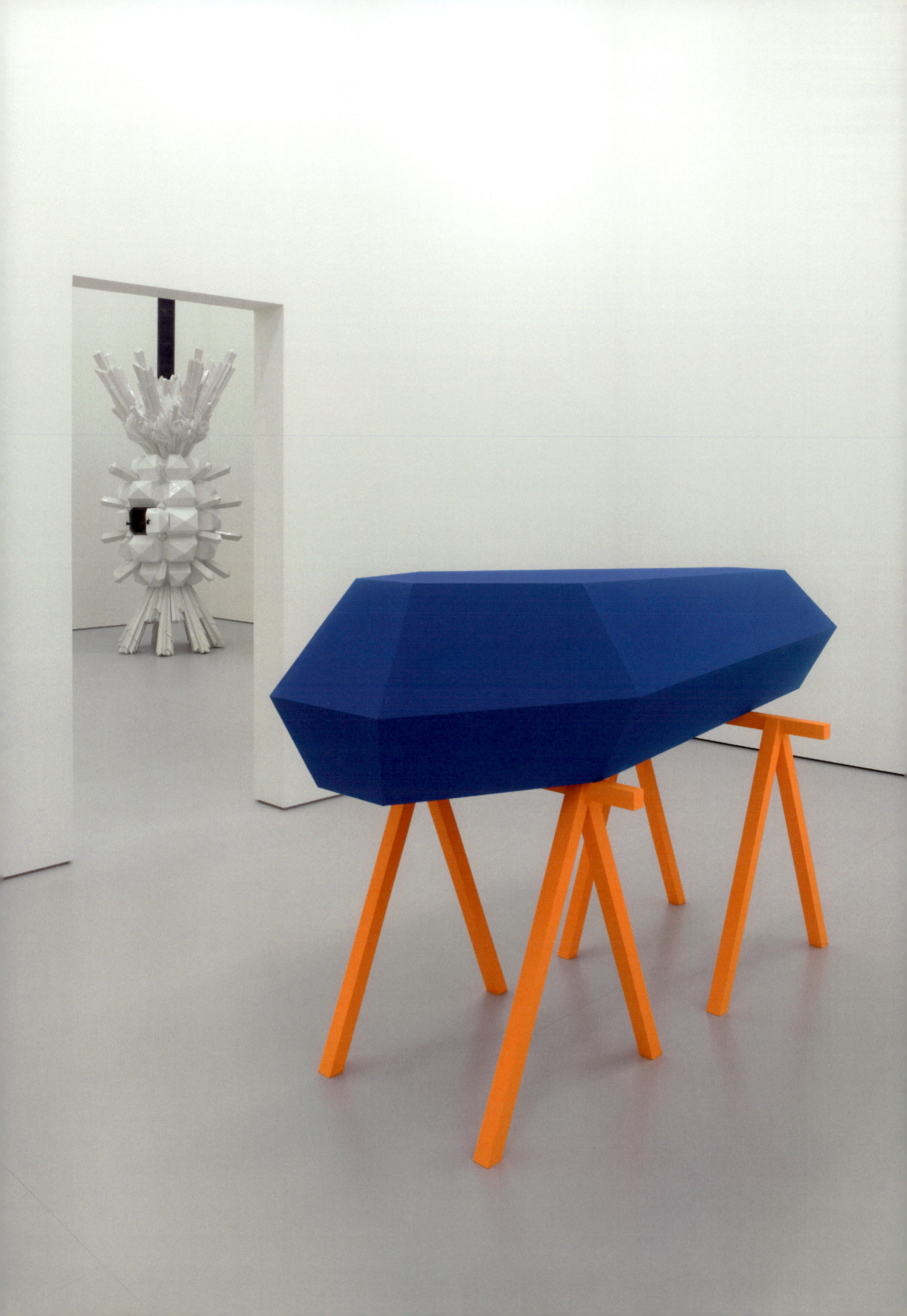

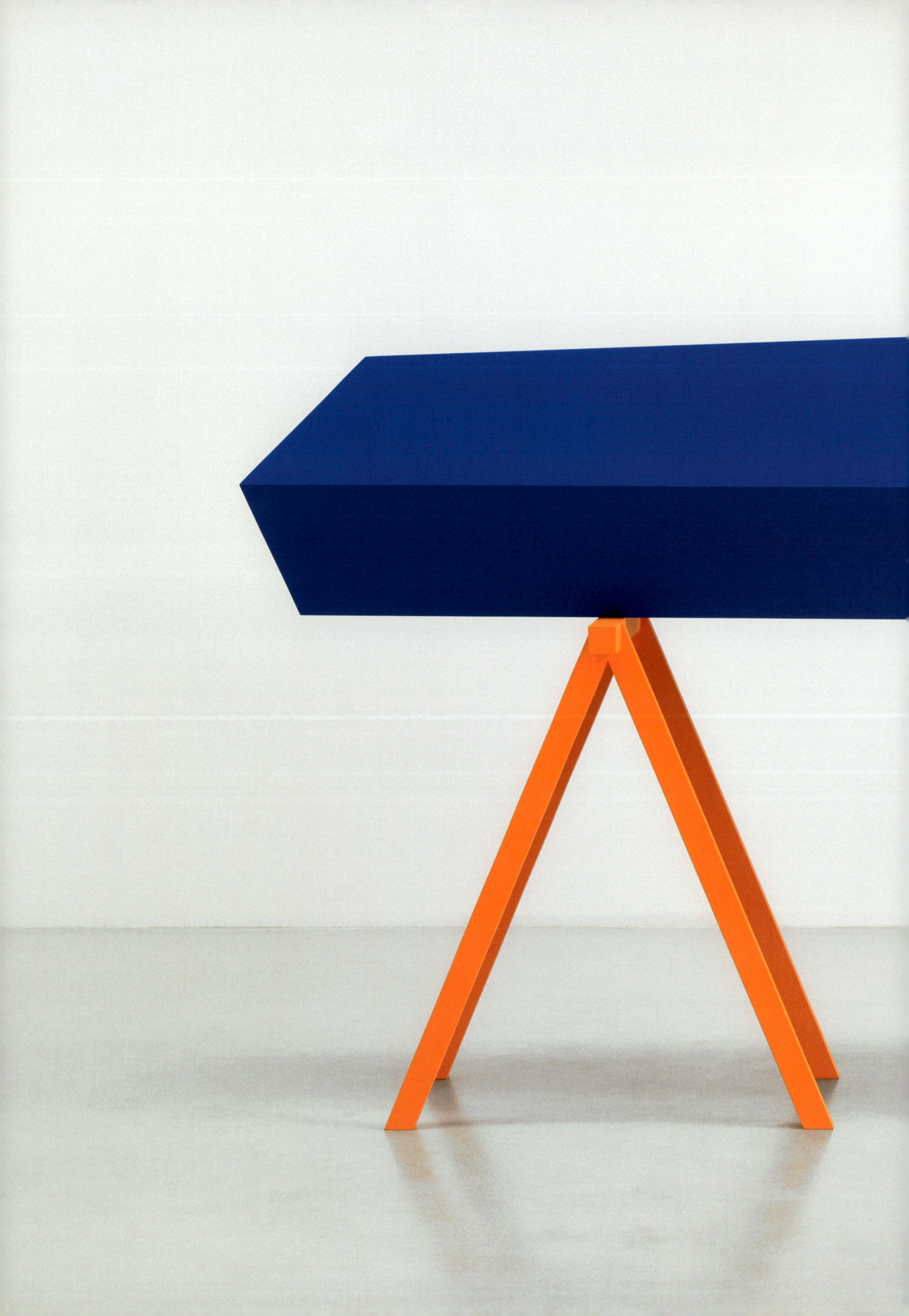

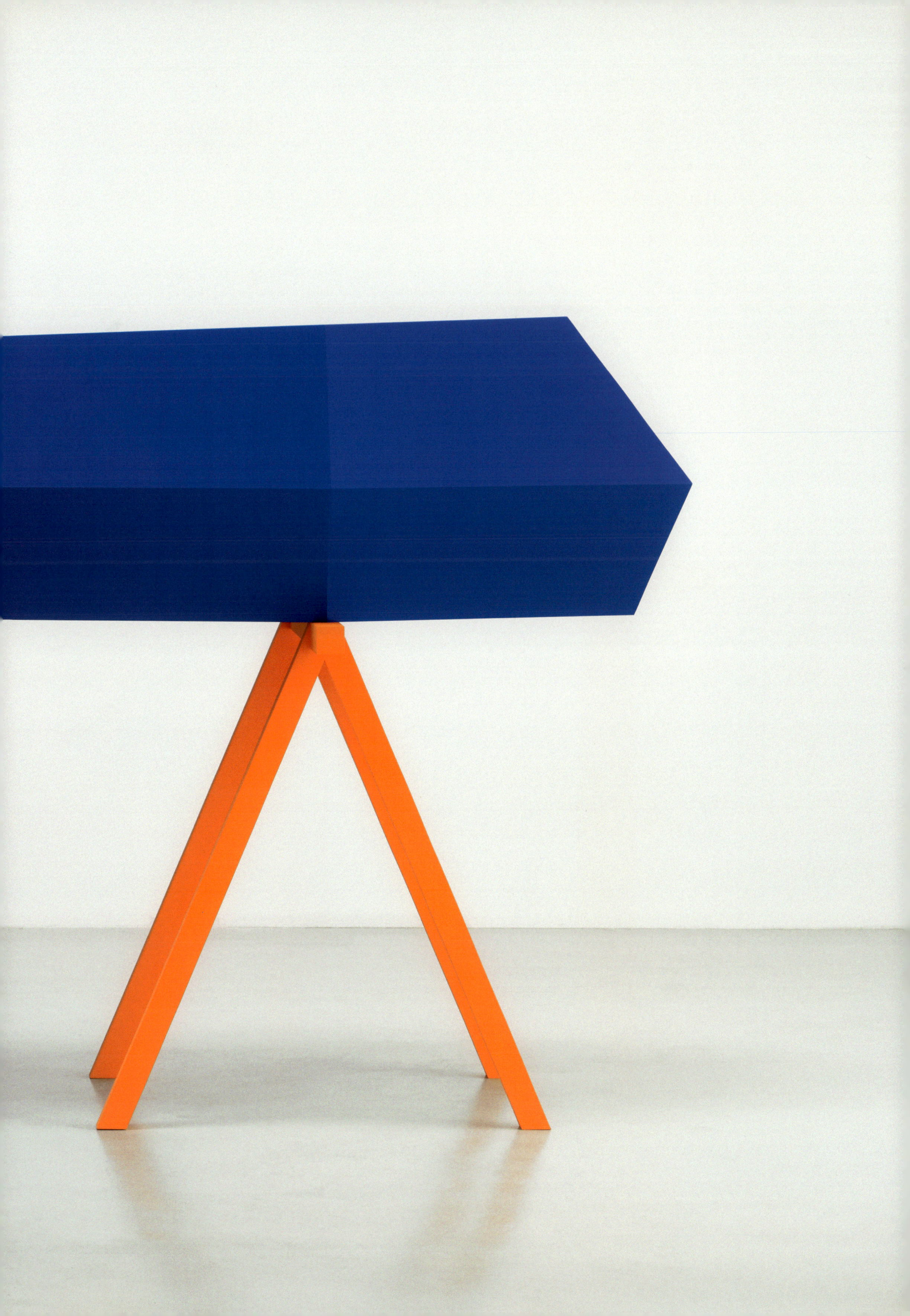

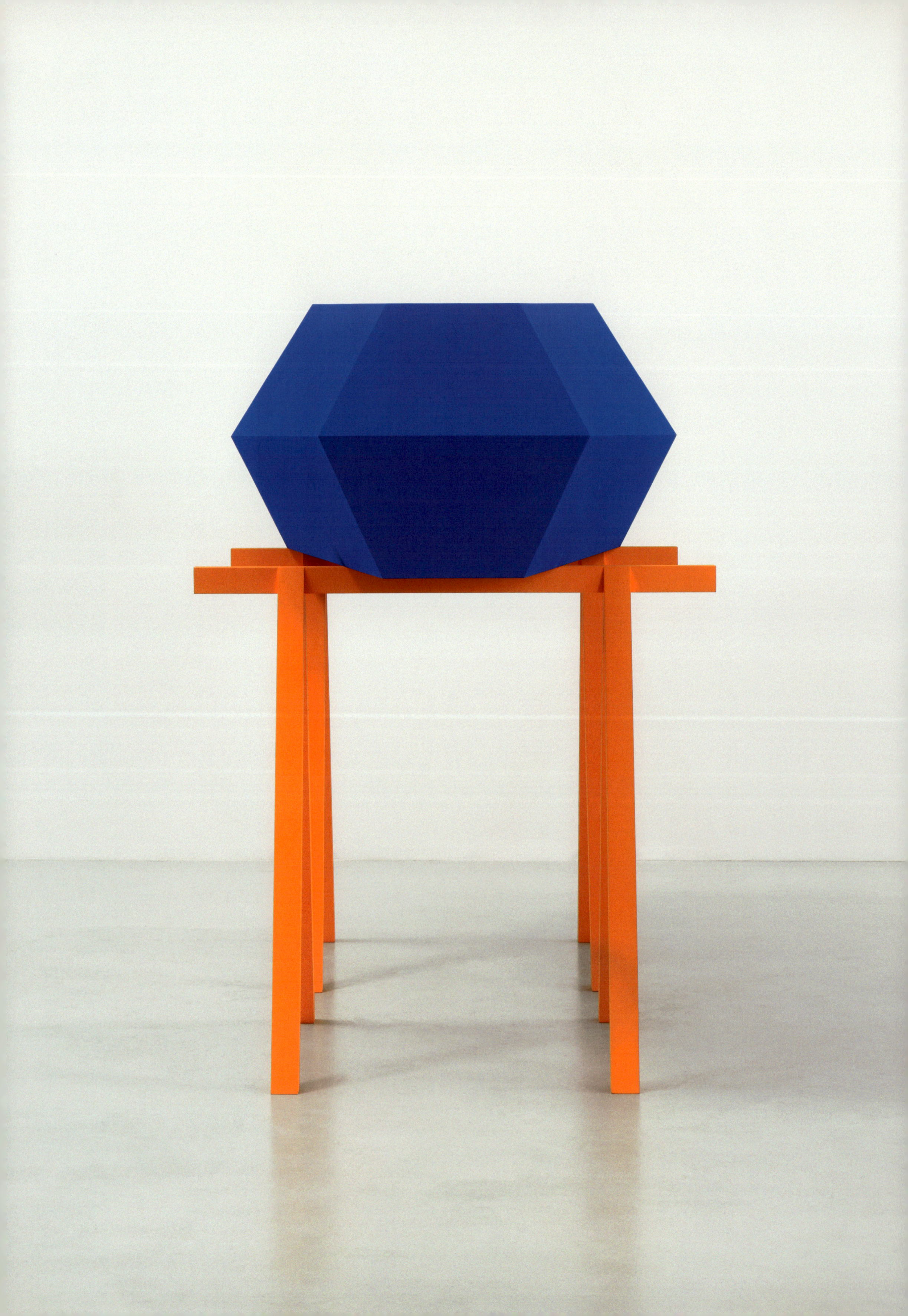

Kalter Ofen
[Cold Oven], 2016
Keramik, Metall, Lampe,
Motor / Ceramics,
metal, electric light, motor
Höhe ca. 273 cm,
Ø ca. 134 cm /
Height c. 107 ½ in,
Ø c. 52 ¾ in
Besitz des Künstlers /
Collection of the artist

Das was keinen Namen hat
[Which Has No Name], 2016
Mixed Media
229 × 112 × 106 cm /
90 ⅛ × 44 ⅛ × 41 ¾ in
Besitz des Künstlers /
Collection of the artist

Bellevue, 2014
Smearing
Graphit auf grundierter
Leinwand / Graphite on
primed canvas
Zweiteilig, 208 × 314 cm;
209 × 301 cm /
Two parts, 81 ⅞ × 123 ⅝ in;
82 5/16 × 118 ½ in
Besitz des Künstlers /
Collection of the artist

Schtetl [Shtetl], 2012
Holz und Metall /
Wood and metal
113.5 × 121 × 123 cm /
44 11/16 × 47 ⅝ × 48 7/16 in
Emanuel Hoffmann-Stiftung,
Depositum in der Öffent-
lichen Kunstsammlung
Basel / Emanuel Hoffmann
Foundation, on permanent
loan to the Öffentliche Kunst-
sammlung Basel

Höllentor
[Gates of Hell], 2012
Smearing
Graphit auf grundierter
Leinwand / Graphite on
primed canvas
324 × 200 cm /
127 9/16 × 78 ¾ in
Emanuel Hoffmann-Stiftung,
Depositum in der Öffent-
lichen Kunstsammlung
Basel / Emanuel Hoffmann
Foundation, on permanent
loan to the Öffentliche Kunst-
sammlung Basel

Robert Fleck

Kunst als offene Metapher
Art as an Open Metaphor

Im Schaulager in Basel steht ein von Katharina Fritsch und Alexej Koschkarow eingefügtes Geflecht aus drei vergleichsweise kleinen, rechteckigen Ausstellungsräumen. Betritt man den ersten von ihnen, erblickt man eine explodierende Handgranate von der Grösse des eigenen Oberkörpers. Die unabschätzbare Gewalt einer solchen Deflagration teilt sich ungebremst mit. Dennoch entsteht im selben Augenblick eine schützende Distanz. Denn die Szene ist unbeweglich, eingefroren in weisser Keramik. Die Explosion fällt «kühl» aus, ähnlich wie «kalter Rauch» auf einer Bühne. So wendet sich die Skulptur auch in erster Linie an das Denken und nicht an den Affekt. Zudem handelt es sich bei der Skulptur von Alexej Koschkarow um ein verfremdetes Objekt im Sinne Brechts und ein Spiel mit der Illusion. Denn das bis zur Decke reichende Ofenrohr und das innere Licht verwandeln die Waffe in einen Heizkörper, der eine häusliche Szene suggeriert. Die auf den Körper des Betrachters abgestimmte, ihn zugleich entmachtende Dimension der Skulptur ergibt eine überzeugende bildhauerische Setzung.

Sie trägt die Auffassung einer Kunst als offene Metapher vor, die der Inszenierung im Schaulager insgesamt zugrunde liegt. Man könnte bei der Skulptur von Alexej Koschkarow auch von einem historischen Monument sprechen, das sich der «kleinen Form» bedient, komödiantisch auftritt und das Tragische unterläuft. Ihr Bezug auf Zeitverläufe der Gegenwart liegt auf der Hand. Sie verdichtet das Gefühl eines diffusen, verallgemeinerten Kriegszustands, der sich, durch das Handeln des Westens im Mittleren Osten ausgelöst, bis nach Europa ausbreitet. Trotz dieser aktuellen Problematik denkt man bei der Handgranate mehr noch an den Ersten Weltkrieg, den diese Waffe mitverkörpert, da sie damals zum ersten Mal massiv zum Einsatz kam.

Der erste Teil des Titels dieses *Kammerstücks*, das Katharina Fritsch und Alexej Koschkarow im Schaulager in Szene setzen, bezieht sich auf Zita von Bourbon-Parma. Sie war von 1916 bis 1918 die letzte Kaiserin von Österreich und Böhmen, bis 1921 die letzte Königin von Ungarn, und ihr wurde 1989, im Vorfeld des Zusammenbruchs des Kommunismus, das letzte Kaiserbegräbnis in Wien zuteil, bei dem sich Abordnungen aller Teile der früheren Donaumonarchie aus Osteuropa verbrüderten. In ihrer Figur zitieren die Künstler eine historische Metapher, die zwei Konfliktzeiten epochalen Ausmasses verbindet: die Zeit des Ersten Weltkriegs, in der die alte Welt verschwand, und die Epoche seit 1989, die sich schwertut, zu sich zu finden. Das in der «kleinen Form» eines grossen Puppentheaters vorgetragene Kammerstück *Zita – Щapa* von Katharina Fritsch und Alexej Koschkarow stellt einen radikalen Versuch dar, mit Kunst historische Zusammenhänge und Verwerfungen jenseits der Verfahren der politischen Konzeptkunst erfahrbar zu machen.

Einige Meter von der explodierenden Handgranate entfernt, in einem Sicherheitsabstand also, doch nahe genug am damit entstandenen *Kalter Ofen* (so der Titel der Skulptur), verharrt eine dreiteilige Figurengruppe. Ihre kadmiumgelbe Färbung, mit ebenso monochromen roten und grünen Elementen versehen, schafft einen koloristischen Gegenpol zu Alexej Koschkarows weisser Skulptur, sodass der Raum pulsiert. Beide Skulpturen wurden von den Künstlern auch in ihren Dimensionen eng aufeinander abgestimmt und parallel entwickelt, wie überhaupt die gesamte Inszenierung in einem nahezu täglichen Austausch zwischen ihnen entstand.

Die auf den ersten Blick abstrakte Gruppe aus drei gesichtslosen Figuren von Katharina Fritsch bezieht sich auf ein konkretes Ereignis. Sie greift originalgetreu, in der gegenwärtigen Dimension bis ins kleinste Detail durchmodelliert, ein Ensemble von drei jeweils ungefähr zehn Zentimeter grossen Puppen in slowakischer Tracht auf, die heute in Bratislava, der Hauptstadt der Slowakischen Republik, verkauft werden. Dieselbe Tracht wurde bei Zitas Begräbnis 1989 in Wien von den Slowakischen Abordnungen getragen. Im Juli 1918 – wenige Monate vor der militärischen Niederlage im Ersten Weltkrieg und dem «Verzicht auf die Amtsgeschäfte» (es gab nie eine förmliche Abdankung) durch Kaiser Karl I. am 11. November 1918 sowie der Ausrufung der Republik Österreich durch den Staatsrat in Wien – fuhr das kaiserliche Paar bei einer seiner letzten offiziellen Reisen in seinem bereits in Auflösung begriffenen Reich auf der Donau nach Pressburg (heute Bratislava), wobei die besorgte, in Massen versammelte und in der Nationaltracht gekleidete Bevölkerung vom Ufer her Zita und ihren Gemahl umjubelte. 70 Jahre später war der Zerfallsprozess des kommunistischen Staatenblocks in Osteuropa kurioserweise beim letzten «Kaiserbegräbnis» in Wien am 1. April 1989 zu erahnen. Zita Bourbon-Parma, wie sie mit bürgerlichem Namen in Österreich hiess, seit die Erste Republik 1918 das Tragen von Adelstiteln verboten hatte, war wenige Tage zuvor im Schweizer Exil verstorben. Das Begräbnis war zwar offiziell «privat», wurde aber von der österreichischen Koalitionsregierung aus Sozialdemokraten und Volkspartei dazu genutzt, durch den gewaltigen Besucherzustrom aus den umliegenden, ehemals habsburgischen Ländern des Ostblocks die Spaltung Europas für kurze Zeit symbolisch aufzuheben. Knapp drei

Katharina Fritsch and Alexej Koschkarow have inserted a relatively small assemblage of three rectangular rooms at Schaulager in Basel. Visitors walking into the first one encounter a detonating hand grenade the size of a human torso. The inestimable violence of such a deflagration is communicated without restraint. Yet, at the same time, the work offers the protection of detachment, for the detonation has been arrested, frozen in white ceramic. The explosion proves to be "cool," much like the "cool smoke" in a theater. Accordingly, the sculpture primarily addresses the mind rather than the emotions. It not only shows a Brechtian alienation but also toys with illusion since the stove pipe reaching up to the ceiling, and the light inside, transform the hand grenade into a heating unit, implying domesticity. The compelling impact of this sculpture lies in matching the size of the viewer's body and, at the same time, disempowering it.

It demonstrates the notion of art as an open metaphor, which underlies the entire production at Schaulager. One might also speak of a historical monument that takes advantage of the "small form," yielding a comic effect that undermines the sense of tragedy. The reference to current events is obvious. Koschkarow's sculpture distills the sense of a diffuse, generalized state of war spreading across Europe, which has been triggered by the behavior of the West in the Middle East. Despite the currency of this concern, the hand grenade is even more evocative of World War I, where it was put to devastating widespread use for the first time.

The first part of the title of the *Chamber Piece*, which Katharina Fritsch and Alexej Koschkarow have mounted at Schaulager, refers to Zita of Bourbon-Parma. She was the last Empress of Austria and Bohemia from 1916 to 1918, the last Queen of Hungary until 1921, and in 1989, on the eve of the collapse of Communism, the last member of royalty to be accorded an imperial funeral in Vienna, at which delegations of the entire former Danube monarchy from all over Eastern Europe were reunited. Through Zita, the artists have referenced a historical metaphor that links two eras of epochal conflict: that of World War I, which saw the definitive collapse of the Old World, and post-1989, an era that has yet to come to terms with its own history. The chamber piece *Zita – Шара* by Katharina Fritsch and Alexej Koschkarow takes the "small form" of a large puppet theater in a radical attempt to render historical connections and upheavals without resorting to the canon of political conceptual art.

A few meters away from the exploding hand grenade, in other words at a safe distance, but still close enough to their companion piece, *Kalter Ofen* (Cold Oven, as the sculpture is titled), stands a group of three figures. Their cadmium yellow, interspersed with equally monochrome red and green elements, creates a colorful antipode to Koschkarow's white sculpture and turns the space into a pulsating whole. The two sculptures are attuned to each other; their dimensions correspond. The artists developed them in parallel as, in fact, they did the entire production in a process of almost daily exchange.

The trio of faceless figures by Fritsch, abstract at first sight, refers to a concrete event. They are exact, minutely detailed replicas of an ensemble of three dolls in Slovakian folk costume. Actually some four inches tall, these are still on sale today in Bratislava, the capital city of the Slovakian Republic. The Slovakian delegations at Zita's funeral in Vienna in 1989 were attired in the same folk costume. In July 1918 — a few months before the military was defeated in World War I, before Emperor Charles I relinquished his right to participate in state affairs on November 11, 1918 (he never abdicated) and before the Republic of Austria was declared by the National Assembly in Vienna — the Imperial couple embarked on one of their last official journeys down the Danube through their collapsing empire to Pressburg (now Bratislava). Enthusiastically cheering crowds in national costumes were lined up along the shores. Curiously enough, 70 years later, the collapse of the Communist bloc in Eastern Europe was imminent when the last "Imperial funeral" took place in Vienna on April 1, 1989. Zita Bourbon-Parma — as she was known in Austria since the First Republic had outlawed the use of royal titles in 1918 — had died in Swiss exile. Officially the funeral was "private" but the Austrian coalition government of the Social Democrats and the People's Party took advantage of the mighty stream of visitors from the surrounding, formerly Habsburgian, lands of the Eastern bloc to unite, at least briefly and symbolically, a divided Europe. Just three months later, the Foreign Minister and Vice-Chancellor Alois Mock (People's Party of Austria) and his Hungarian colleague Gyula Horn literally cut through the "iron curtain" of the fortifications between their two countries. However, the groups in folk costume that crossed the east-west divide on April 1 had already experienced the encounter among all the delegations as a rerun of the universal brotherhood of the Habsburgian peoples during the 1848 revolution. The transnational federation of Middle and East European peoples implied at this event, in view of the imminent abdication of Communism, was tragically shattered

Monate später durchschnitten Aussenminister und Vizekanzler Alois Mock (Österreichische Volkspartei) und sein ungarischer Amtskollege Gyula Horn den Eisernen Vorhang beziehungsweise den Grenzzaun zwischen ihren Ländern. Schon die am 1. April über die Ost-West-Grenze hinweg angereisten Trachtengruppen aus Ost- und Südosteuropa hatten die Begegnung ihrer nationalen Abordnungen wie ein Remake der universellen Verbrüderung der habsburgischen Völker während der Revolution von 1848 erlebt. Die bei diesem Ereignis angedeutete transnationale Föderation der mittel- und osteuropäischen Völker angesichts der unmittelbar bevorstehenden Abdankung des Kommunismus schlug 1991 mit dem Balkankrieg ins Tragische um. Die gegenwärtigen geopolitischen Konflikte in Europa bilden in dieser Hinsicht das dramatische Nachspiel zu dem unerwarteten Völkertreffen am Rande von Zitas Begräbnis am 1. April 1989 in Wien.

Katharina Fritschs neue Figurengruppe besteht aus modernstem Material. Durch die Gesichtslosigkeit der Köpfe und die falschen Proportionen, die von den Folklorepüppchen aus Bratislava stammen, wirkt sie virtuell und abstrakt, nicht im Sinne der Ungegenständlichkeit, sondern eher wie ein schemenhaftes und zugleich körperlich sehr präsentes Traumgebilde. Die plastische Modellierung der Oberfläche verleiht den Gestalten einen intensiven Realismus. Dieser steht in bewusster Dissonanz zu den anderen Zeichenmerkmalen und gibt den Skulpturen eine innere Spannung, die in der Ausstellung den räumlichen Dialog mit dem «Ofen» von Alexej Koschkarow trägt. Mehr noch bringen die Figuren ein Beharren gegenüber der Zeit zum Ausdruck, das im Widerstreit steht zu dem neuartigen Kunststoff – ein Epoxidharz-Polyurethan-Gemisch –, aus dem sie gemacht sind, und die unkontrollierbaren historischen Kräfte erahnen lässt, um die sich die Ausstellung dreht.

Am 1. April 1989 kam der berühmte Totenwagen der Habsburger, eine mobile Skulptur von 1876/1877, die seit 1922 in der Wagenburg in Schönbrunn öffentlich ausgestellt ist, zum letzten Mal zum Einsatz, als er durch die von Menschen rammelvolle Wiener Innenstadt fuhr, auf dem Weg zur Kapuzinergruft, dem Grab der Habsburger. Die im Stil des Hochbarock gefertigte Leichenkutsche ist seit 1918 Eigentum der Bundesmuseen und stellte eine Leihgabe der Republik Österreich an die Habsburgerfamilie für deren private Begräbnisfeier dar. Die geschnitzten schwarzen Raben auf dem Dachrand des Wagens, die von oben bis unten schwarz gekleideten Lakaien vorne und hinten auf dem Wagen, die sechs schwarz überhangenen Pferde, die ihn und den Sarg mit Zitas Leichnam im lautstarken Trauerschritt wie im Versuch zogen, die Zeit anzuhalten – und angesichts der Menschenmassen tatsächlich immer wieder anhalten mussten –, riefen einen umwerfenden Eindruck hervor: das Bild eines Vorgangs aus einer anderen Welt, in dem auch die Geschichte als Abgrund zutage trat mit unerklärlichen, an diesem Punkt spürbaren Kräften.[1] Sie unpathetisch, gleichsam über die Bande, aber eindrücklich anzuspielen, ist die grosse Qualität dieser Präsentation.

In *Die letzten Tage der Menschheit* (1915–1922) entwarf Karl Kraus aus den Erfahrungen des Ersten Weltkriegs heraus das Szenario seiner Gegenwart als einer gefährdeten Zeit. Mit anderen Stilmitteln, doch mithilfe der Montage, die Kraus miterfand und die in der Anordnung der Skulpturen in diesem Kammerstück zu spüren ist, gelingt Katharina Fritsch und Alexej Koschkarow in *Zita – Щара* der Entwurf einer zeitgenössischen Kunst, die historische Prozesse in ihrer Widersprüchlichkeit und Undurchschaubarkeit metaphorisch zum Ausdruck bringt.

1 Ich stand an der Strassenecke Graben-Spiegelgasse, wohin die Kutsche einbog, hinter mir das – inzwischen in eine H&M-Filiale umgewandelte – Luxuskleidungsgeschäft BRAUN & CO., damals noch unverändert aus der Blütezeit der Donaumonarchie, vor mir das Ankerhaus von Otto Wagner im New Yorker Stil von 1895, oben auf dem Dach das Atelier von Hundertwasser, und linker Hand zwei Häuser weiter die Pension, in der Franz Kafka wohnte, wenn er sich in Wien aufhielt. Etwas weiter in dieser Richtung liegt die Kapuzinergruft.

I was standing at the corner of Graben-Spiegelgasse, when the carriage appeared—behind me the luxury clothing store BRAUN & CO., now converted into an H&M, but at the time still an unaltered embodiment of the heyday of the Danube monarchy; in front of me the Ankerhaus by Otto Wagner in the New York style of 1895, with Hundertwasser's studio in the penthouse; and two buildings further on, to the left, the pension where Franz Kafka used to stay when he was in Vienna. The Imperial Crypt lies a little further down the street in the same direction.

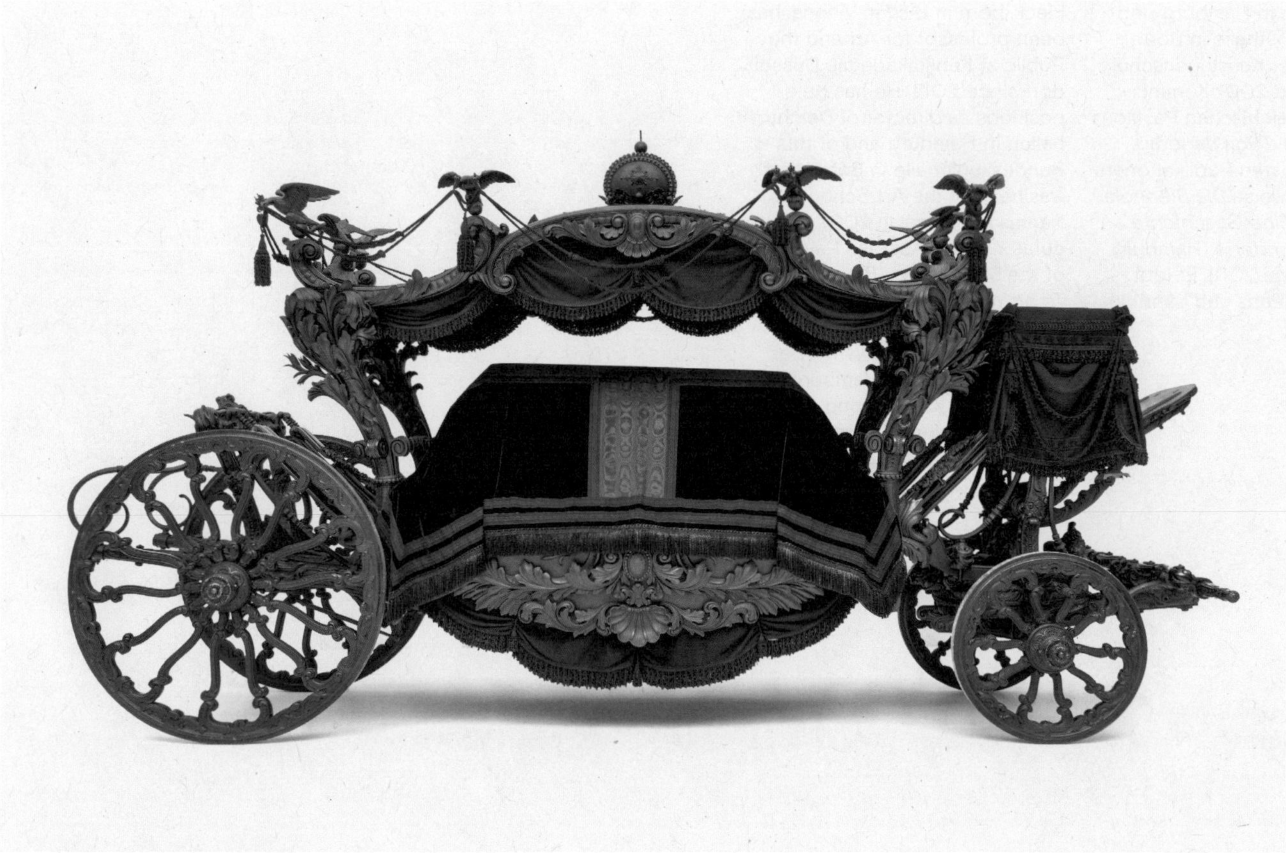

Schwarzer Leichenwagen des Wiener Hofes, Hofsattlerei (Wien) / Black Hearse of the Viennese Court, Court Saddlery (Vienna) 1876/1877

in 1991 by the Balkan war. In this respect, the current geopolitical conflicts in Europe represent the dramatic aftermath of the unexpected meeting among peoples on the fringes of Zita's funeral on April 1, 1989 in Vienna.

Katharina Fritsch has used cutting-edge materials and technologies to produce her new group of figures. The facelessness of the heads and the blown-up proportions of the little folkloric dolls from Bratislava make them appear virtual and abstract, not in the sense of non-figuration but rather like a schematic and yet unmistakably physical dream configuration. The sculptural modeling of the figures yields an intense and deliberately dissonant realism. The inner tension, underscored by association with the other signifiers of the figures, informs the spatial dialogue with Alexej Koschkarow's "stove." Of still greater impact is the contradiction between the sense of arrested time expressed by the figures and the contemporary material—a mix of epoxy resin and polyurethane—of their production, which hints at the uncontrollable historical forces that are the crux of the exhibition.

On April 1, 1989, the Habsburg funeral carriage, a mobile sculpture made in 1876/1877 and on public view at the Wagenburg in Schönbrunn since 1922, was put to use for the last time when it passed through the densely crowded city of Vienna on the way to the Imperial Crypt containing the grave of the Habsburgs. The funeral carriage in High Baroque style has been in possession of the Federal Museums of Austria since 1918 and, as such, represented a loan from the Republic of Austria to the family of the Habsburgs for their use at a private funeral service. The carved black ravens on top of the carriage; the lackeys dressed in black from top to bottom standing in front of and behind the carriage; the six horses draped in black, pulling the carriage and the coffin with Zita's body, as they clattered loudly in slow funeral march through the streets of Vienna—it seemed as if time had stopped, and, indeed, the carriage did stop repeatedly, held up by the thronging masses. The impression was overwhelming: an image of a process from a different world, in which history appeared as an abyss of inexplicable but, at this point, palpable forces.[1] It is the unsentimental, matter-of-fact, and yet compelling allusion to these forces that makes for the exceptional quality of this presentation.

In *Die letzten Tage der Menschheit* (The Last Days of Mankind, 1915–1922), Karl Kraus draws on the experience of the World War I in delineating his scenario of the present as an age under threat. Using other stylistic devices but also montage, co-invented by Kraus and tangible in the arrangement of the sculptures in *Zita – Шара*, Katharina Fritsch and Alexej Koschkarow have succeeded in creating a piece of contemporary art that metaphorically embodies the contradictions and unintelligibility inherent in historical processes.

Robert Fleck, 1957 in Wien geboren, ist Kunstkritiker und Historiker und seit 2012 Professor für Kunst und Öffentlichkeit an der Kunstakademie Düsseldorf. Davor war er unter anderem Direktor der Deichtorhallen in Hamburg und der Bundeskunsthalle in Bonn sowie Leiter der Kunsthochschule von Nantes und 2007 Kommissär des österreichischen Pavillons der 52. Biennale von Venedig. Zu seinen jüngsten Publikationen zählt beispielsweise *Die Biennale von Venedig. Eine Geschichte des 20. Jahrhunderts* (Hamburg 2009, 2. Auflage 2011). Er lebt in Düsseldorf, Paris und Lannion (Bretagne).

Art critic and historian Robert Fleck, born in 1957 in Vienna, has been professor for Art and the Public at Kunstakademie Düsseldorf since 2012. He has held positions as director of Deichtorhallen in Hamburg and of the Bundeskunsthalle in Bonn, and was head of the Art School of Nantes in France. In 2007 he was curator of the Austrian Pavilion of the 52nd Venice Biennale. To his most recent publications belongs *Die Biennale von Venedig. Eine Geschichte des 20. Jahrhunderts* (Hamburg, 2nd edition 2011), among others. He lives between Düsseldorf, Paris and Lannion (Brittany).

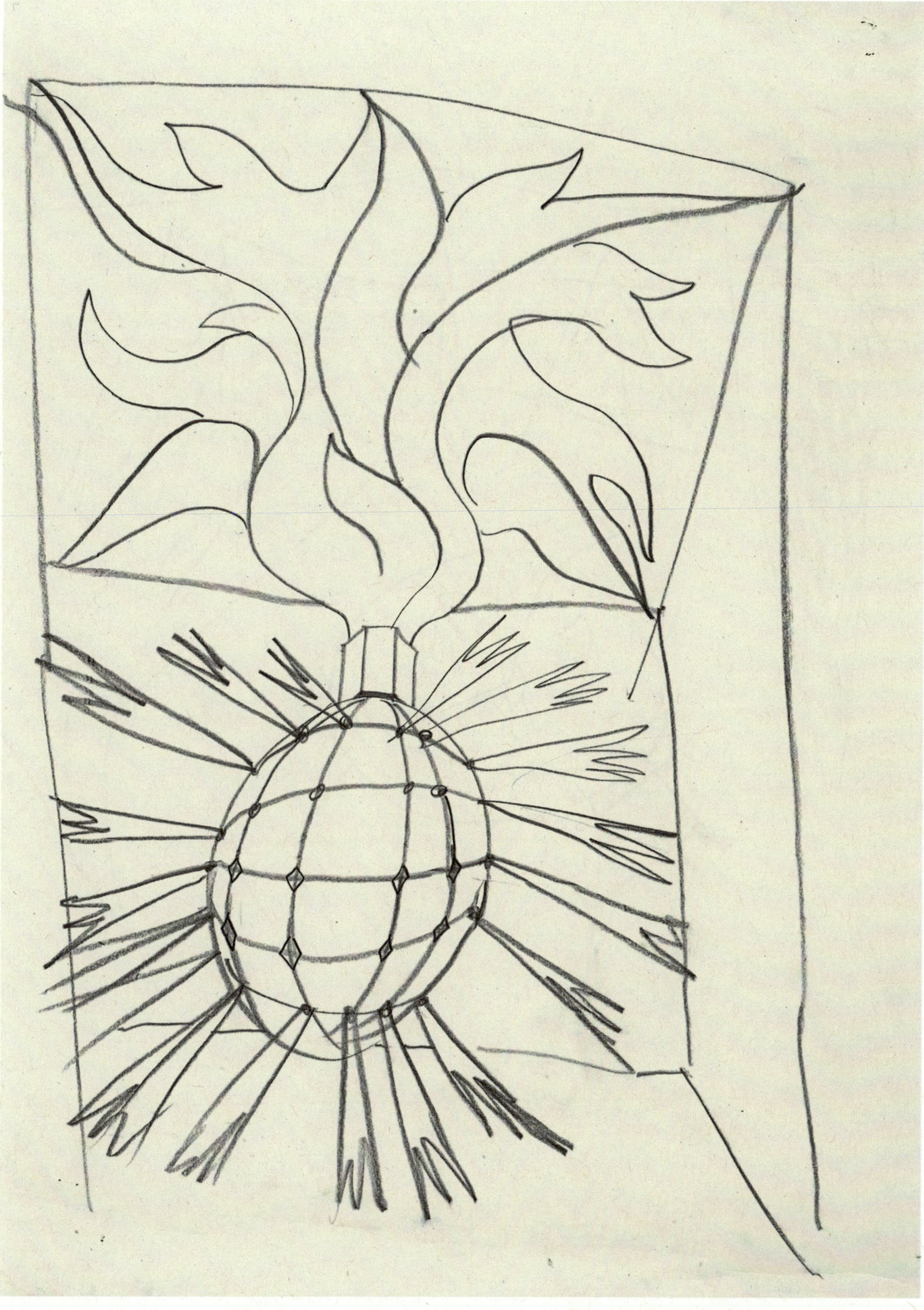

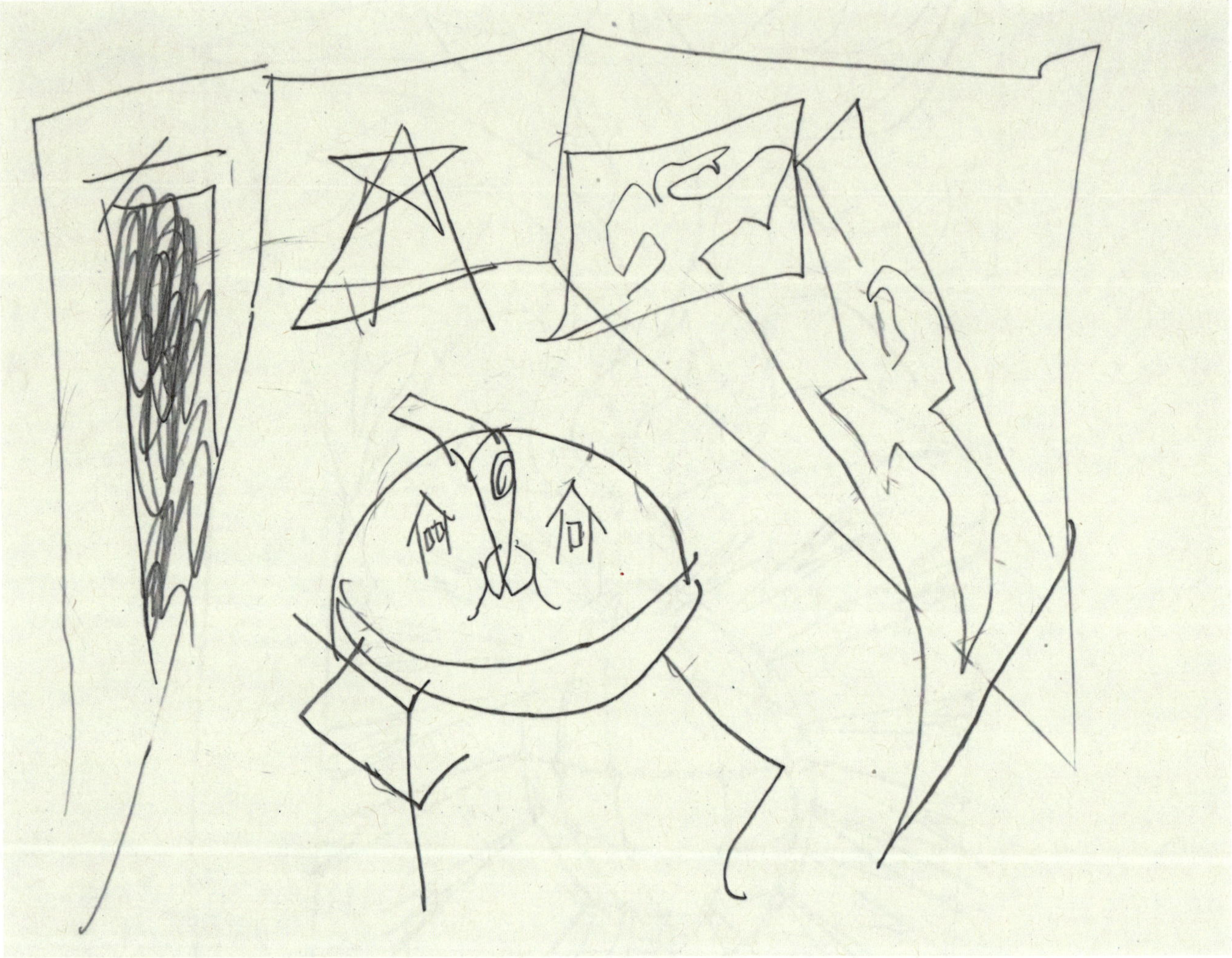

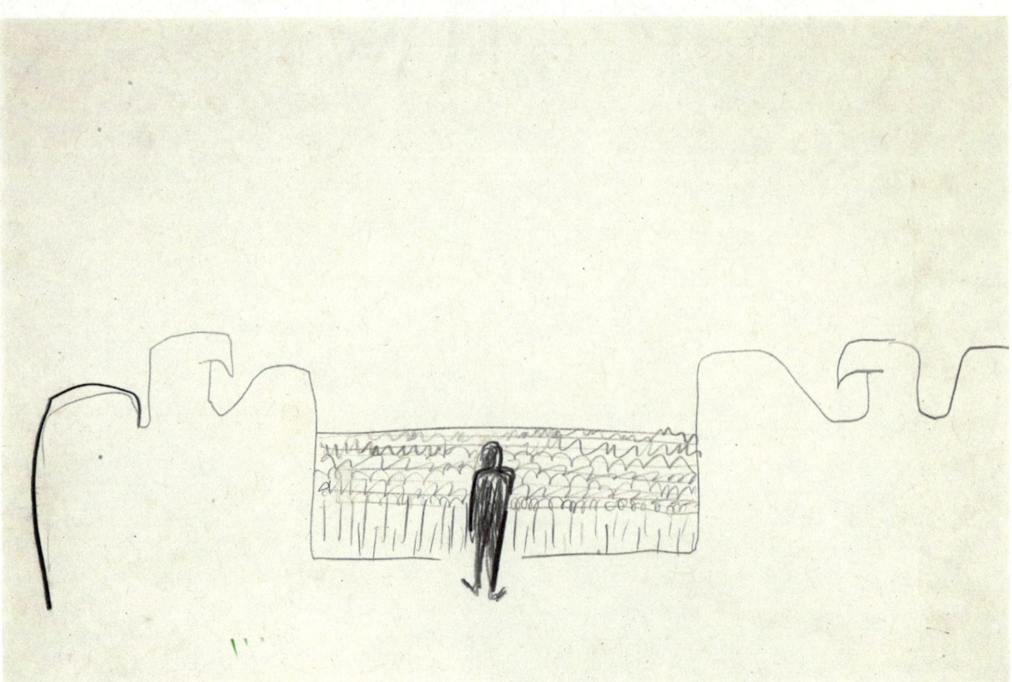

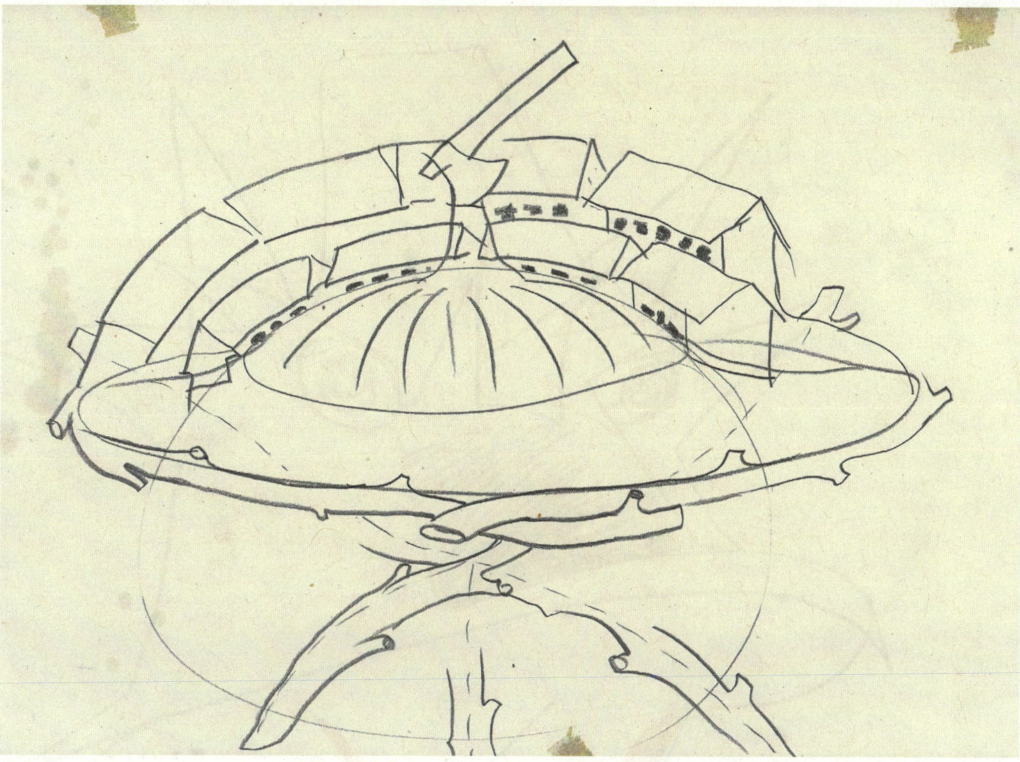

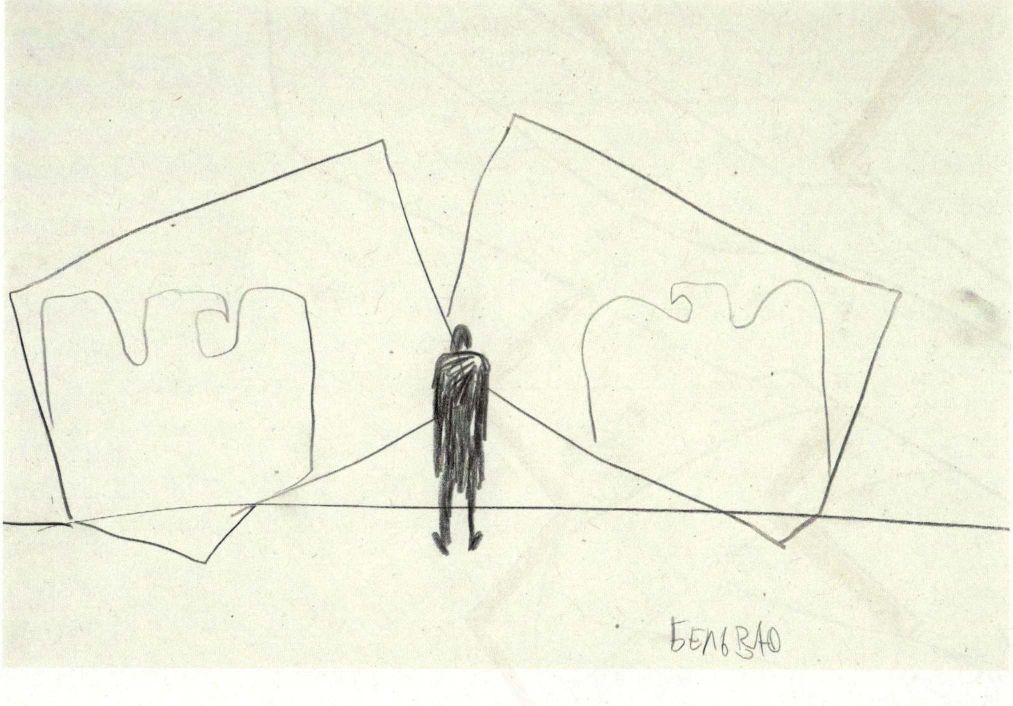
БЕЛЬВАО

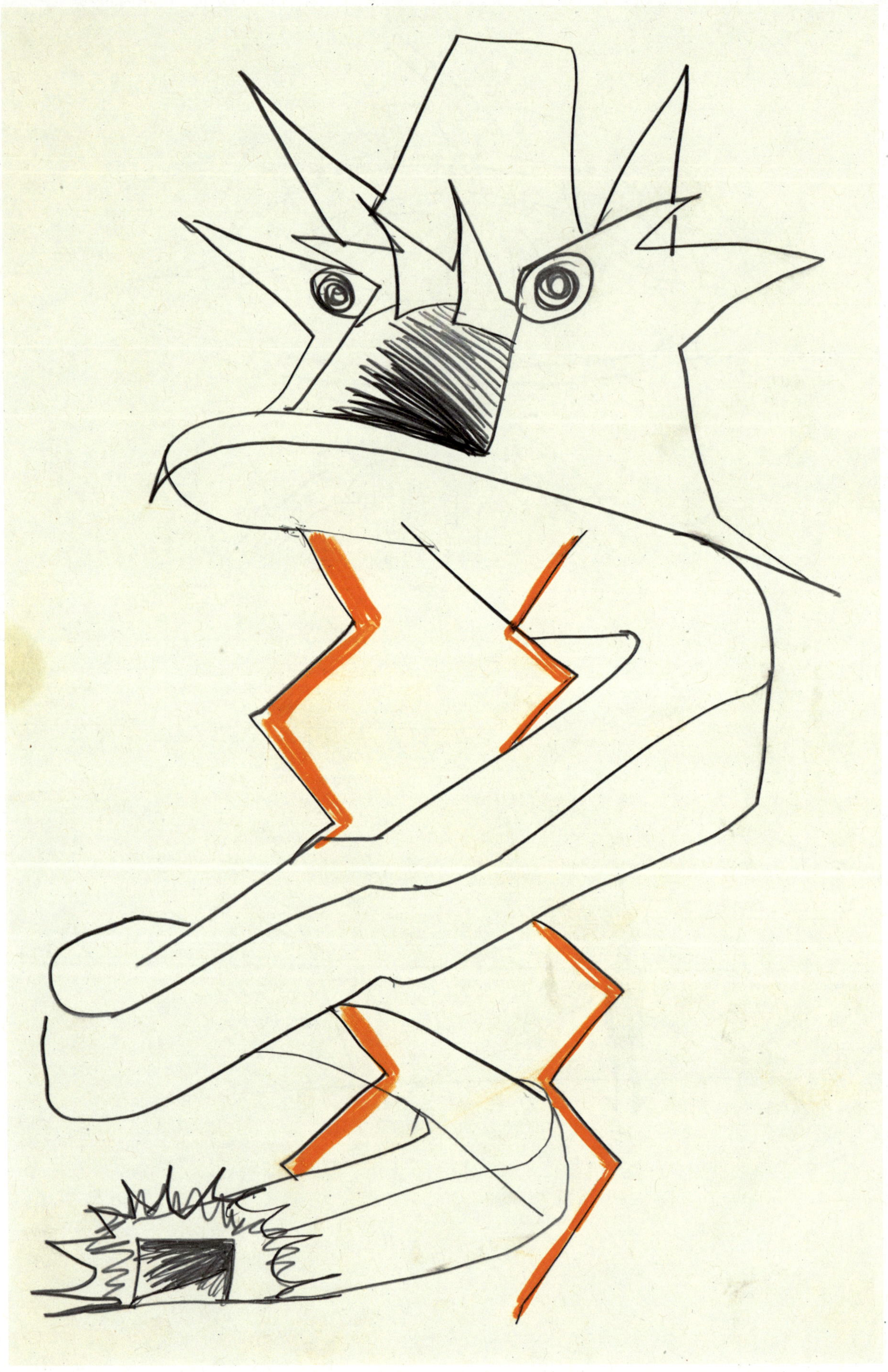

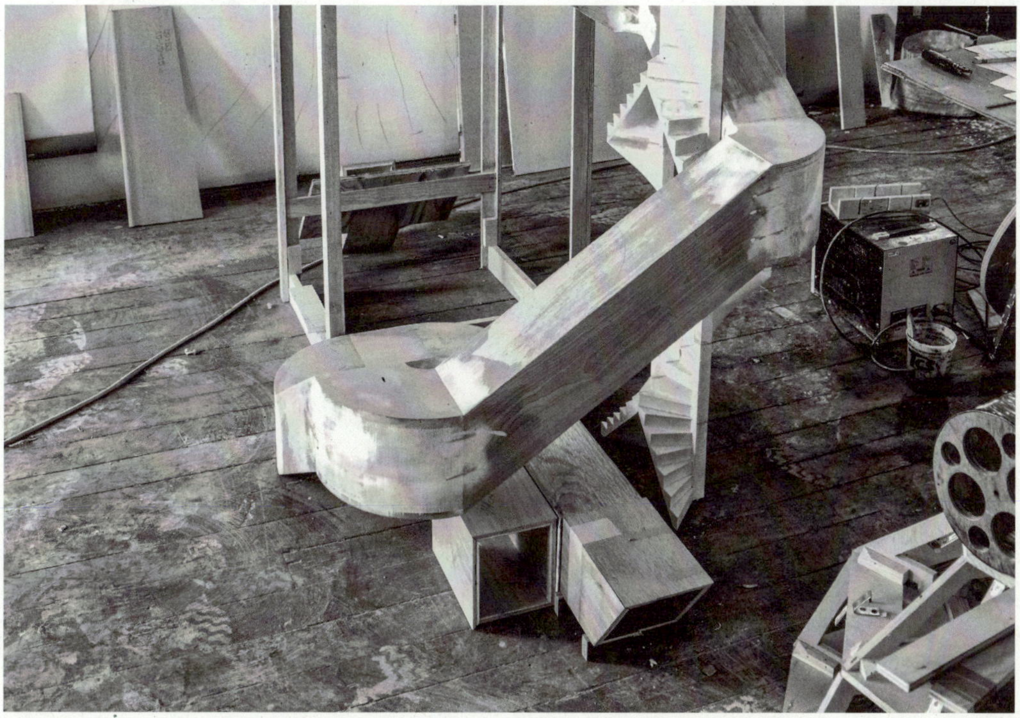

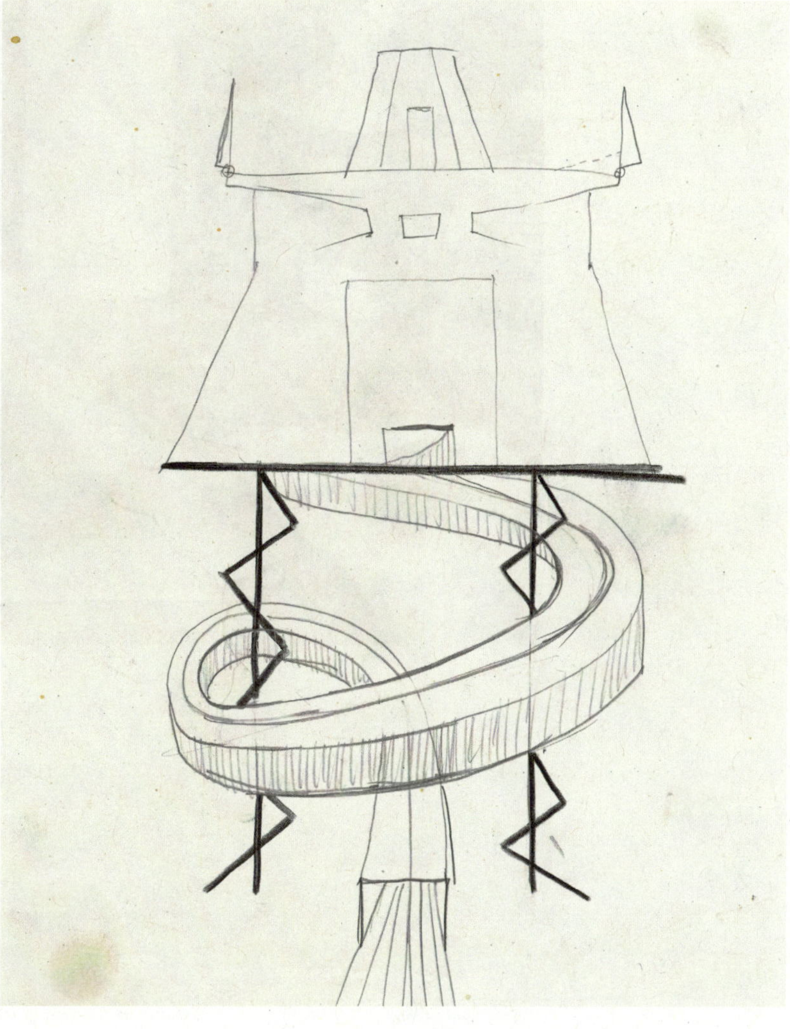

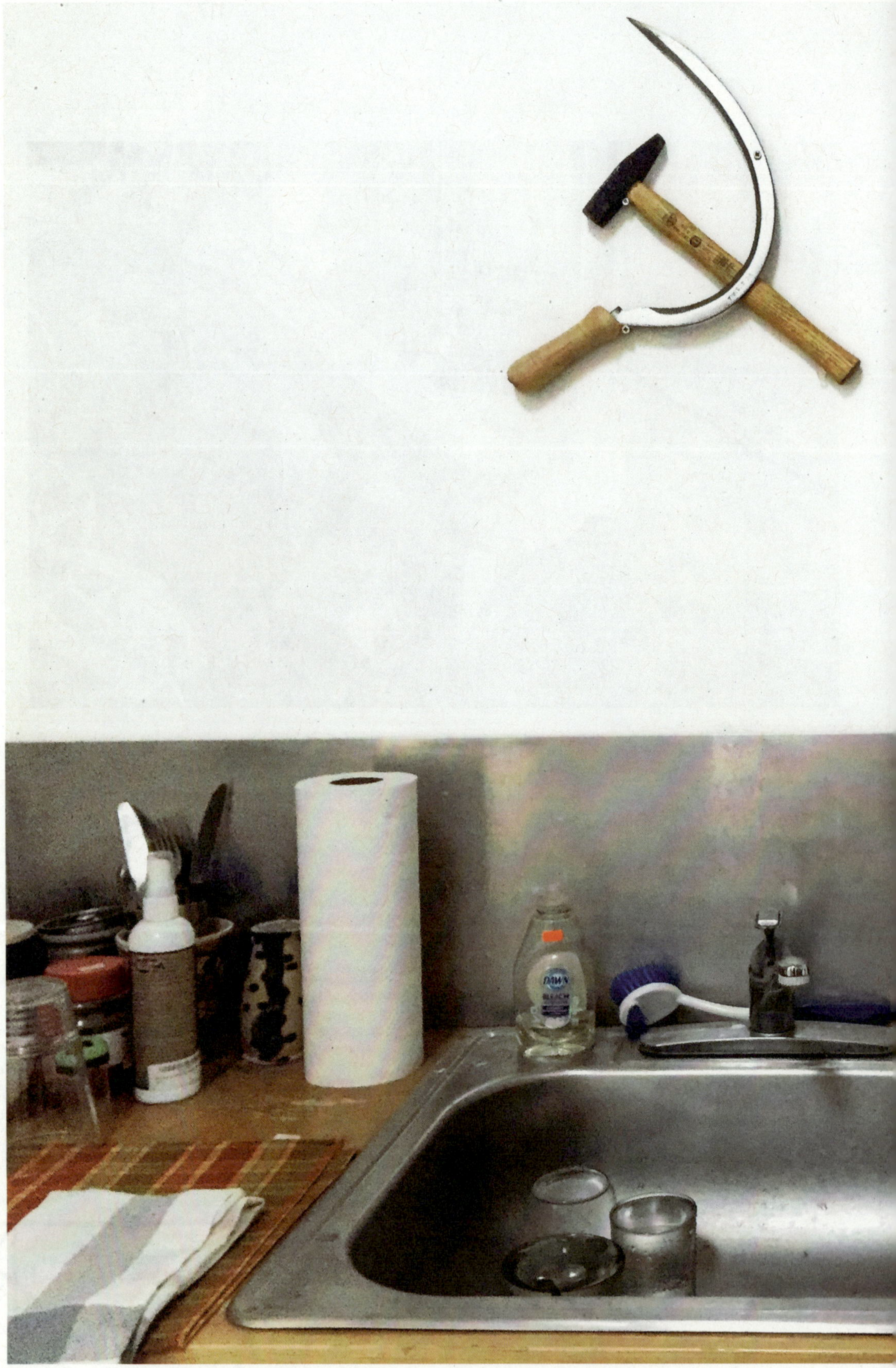

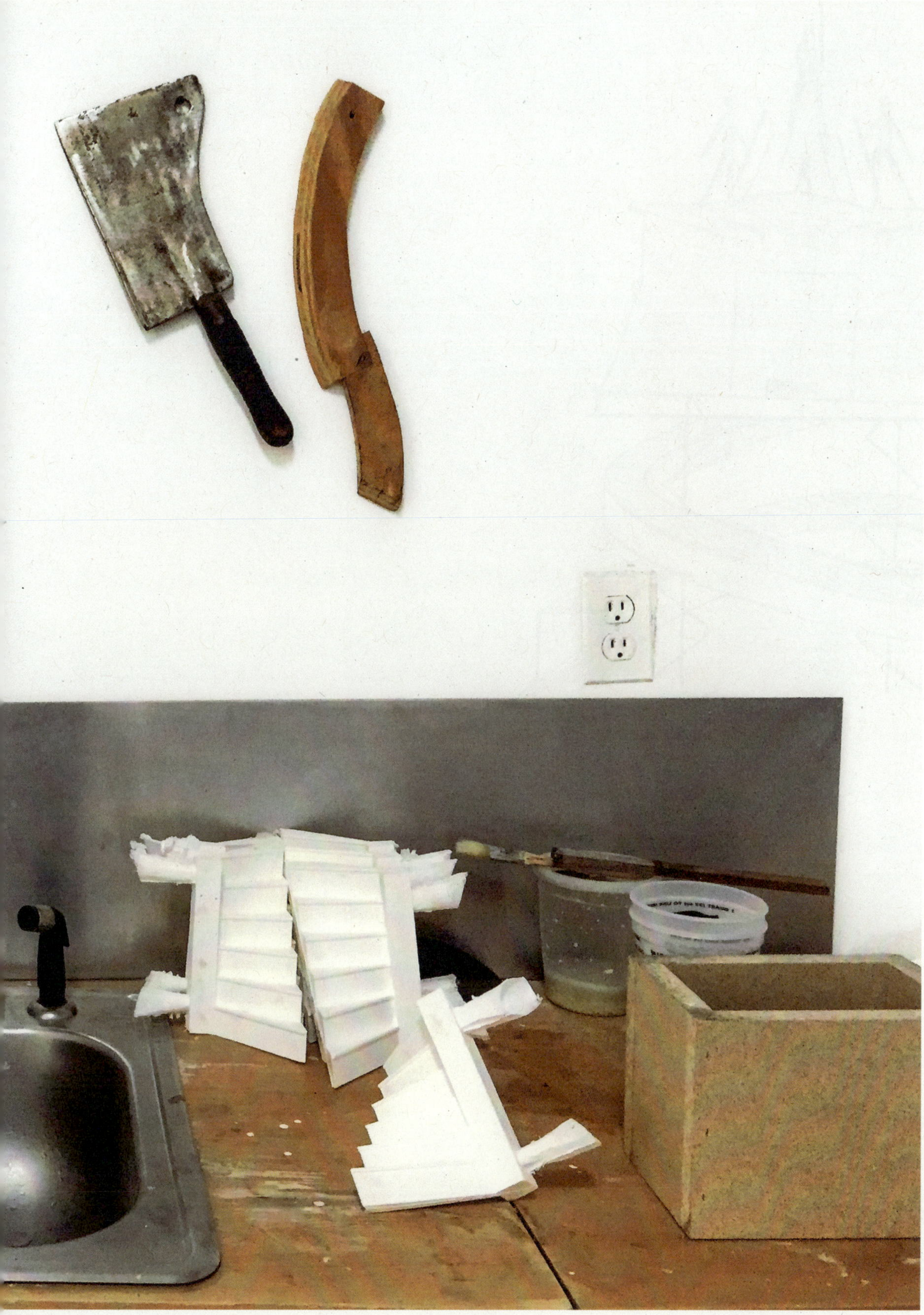

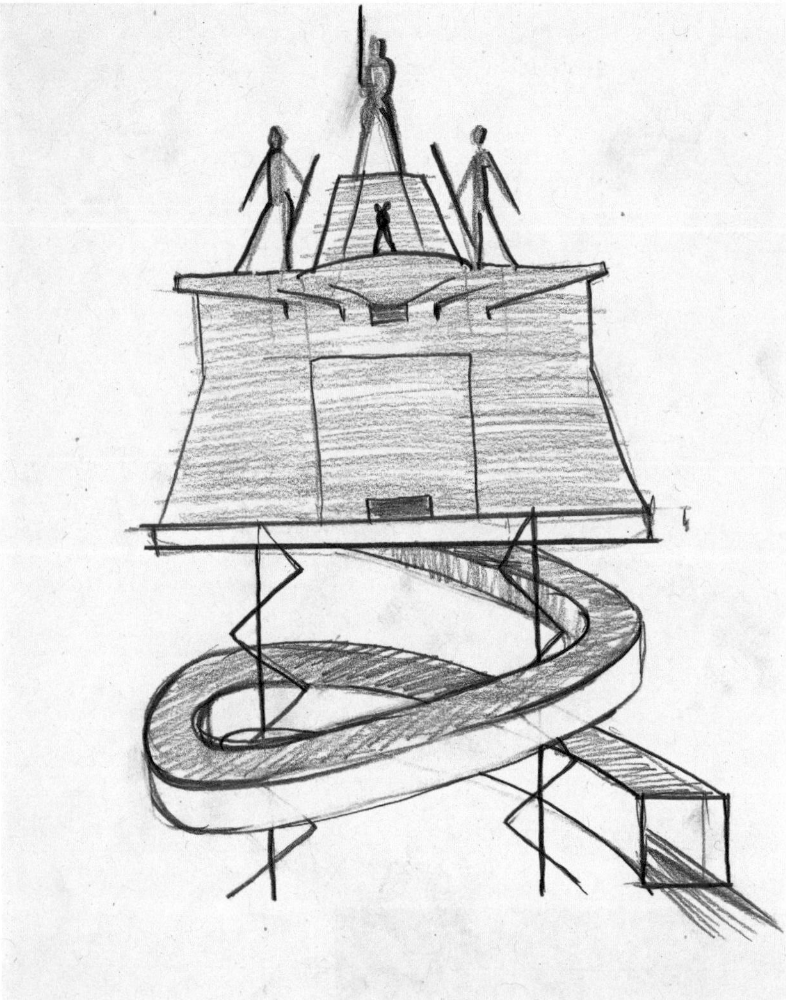

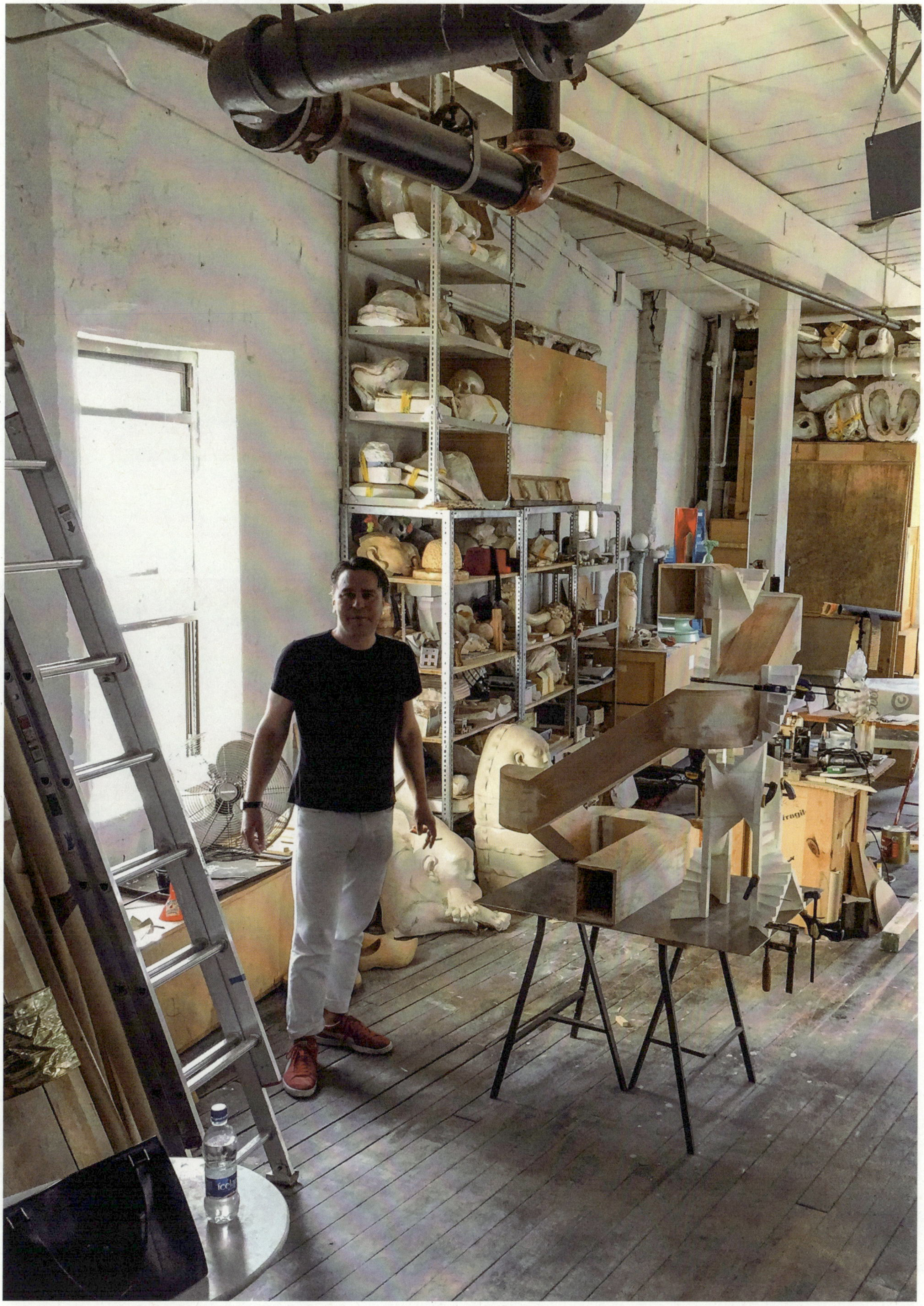

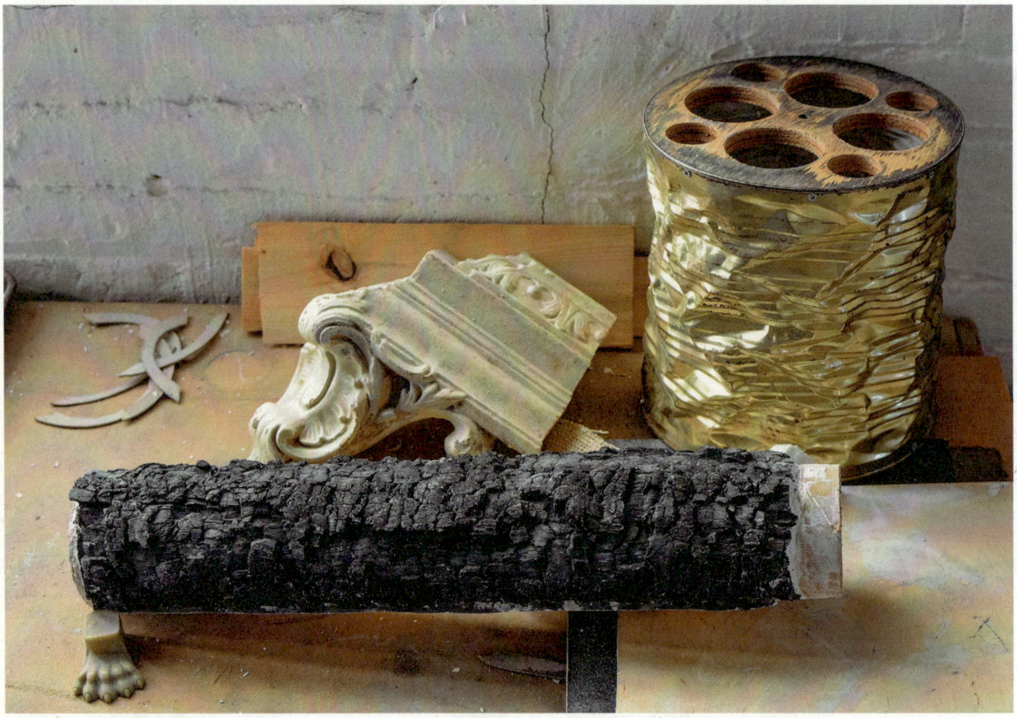

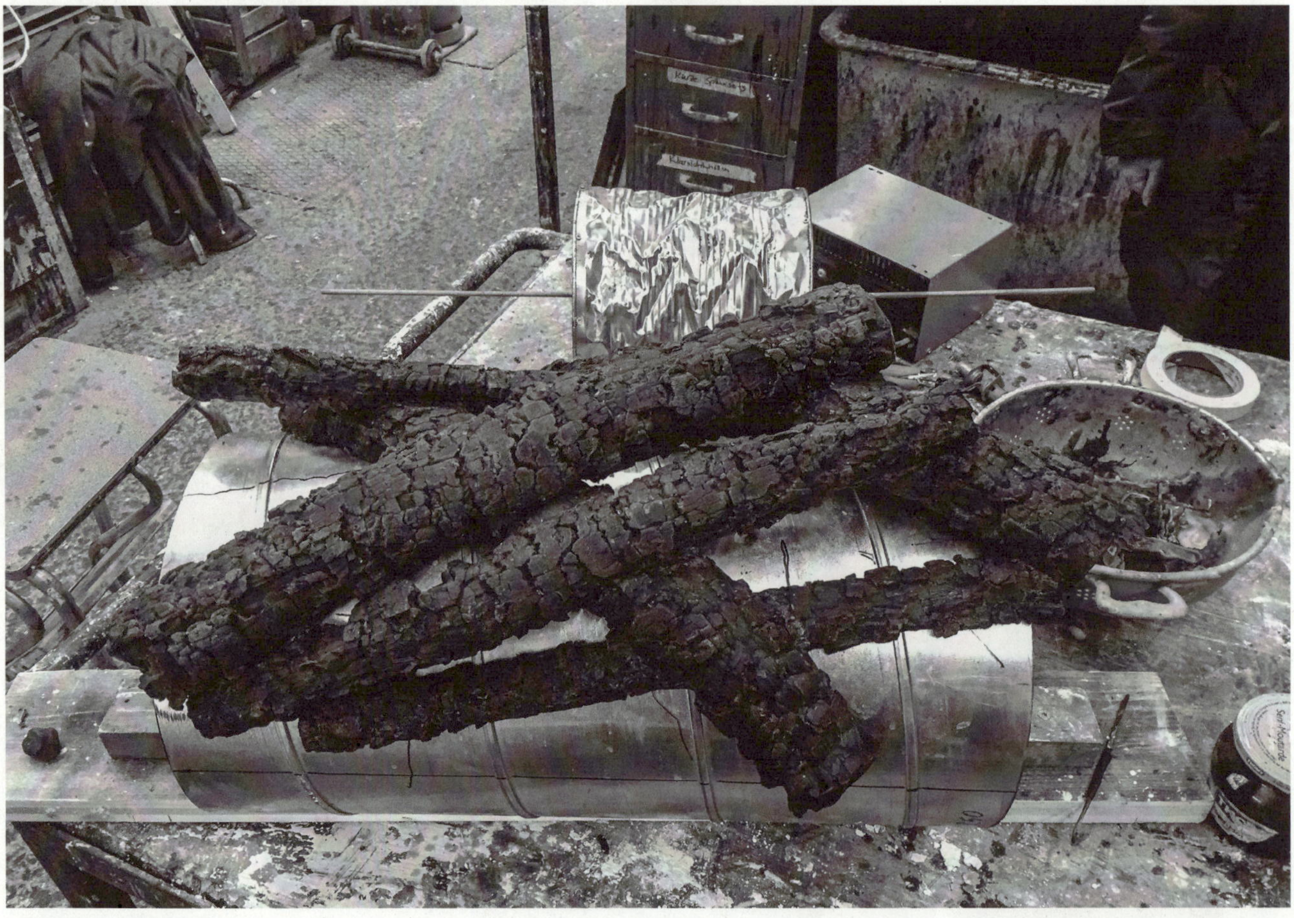

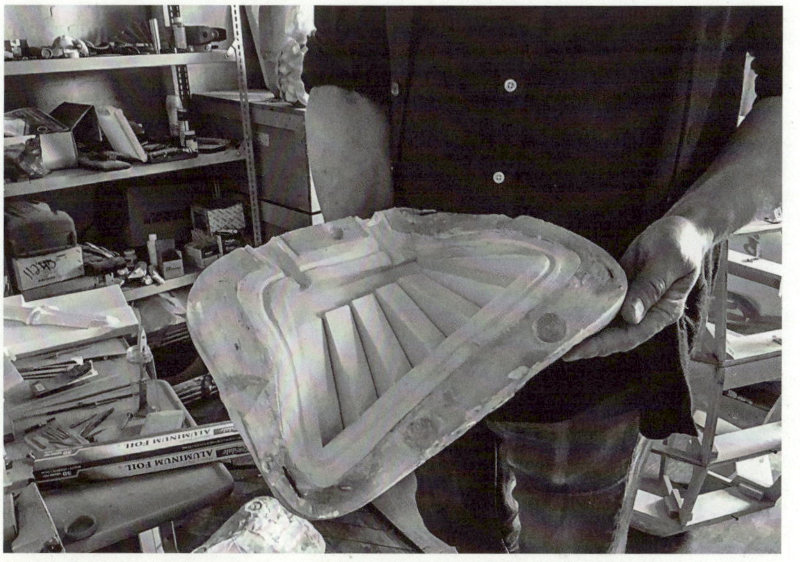

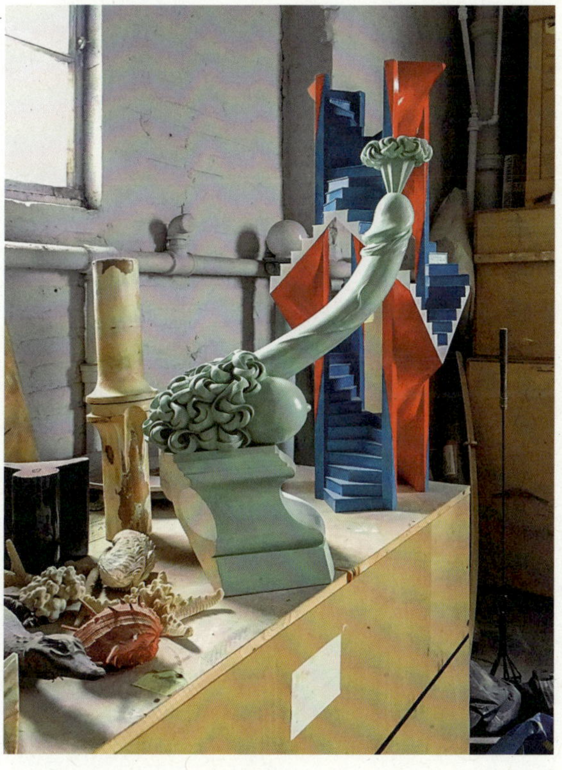

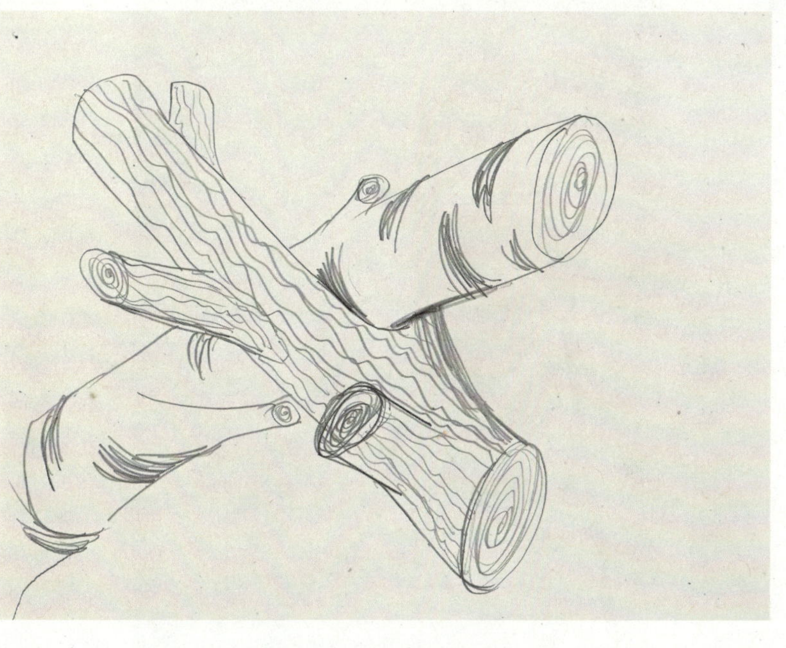

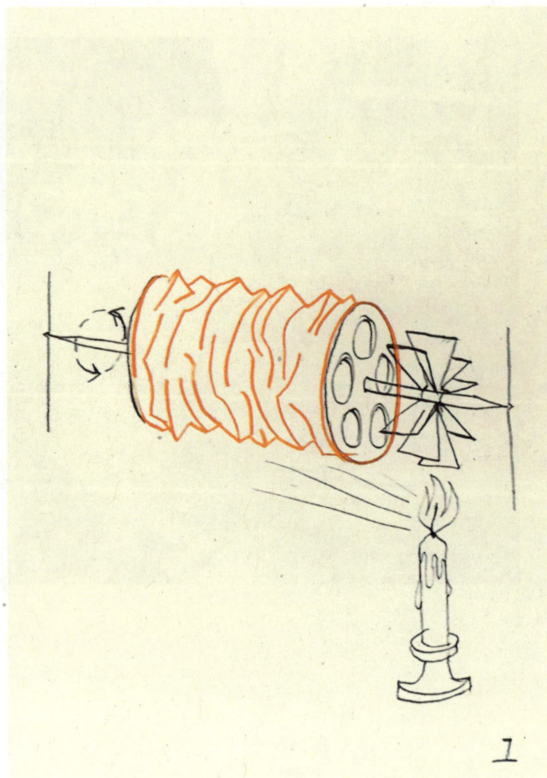

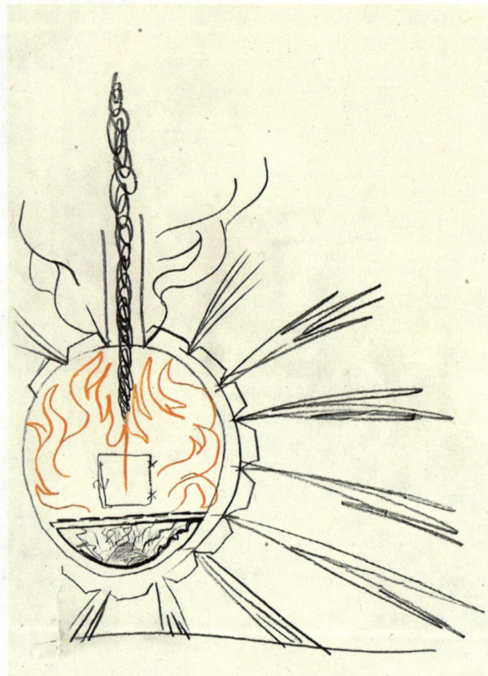

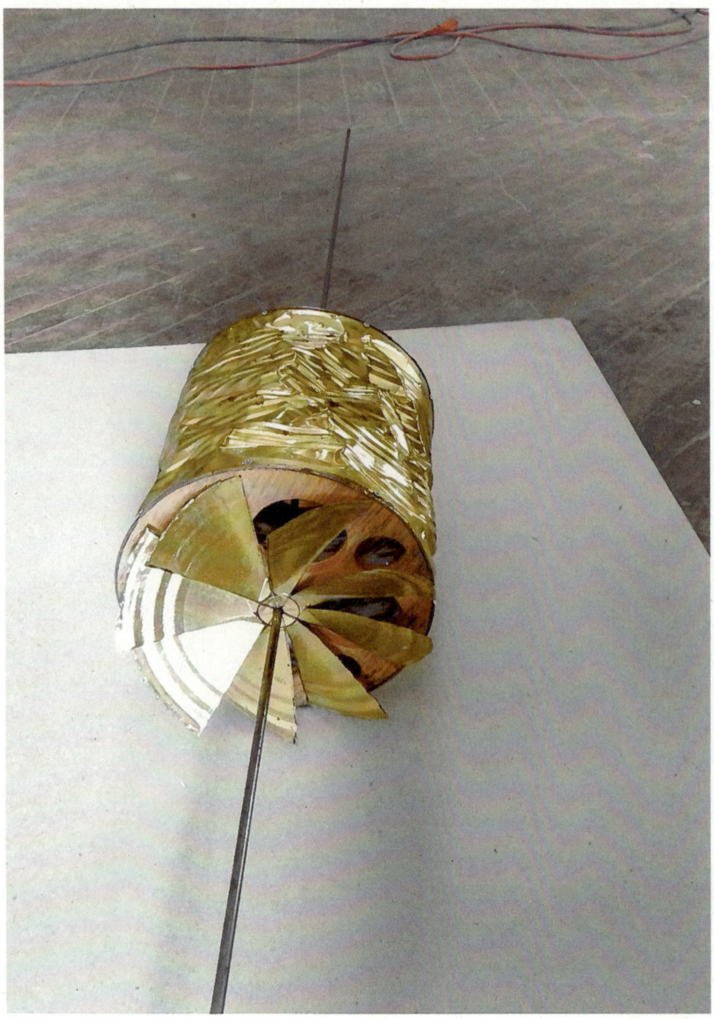

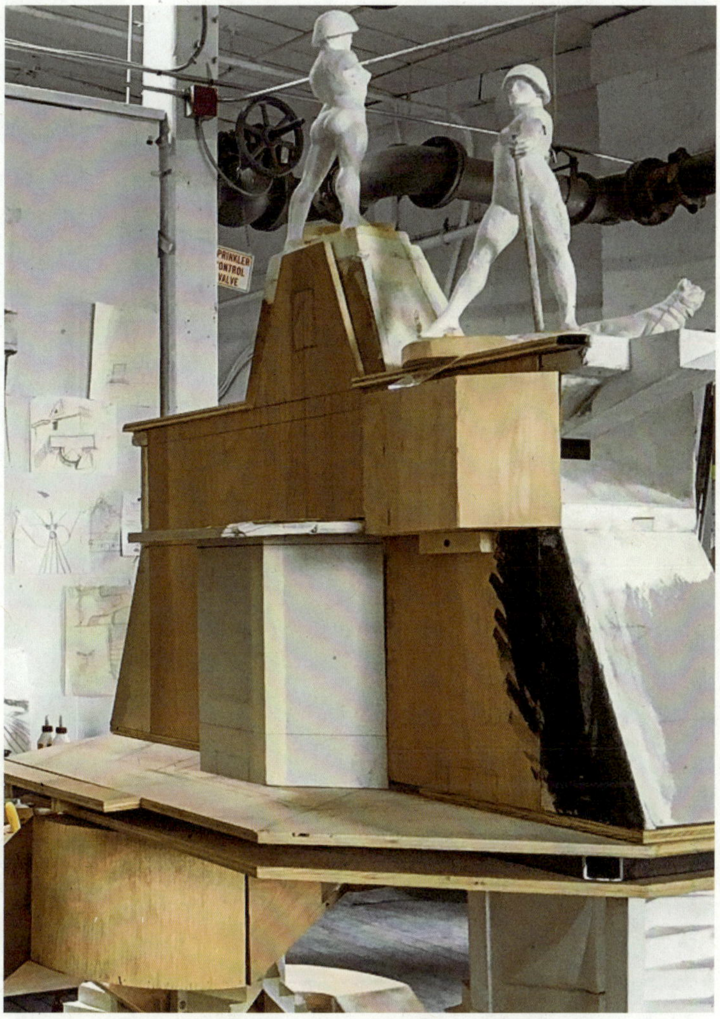

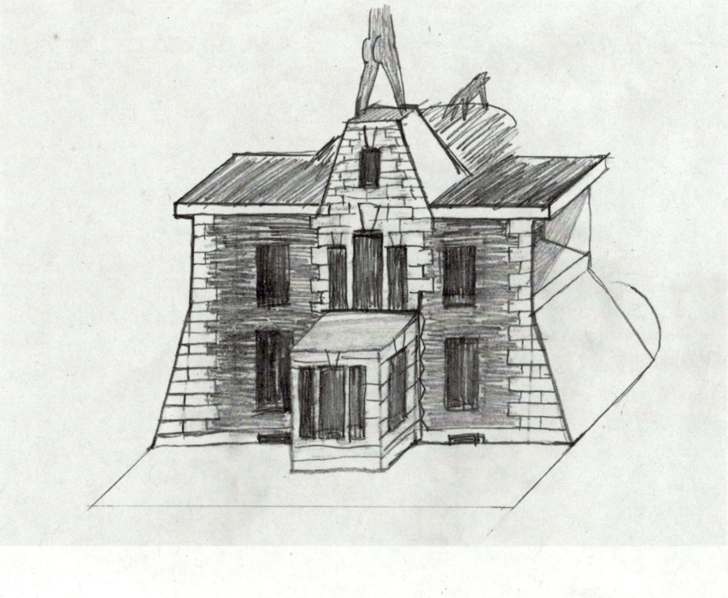

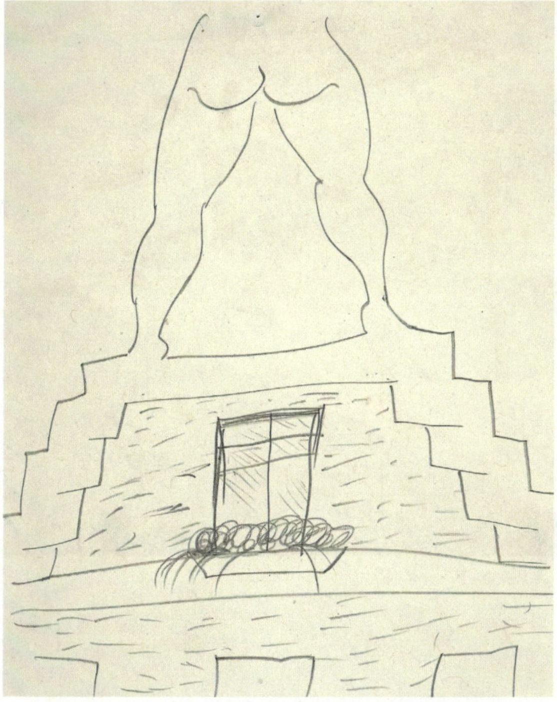

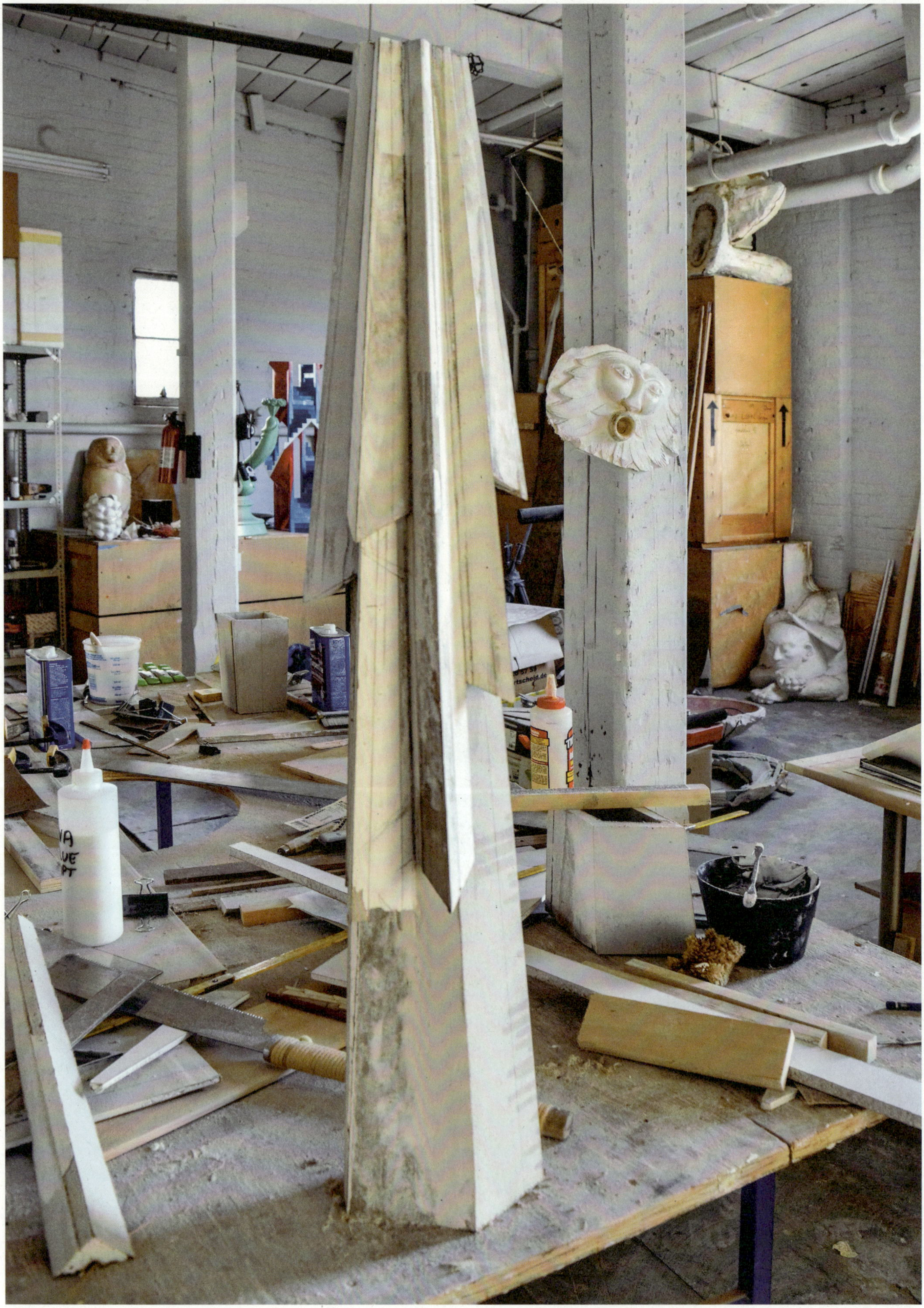

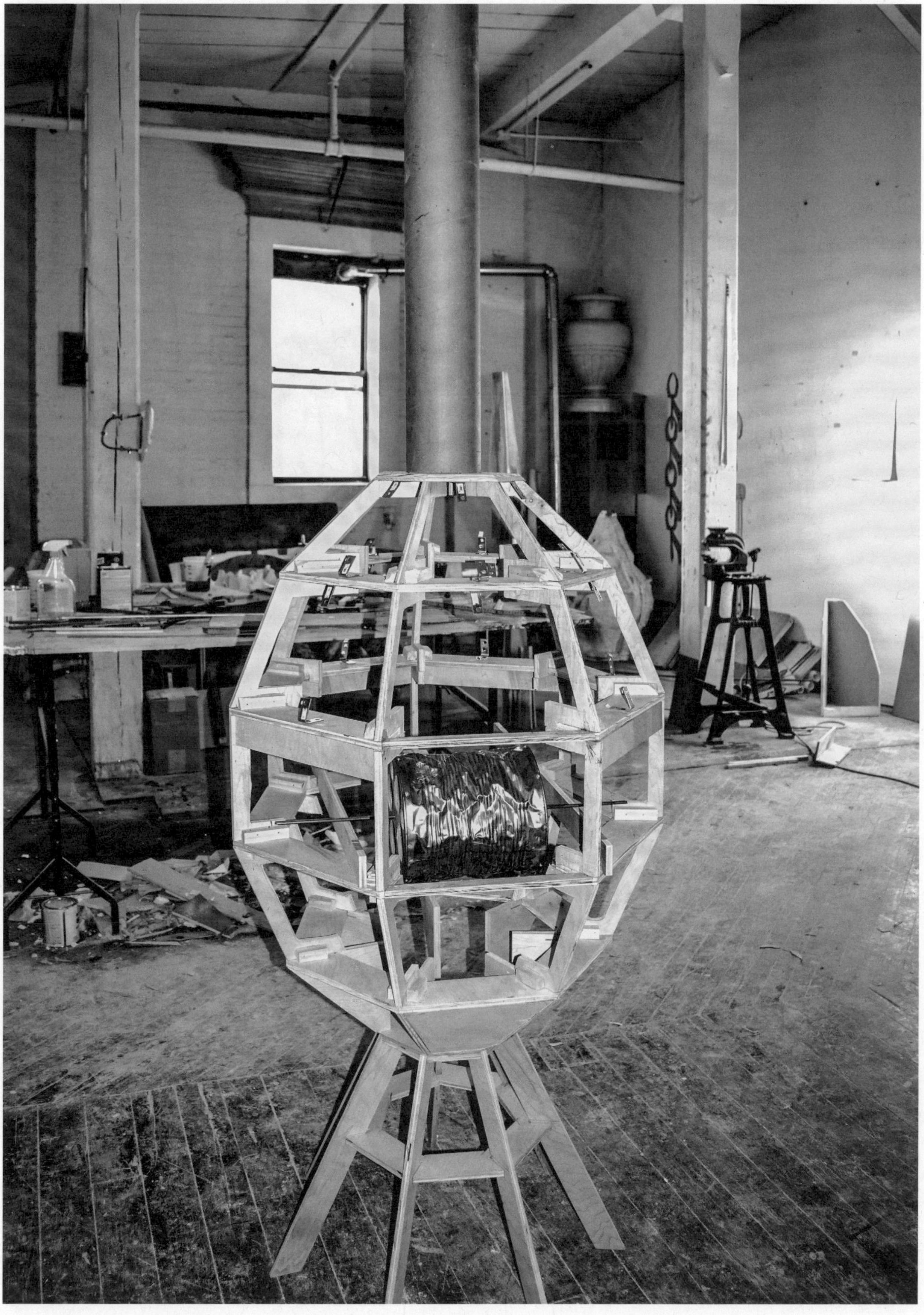

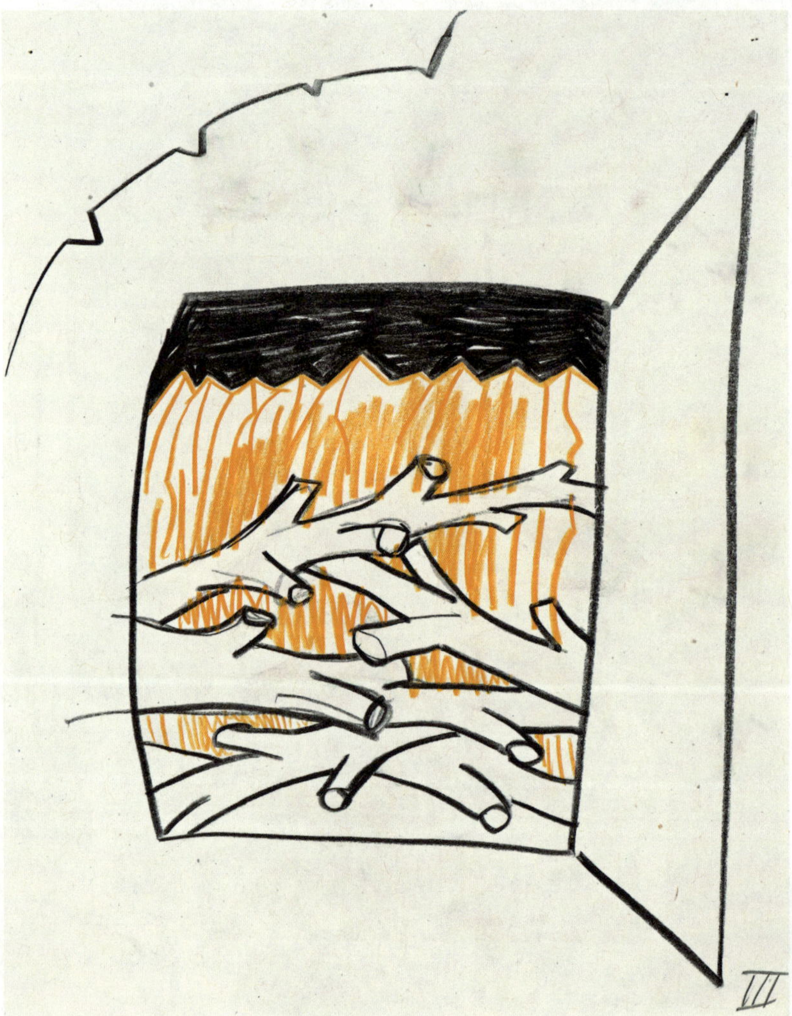

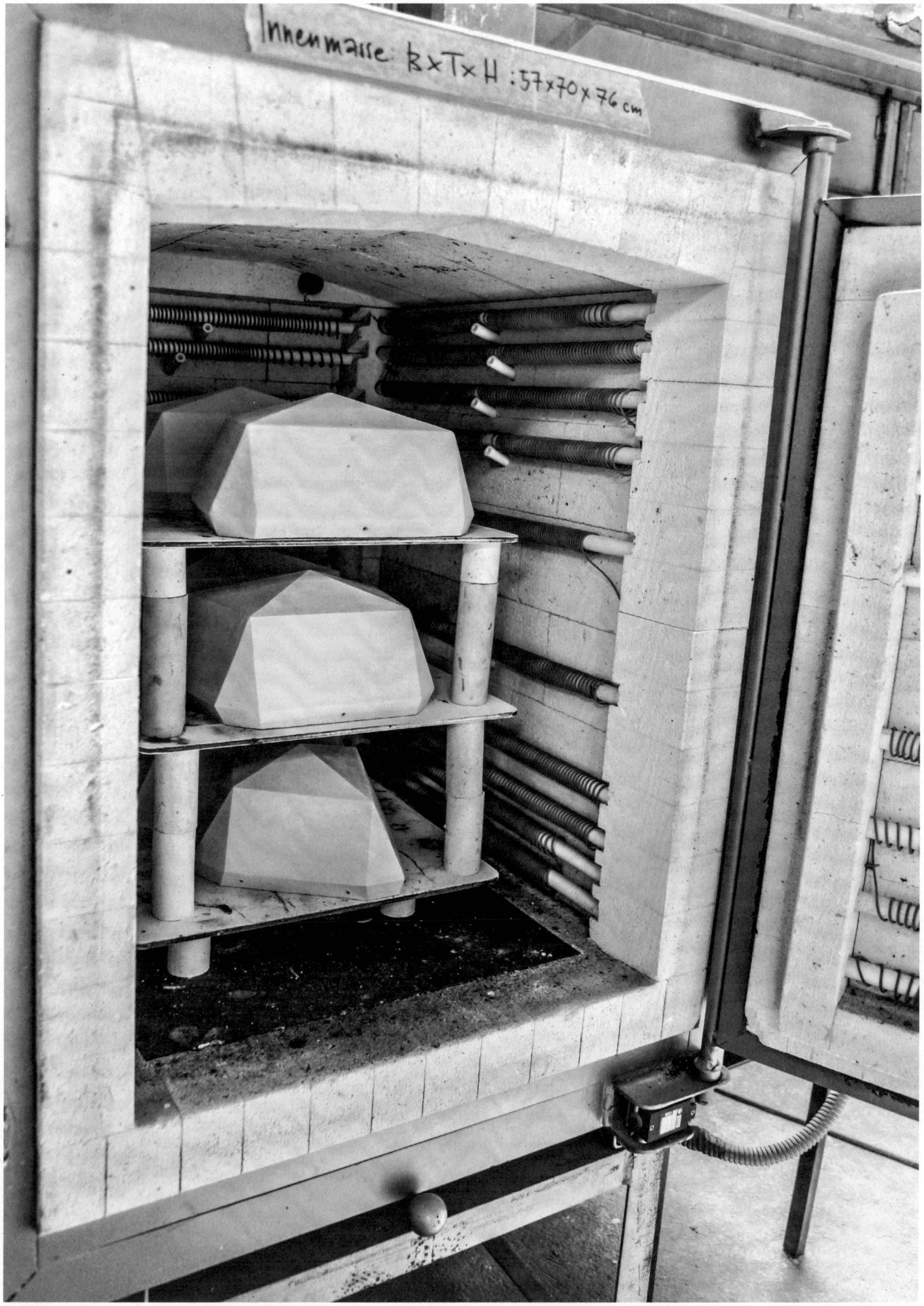
Innenmasse: B×T×H : 57×70×76 cm

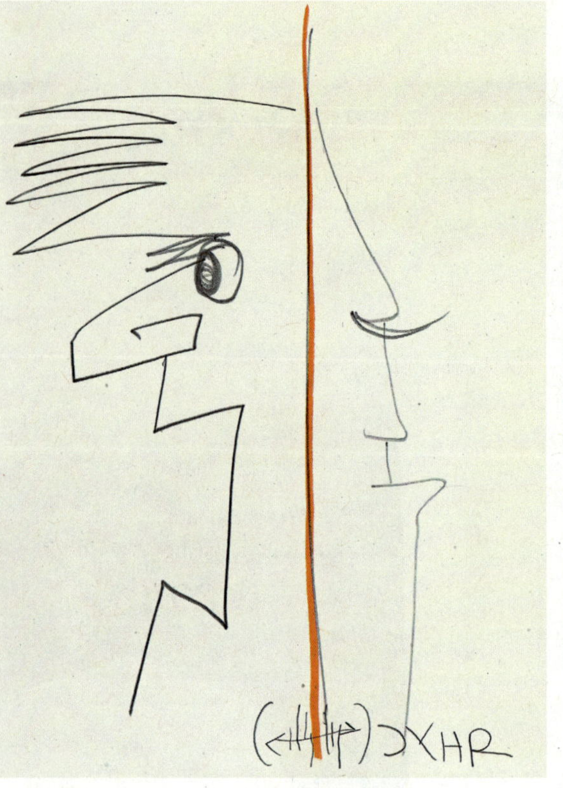

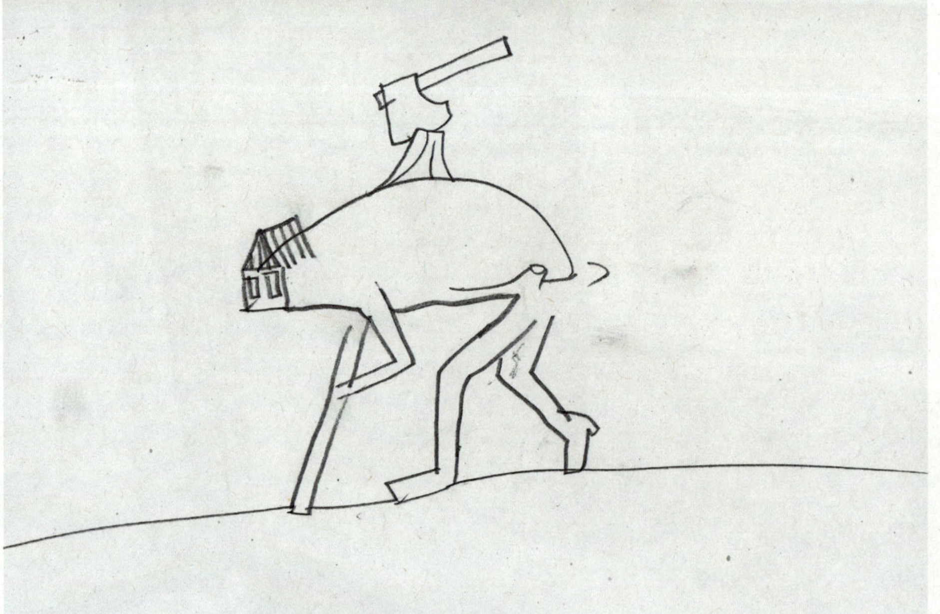

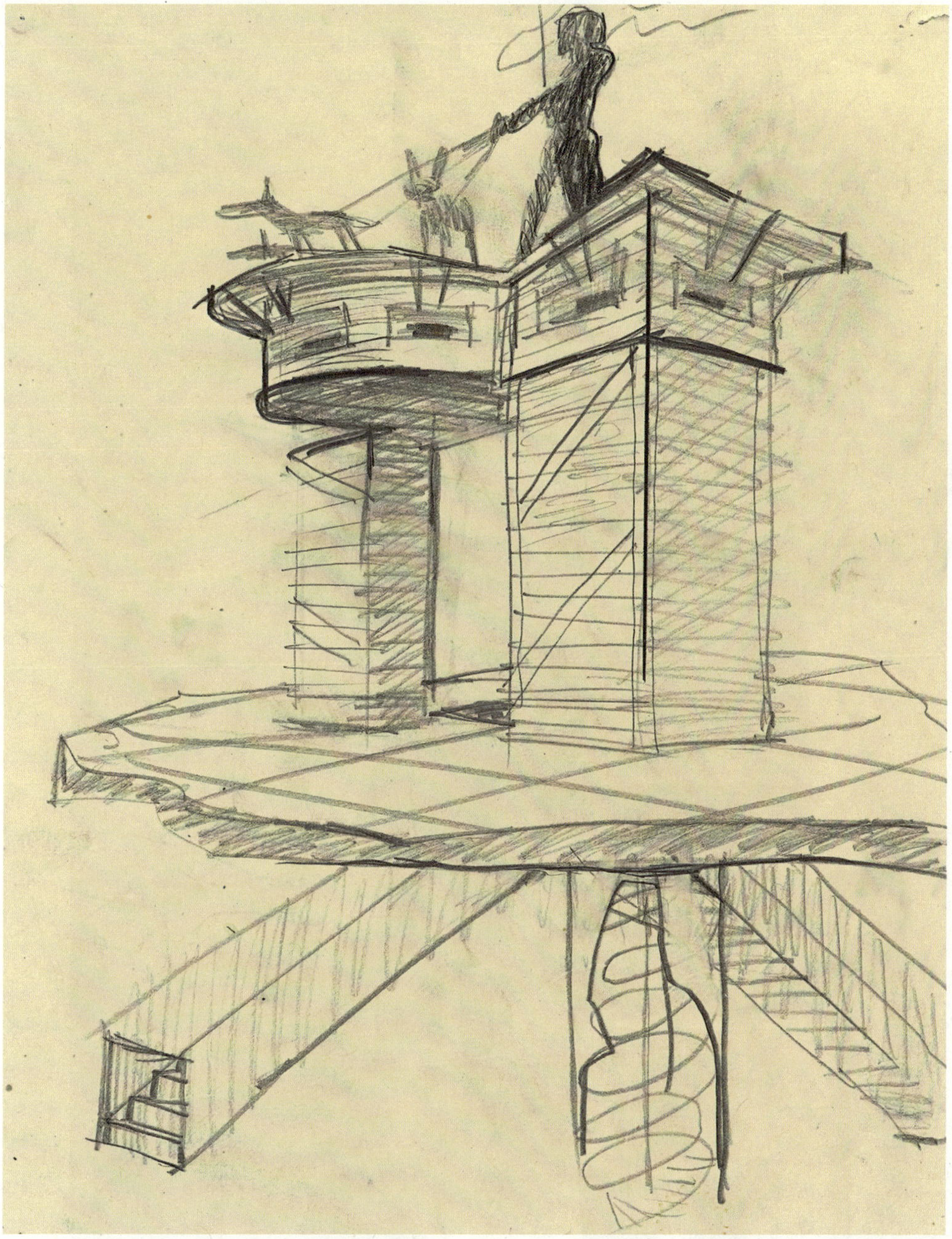

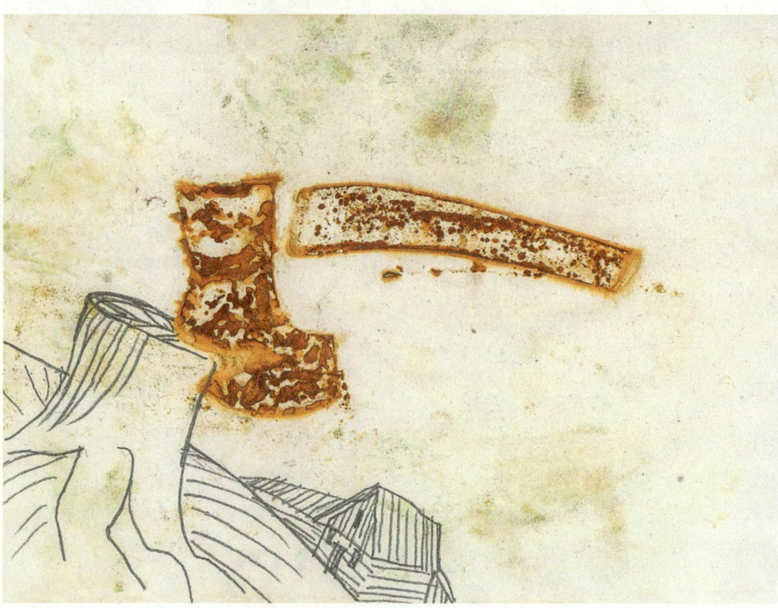

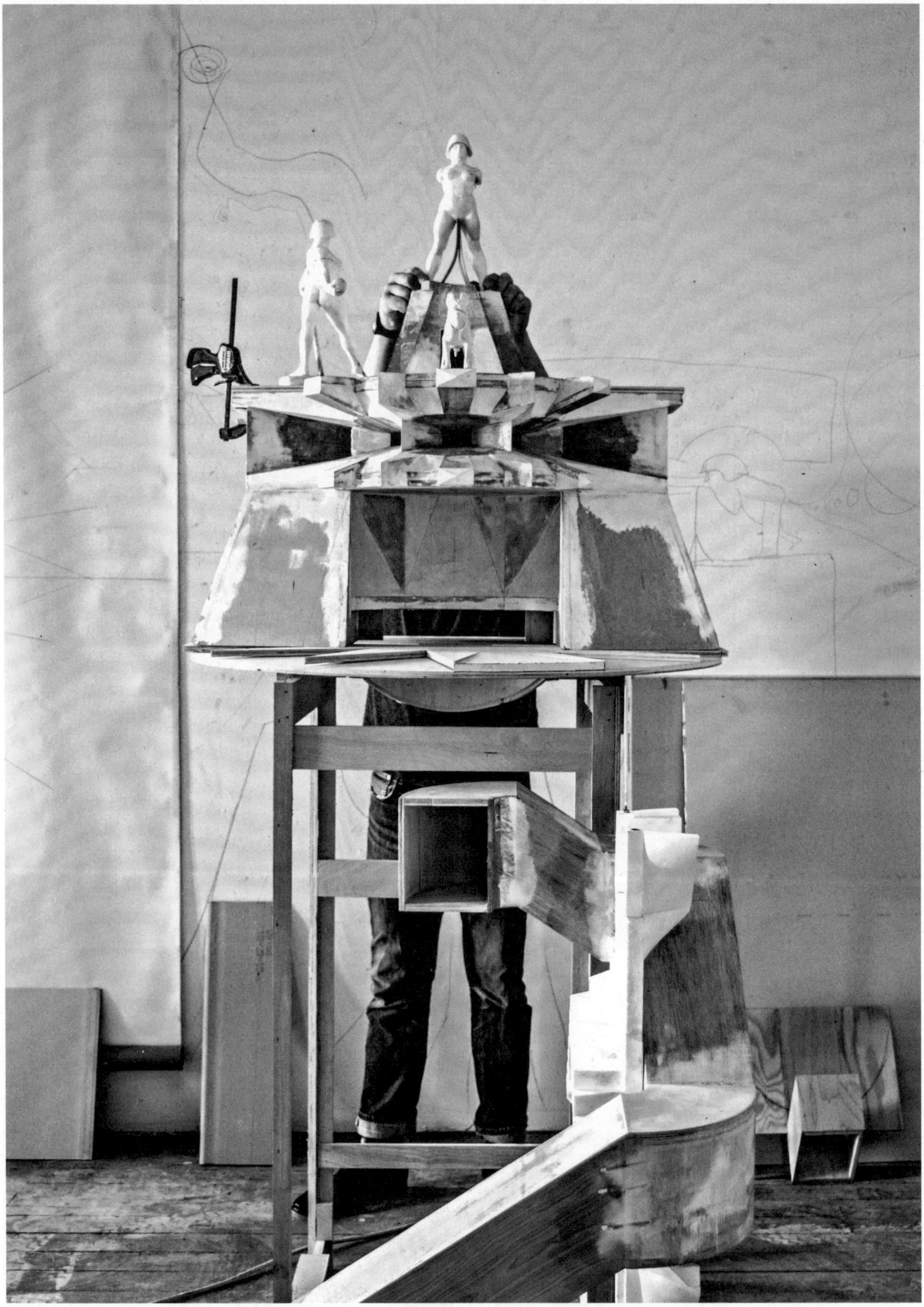

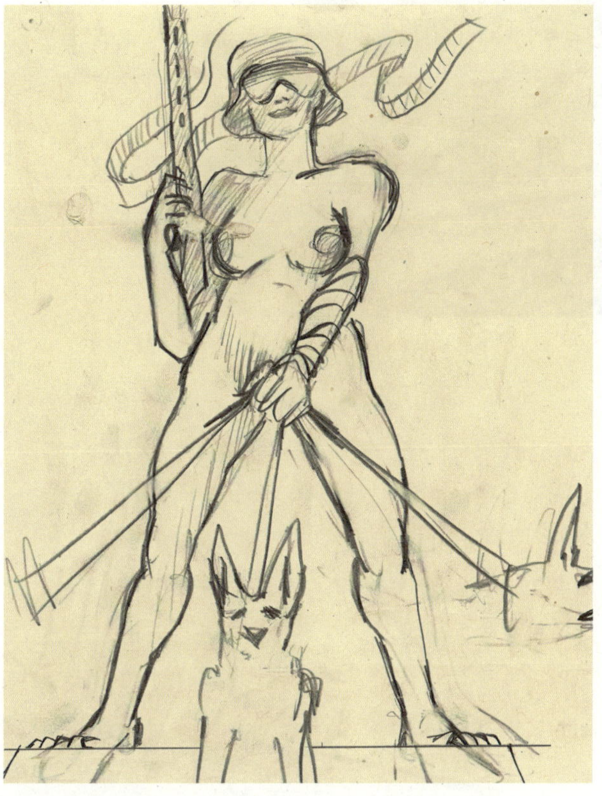

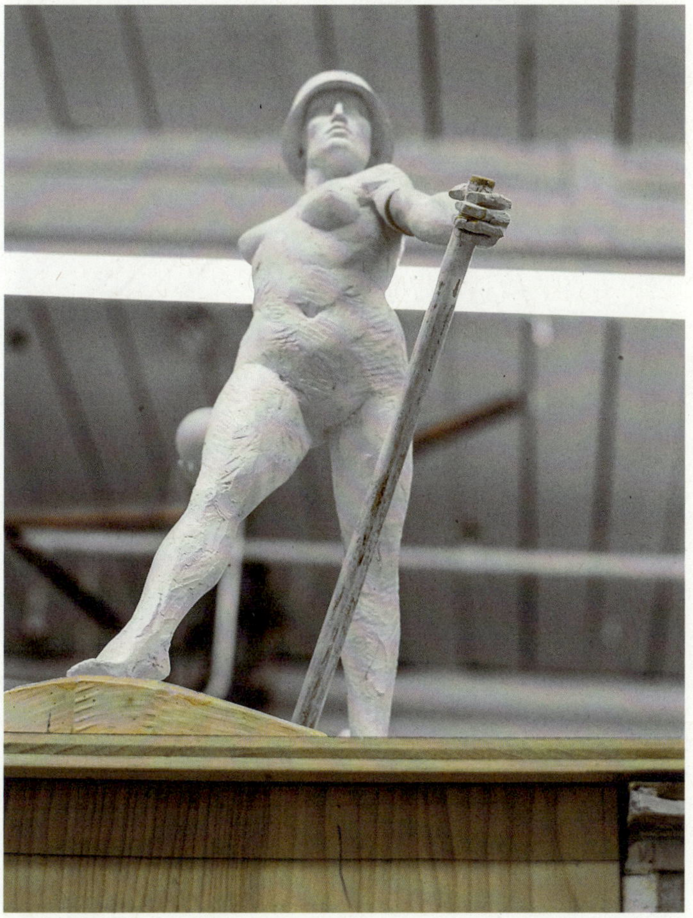

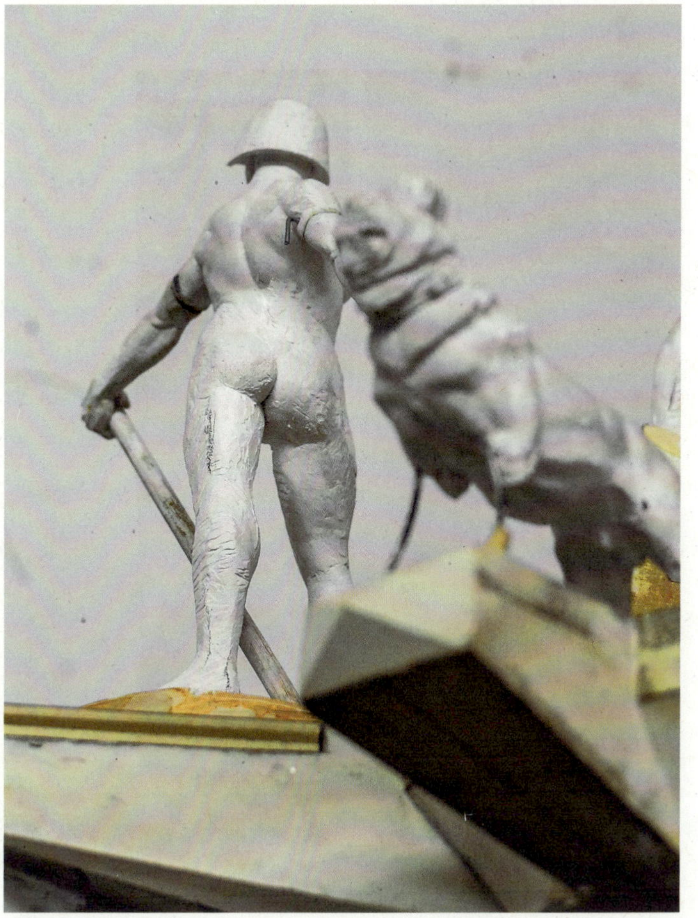

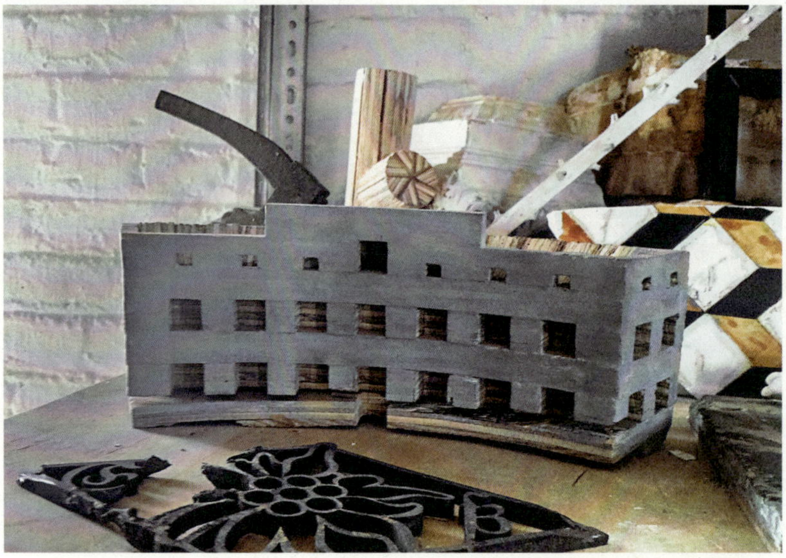

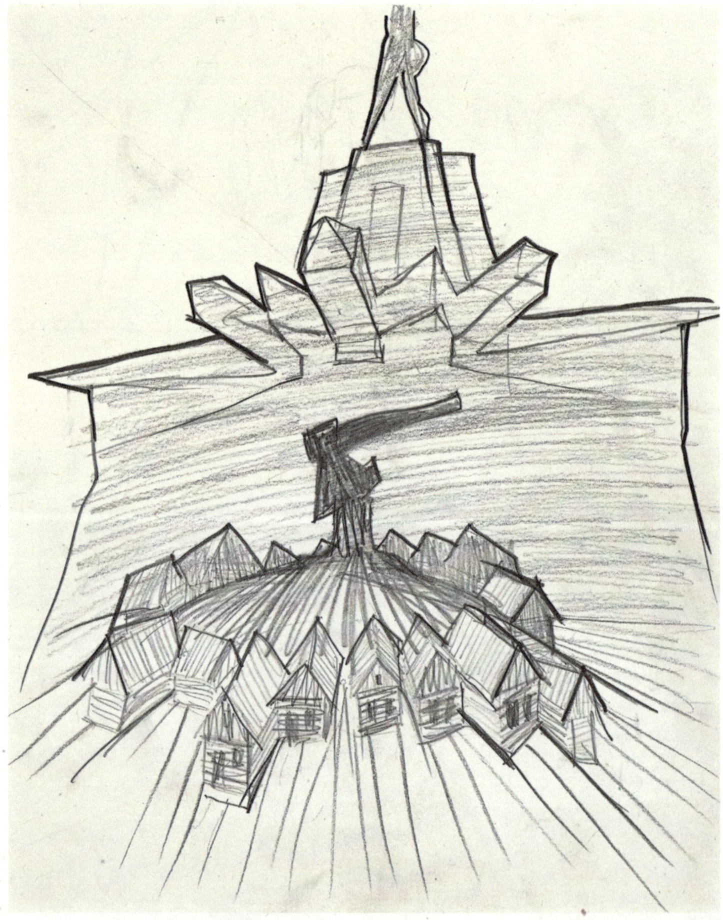

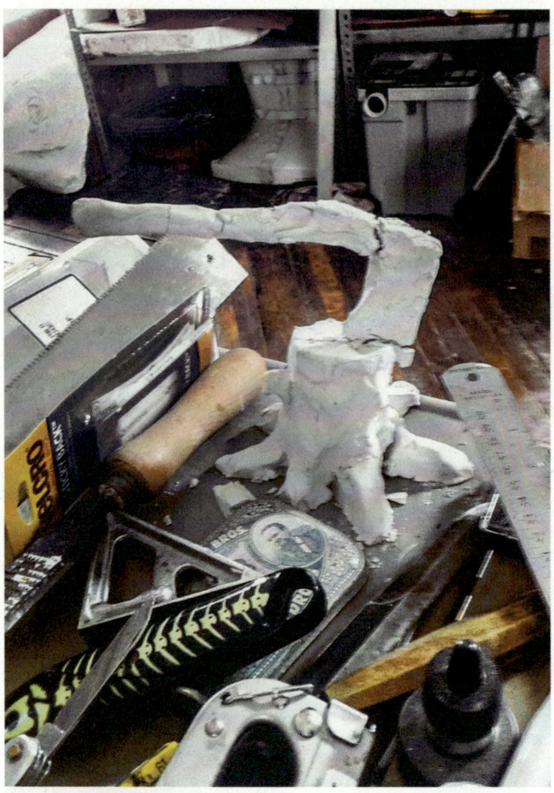

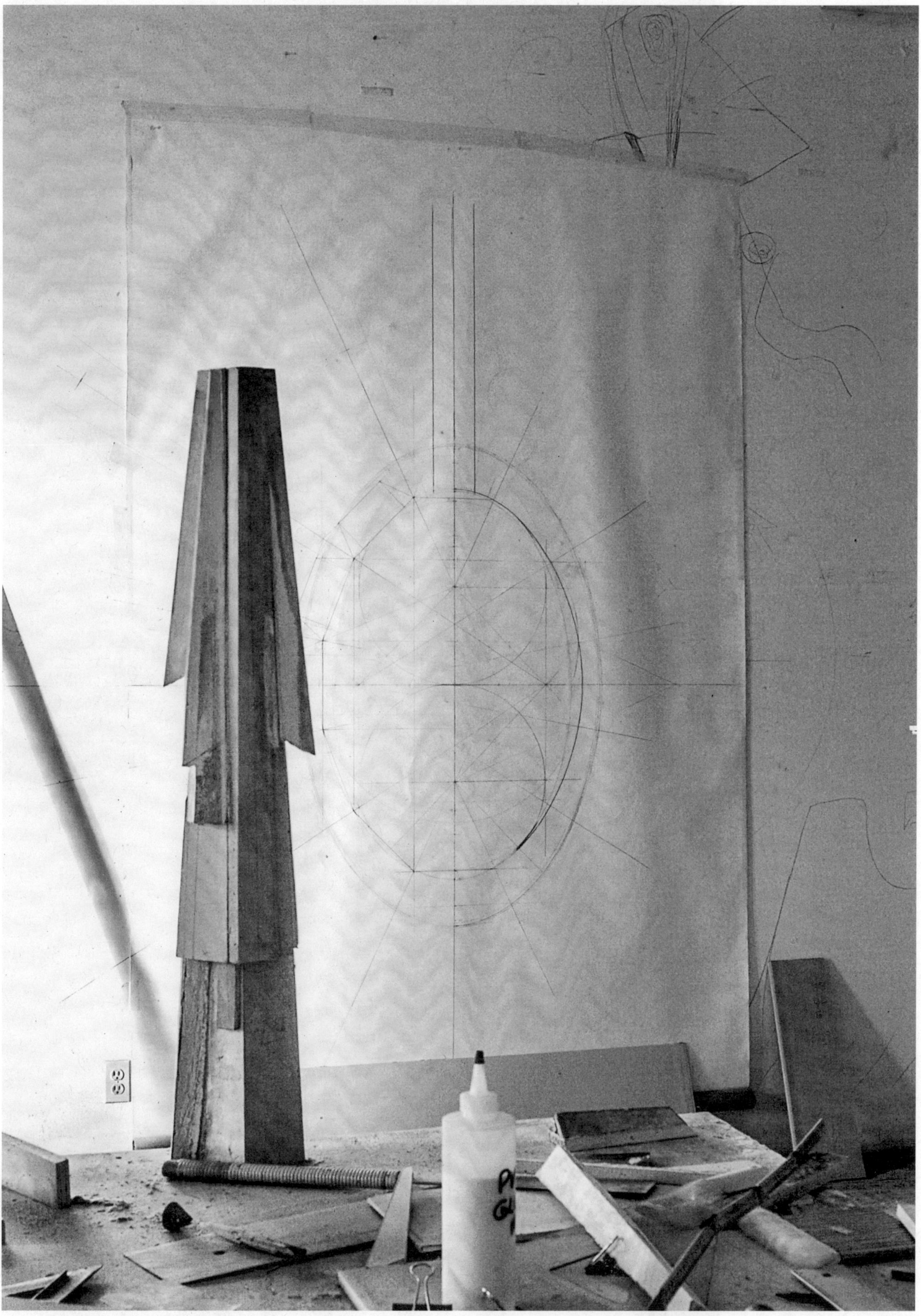

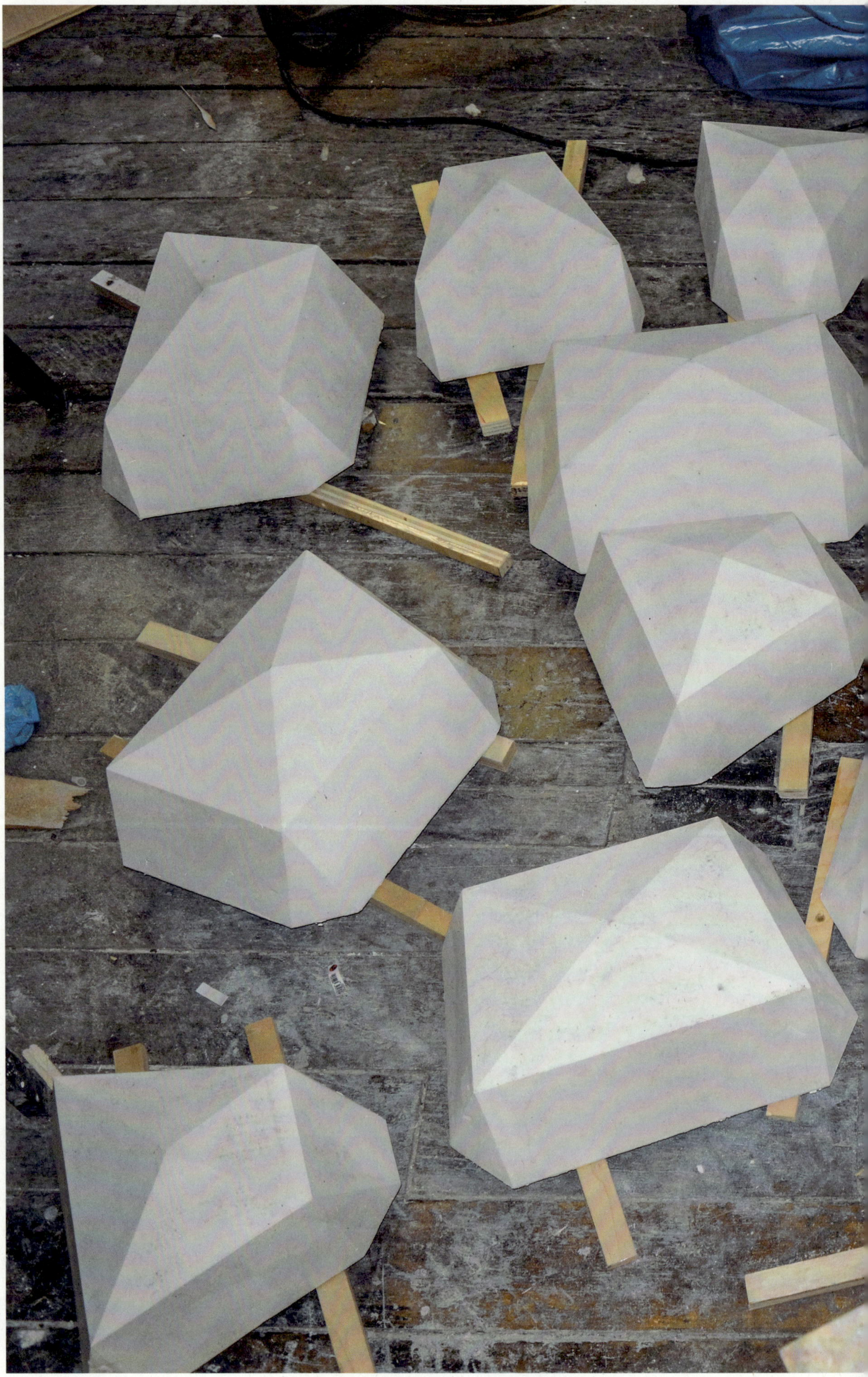

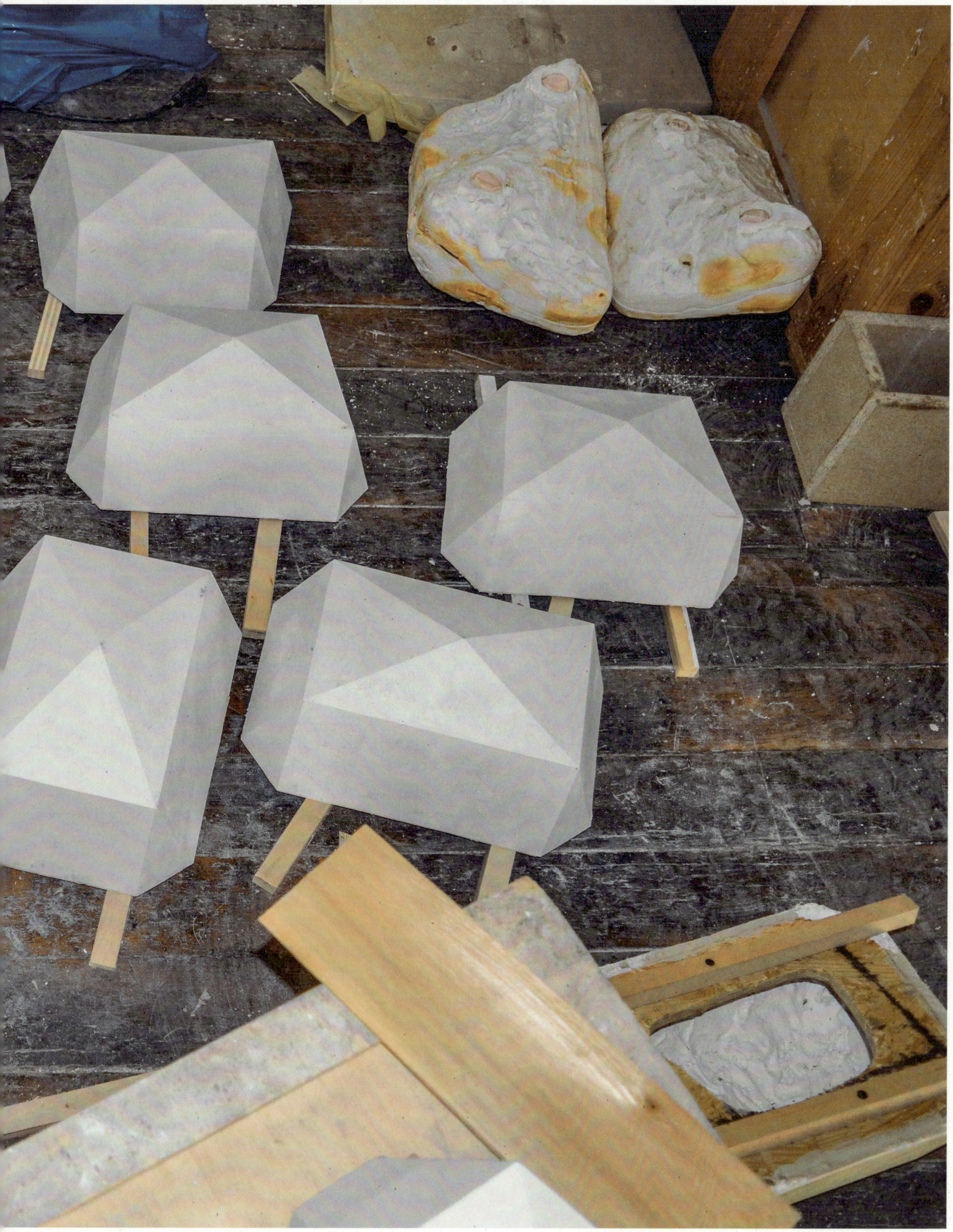

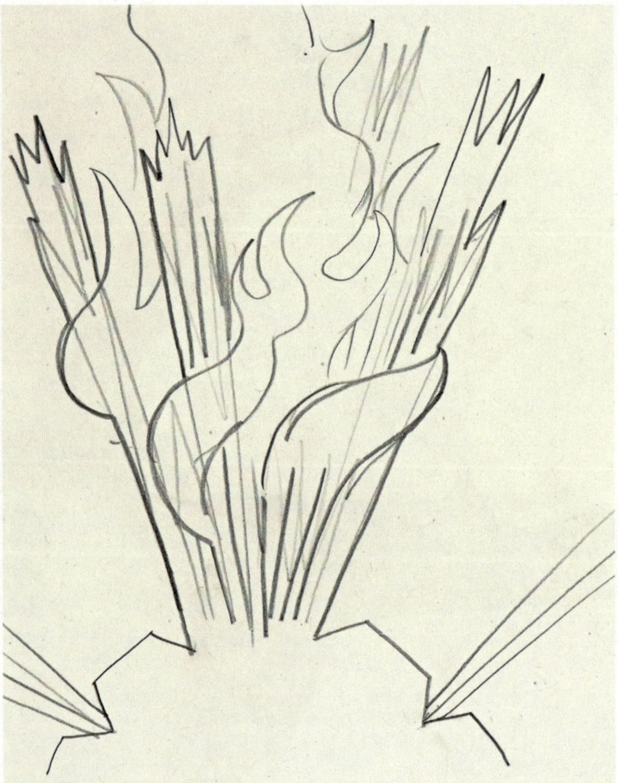

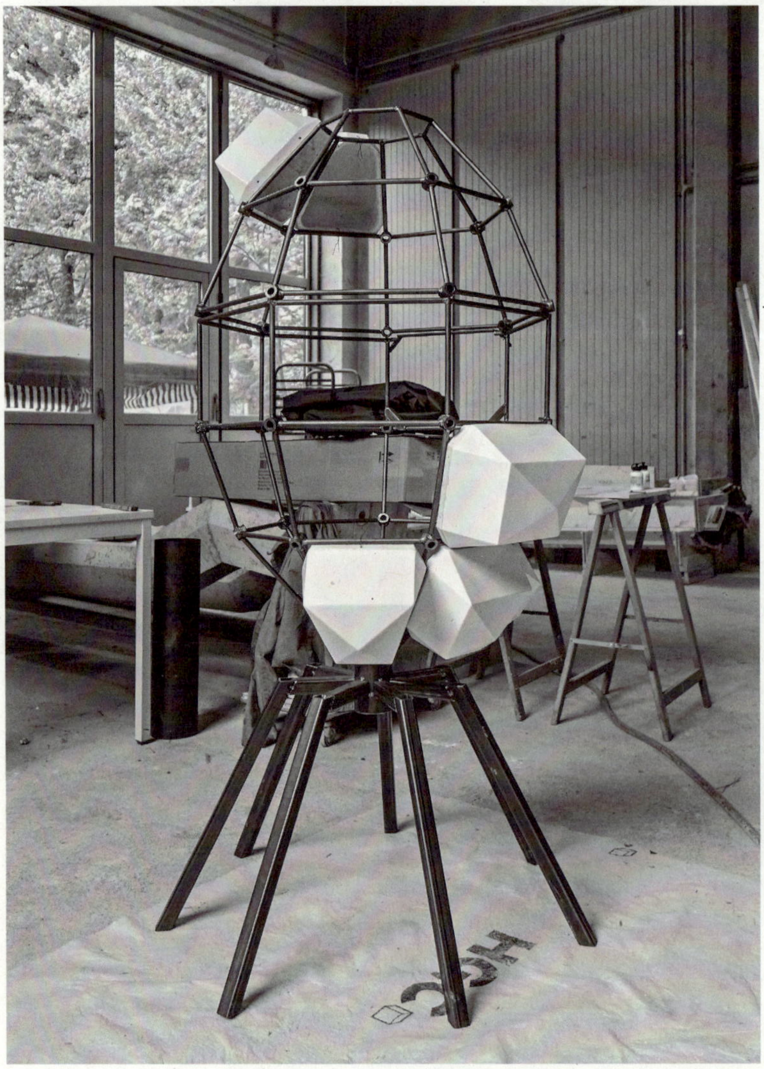

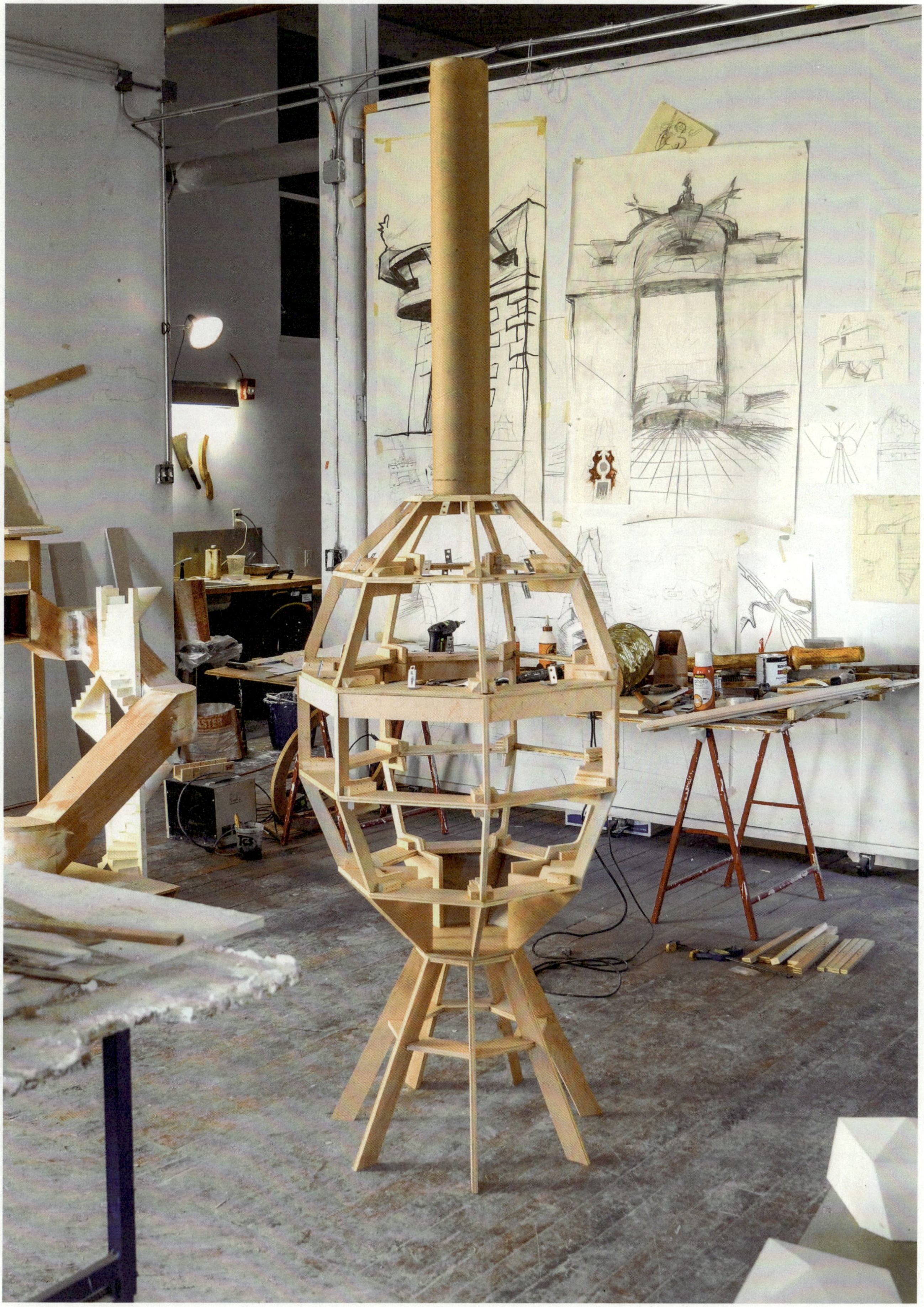

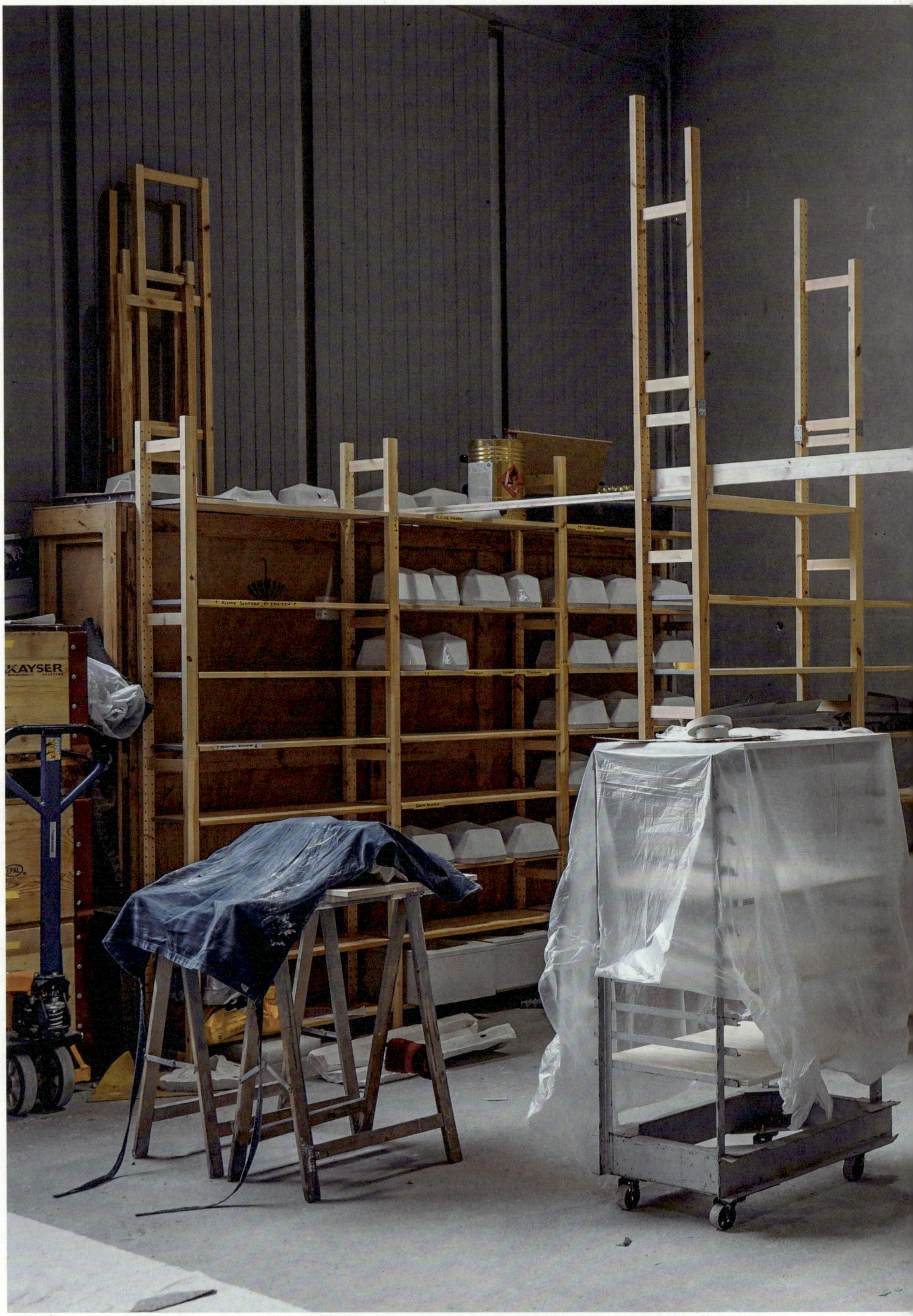
KAYSER

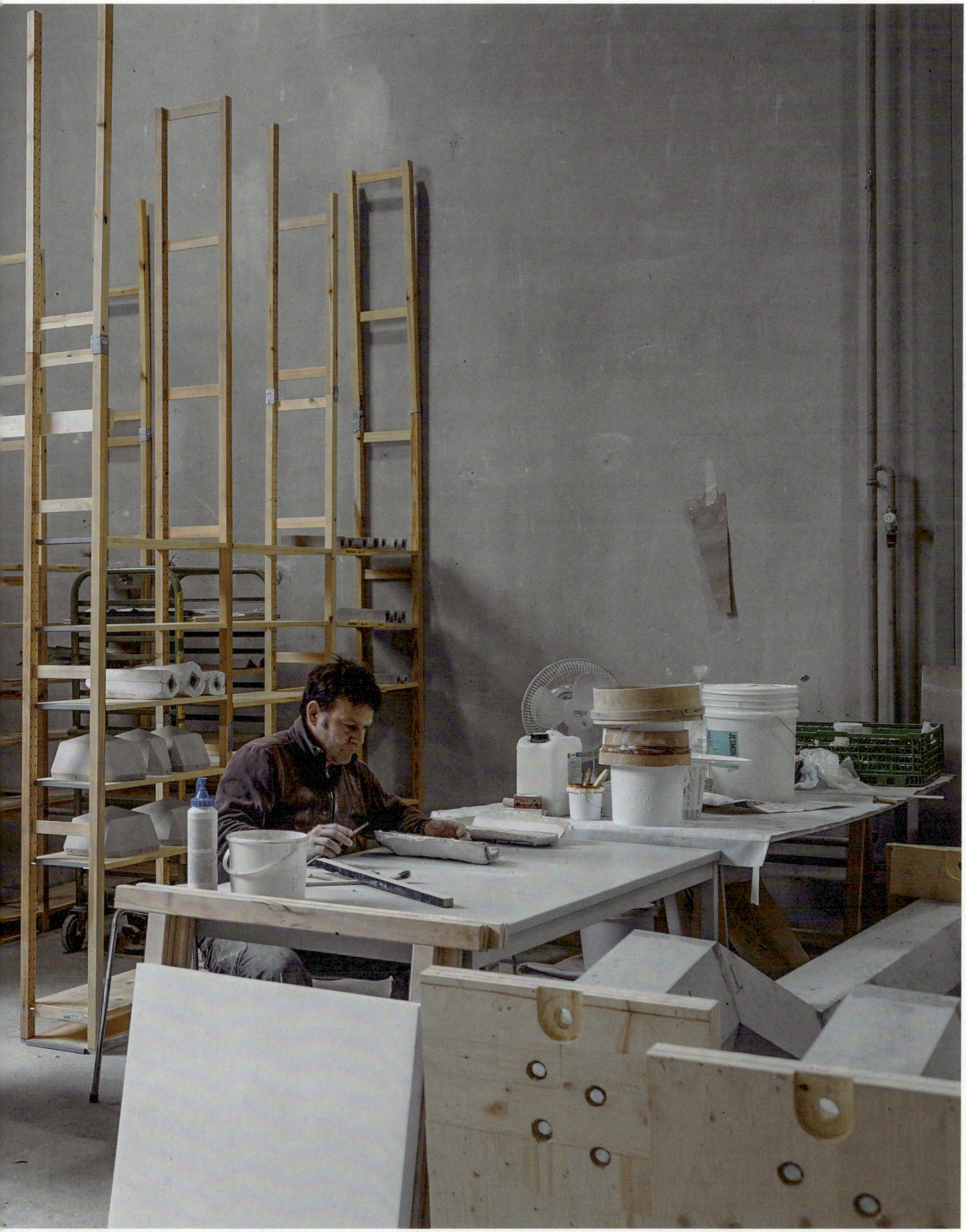

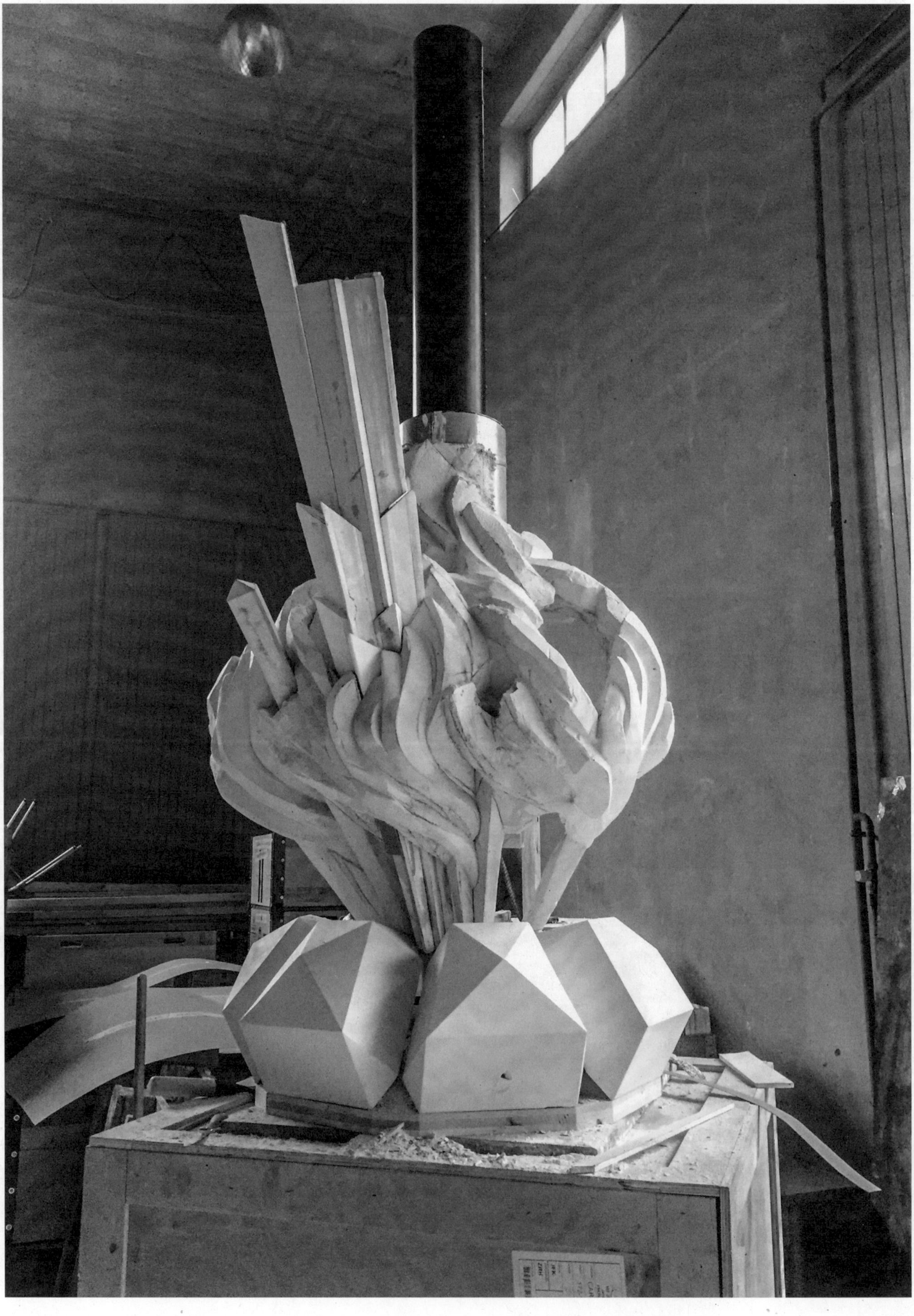

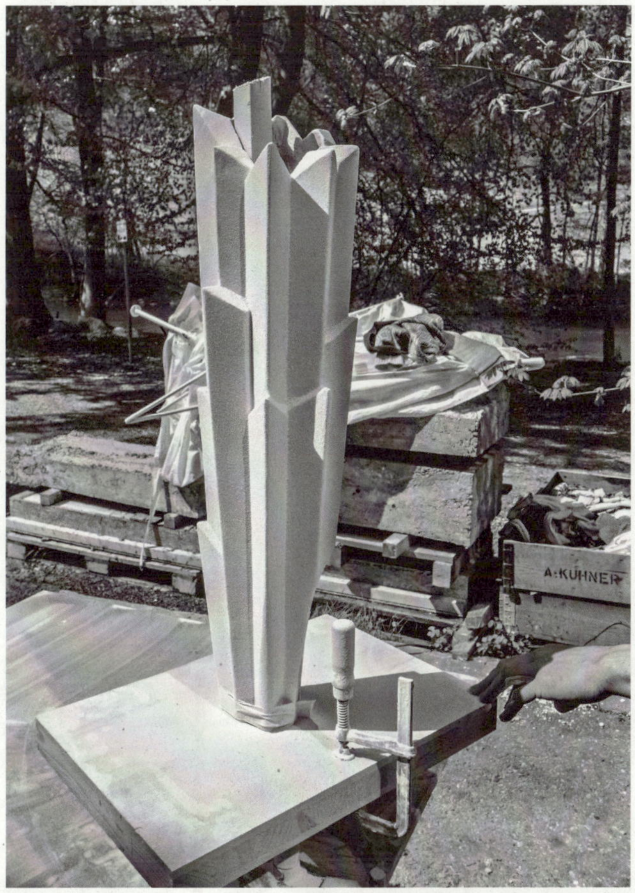
A.KUHNER

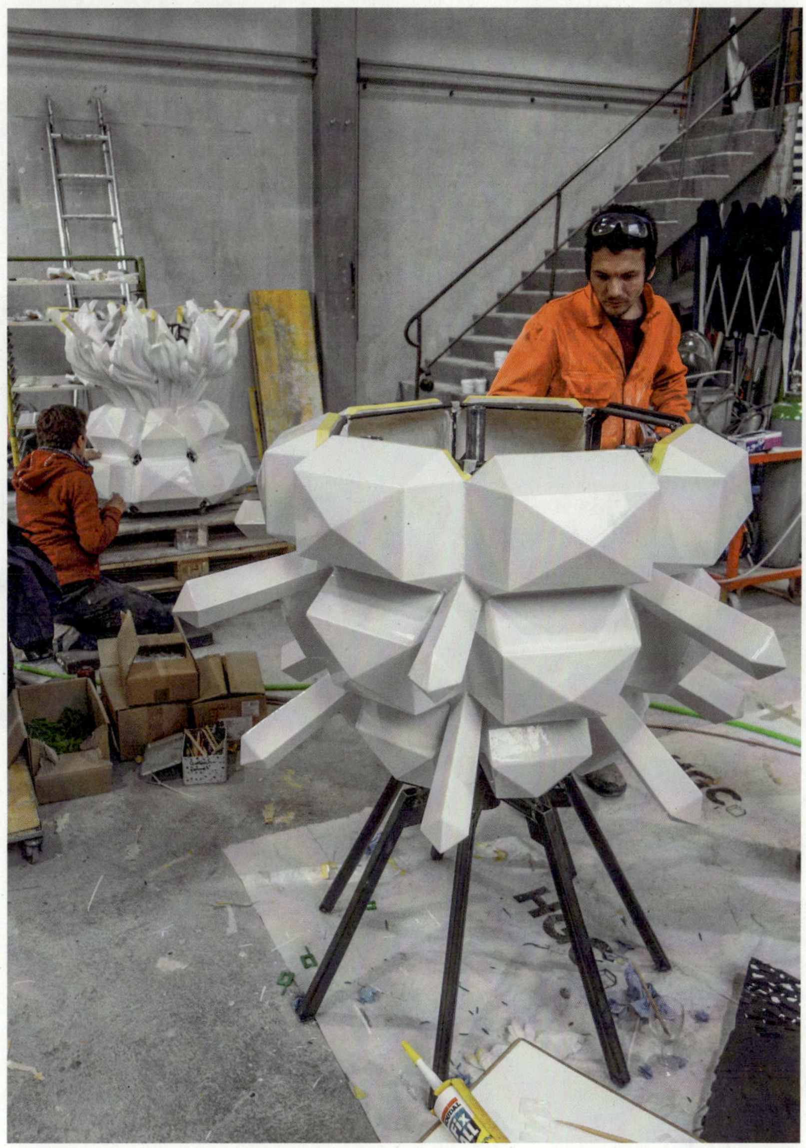

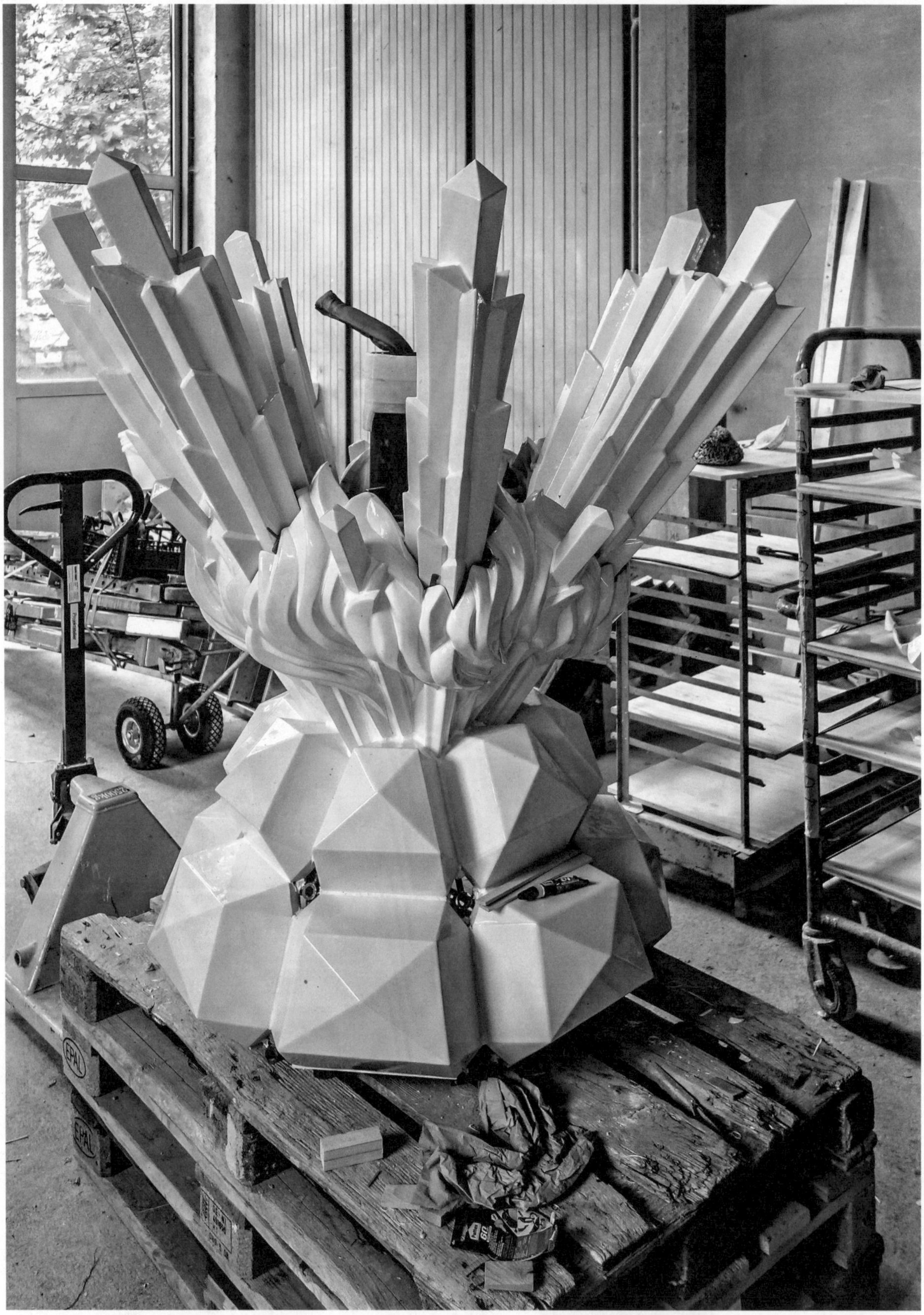

Michael Rooks

Zita – Щара
«… ein breiter und mächtiger Strom, der mit der ganzen Erhabenheit des Schicksals dahinfliesst.»
"… a broad and mighty river flowing onward with all the majesty of Fate."

«... ein breiter und mächtiger Strom, der mit der ganzen Erhabenheit des Schicksals dahinfliesst.»

In diesen Worten von Nathan Haskell Dole aus dem Vorwort seiner 1889 erschienenen englischen Übersetzung von Leo Tolstois *Krieg und Frieden* (1869)[1] klingt bereits der Erste Weltkrieg an; er lag zwar noch ein Vierteljahrhundert entfernt, dennoch schwelten schon damals erste Frühformen dieses Konflikts in der besetzten Hauptstadt von Bosnien-Herzegowina. Und knapp 100 Jahre später sollten die Balkanstaaten in einem durch nationalistischen Eifer und ethnische Feindseligkeiten angeheizten Territorialkonflikt versinken, der den Gedanken an eine zyklische Wiederholung der Geschichte glaubhaft erscheinen liess.

Krieg ist die Matrix, auf der die epischen Narrative einer Zivilisation aufbauen; er ist die Ursache des Heldenkults und der Grund für die Errichtung zahlloser architektonischer und skulpturaler Denkmäler im Namen der Toten. Das Kriegsritual wird in historischen Reinszenierungen zelebriert und geprobt; es wird in Spielen – von Schach über Fussball bis hin zu *Call of Duty* – ausgelebt und widerspiegelt sich auch Tag für Tag in unserer masslosen umgangssprachlichen Verwendung martialischer Metaphern. Von Generation zu Generation lassen sich die Muster der Kriegskausalität verfolgen, dennoch lassen diese Echos aus der Vergangenheit die katastrophalen Folgen, die sie zu prophezeien scheinen, immer wieder zu. Das macht den Bedeutungsgewinn aus den Lektionen der Geschichte zu einem sowohl pädagogischen als auch ontologischen Problem.[2] Und so fragen wir uns, ob die Geschichte vom Schicksal dazu bestimmt ist, die blutigen Kämpfe auf der Weltbühne immer und immer wieder *ad absurdum* durchzuspielen.

Die Installation *Zita – Щара* bietet Raum zum Nachdenken über die Frage des nie endenden Krieges und tut dies in Gestalt eines «Kammerstücks» in der Schauspieltradition August Strindbergs. Das skulpturale Drama entfaltet sich in drei Akten, aufgeführt von einem kleinen Ensemble aus Objekten, die als Vermittler zwischen Vergangenheit und Gegenwart fungieren. Im Raum-Zeit-Teleskop der Raumabfolge im Schaulager sind sie von Kriegsanzeichen umgeben – ein konstanter thematischer Sog in dieser Präsentation, der tatsächlich wie ein mächtiger Strom durch die Zeit zieht.[3]

Zita und Щара verweisen auf die beiden unterschiedlichen Ausgangspunkte von Katharina Fritsch und Alexej Koschkarow. Die Namen stehen buchstäblich und im übertragenen Sinn für Verwandtschaftsbeziehungen zur Zeit des Ersten Weltkriegs: Zita von Bourbon-Parma war aufgrund ihrer Heirat mit Kaiser Karl von Österreich die letzte Kaiserin von Österreich-Ungarn; der Fluss Щара (Schtschara) in Weissrussland, der in die Memel mündet, war eine militärische Verteidigungslinie, an der Koschkarows Urgrossvater im Ersten Weltkrieg verwundet wurde.

Diese ebenso persönlichen wie historischen Ausgangspunkte bilden das narrative Grundgerüst der Inszenierung, in der sich die Künstler in imagistischen freien Versen artikulieren und dabei mit zahlreichen Kadenzen und vielschichtigen Verweisen arbeiten, die den Werken erlauben, sich vom Assoziativen ins Ikonografische und wieder zurück zu wenden. Das Zusammenspiel im Wechsel zwischen essenziellen, vereinheitlichten und atektonischen barocken Formen, zwischen Fritschs ans Immaterielle grenzenden, zeitlosen, farbgesättigten Oberflächen und der Körperlichkeit von Koschkarows architektonischem Personal zeichnet sich durch überraschende Gegensätze im emotionalen Ausdruck aus. Diese Wirkung wird zusätzlich verstärkt durch Massstabsverschiebungen, den Wechsel zwischen Bewegung und Stillstand und durch die assoziativen Bezüge zwischen Bild und Form.

Die Werke der Künstler begegnen sich im zentralen Raum, wo Fritschs *Puppen*, eine Dreiergruppe lebensgrosser Frauengestalten, auf Koschkarows *Kalter Ofen* treffen, eine Keramikskulptur in der Form einer riesigen Handgranate. Wie eine architektonische Fantasie übersteigt das Werk sein dekoratives Erscheinungsbild, um eine tiefere moralische Konsequenz zu erlangen. Seine dynamische, futuristische Aufmachung erinnert an die schwebenden Formen modernistischer Meisterwerke, etwa des Philips-Pavillons von Le Corbusier und Iannis Xenakis für die Brüsseler Weltausstellung 1958, die unter dem Motto «Entre utopie et réalité» (Zwischen Utopie und Wirklichkeit) stand. Koschkarows Skulptur ist jedoch klar auf der Seite der gewalttätigen Wirklichkeit angesiedelt und persifliert die humanistischen Ideale des Philips-Pavillons, in dem seinerzeit in einer poetischen Demonstration globaler Brüderlichkeit Bilder von Kulturen aus aller Welt an die Wände projiziert wurden. Sie zeigt eine engere Verwandtschaft mit den schmucklosen Militärdenkmälern der Sowjetzeit, etwa jenen, die Josip Broz Tito, «Präsident auf Lebenszeit» der Sozialistischen Föderativen Republik Jugoslawien, in Auftrag gab, um an den Widerstand zu erinnern und die Standorte ehemaliger Konzentrationslager im früheren Jugoslawien zu

1 Nathan Haskell Dole, Vorwort zu / Preface to Leo Tolstoi, *War and Peace*, New York: T. Y. Crowell & Co., 1889, S. / p. iv.

2 Siehe / See Christopher Clark, «Echoes of 1914: are today's conflicts a case of history repeating itself?», in: *The Guardian*, 16.1.2014, http://www.theguardian.com/world/2014/jan/15/1914-conflicts-history-repeating-first-world-war

3 Antonio Monegal und / and Francesc Torres, *At War*, Ausst.-Kat. / exh. cat. Centre de Cultura Contemporània de Barcelona, Barcelona, 2004, S. / p. 30.

"... a broad and mighty river flowing onward with all the majesty of Fate."

Words by Nathan Haskell Dole in the preface to his 1889 translation of Leo Tolstoy's *War and Peace* (1869)[1] portend the Great War, which was a quarter century ahead of him but whose incipient morphology was, even then, seething within the occupied capital of Bosnia-Herzegovina. Nearly one hundred years later, the Balkan states descended into territorial conflict fueled by nationalist fervor and ethnic antagonism lending credence to the idea of history's cyclical recurrence.

War is the matrix upon which epic narratives of civilization are constructed, the cause that gives rise to hero cults, and is the reason for countless architectural and sculptural monuments erected in the name of the dead. The war ritual is celebrated and rehearsed in historical reenactments, played out in games from chess and football to *Call of Duty*, and is echoed by the daily hyperbolic use of martial metaphors in the vernacular. There are discernable patterns of war's causality from generation to generation, yet these echoes of the past never cease to permit the catastrophic outcomes they seem to foretell, making the production of meaning by way of history's lessons equally pedagogical and ontological.[2] And so we ask whether history is bound by fate to reenact bloody hostilities on the world stage over and again *ad absurdum*.

The installation *Zita – Щара* offers a space for rumination on the question of war without end, taking the form of a "Kammerstück," or chamber piece in the theatrical tradition of August Strindberg. The sculptural drama unfolds in three acts performed by a small company of objects that serve as intermediaries between past and present. Adumbrations of war envelop them in the telescope of space and time that the galleries at Schaulager represent—a constant thematic current in the exhibition that runs through time; indeed, like a mighty river.[3]

Zita and Щара refer to two separate points of departure for Katharina Fritsch and Alexej Koschkarow, respectively. They represent consanguineous tributaries of literal and figurative bloodlines during World War I: Zita of Bourbon-Parma was the last Empress of Austria-Hungary through her marriage to Emperor Charles of Austria, and the River Щара (Shchara) in Belarus, leading to the larger Neman River, was a line of military defense where Koschkarow's great-grandfather was wounded during World War I. These points of departure, both personal and historical, provide the exhibition with a skeletal narrative structure within which the artists engage in imagistic free verse, employing multiple cadences and layered references that allow their works to shift from the associative to the iconographic and back. Their interplay between essential, unified and atectonic baroque form, between the near immateriality of Fritsch's amaranthine surfaces saturated with color and the bodily incarnate in Koschkarow's architectonic personnages, is characterized by unexpected contrasts of emotional expression amplified by shifts in scale, exchanges between movement and stasis, and through associative relationships between image and form.

The artists' works meet in the central gallery, where Fritsch's *Puppen* (Dolls), a trinity of life-size female figures, encounters Koschkarow's *Kalter Ofen* (Cold Oven), a ceramic sculpture in the form of a giant hand grenade. Like an architectural fantasia, the work transcends its decorative appearance to reach deeper moral consequences. Its dynamic, futuristic design echoes the airborne forms of modernist masterworks such as Le Corbusier's and Iannis Xenakis's Philips Pavilion for the 1958 World's Fair subtitled "Between Utopia and Reality." However, positioned squarely on the side of violent reality, Koschkarow's sculpture travesties the humanistic ideals of the Philip's Pavilion where images of world cultures were projected on interior walls in a poetic display of global fraternity. Rather, it possesses a deeper kinship to austere, Soviet-era war monuments like those commissioned by Josip Broz Tito, "President for Life" of the Socialist Federal Republic of Yugoslavia, to commemorate the Resistance and to mark sites of concentration camps in the former Yugoslavia. They were designed as ennobling tributes to the courage and valor of the National Liberation Army meant to inspire the patriotic fortitude of generations within the Socialist Republic. Examples such as the enormous concrete volume/void at Kadinjaca depicting a stylized silhouette of a bomb blast, or the Brutalist structure at Kosmaj, south of Belgrade, depicting the force of an explosion, seem to celebrate the impact of war as the sensation of violent, sexual euphoria—the reification of physical, orgasmic release. Especially now, more than fifteen years after the Yugoslavian Republic disintegrated during the Balkan wars of the 1990s, the monuments possess a paradoxical beauty in their decrepitude that belies the wartime episodes they commemorate. Similarly, Koschkarow's *Kalter Ofen* improbably distills countless heroic virtues and ideals in one singularly violent image of a detonating, yet frozen, bomb, its projectiles at once implying physical violence and male sexual energy.

4 Die Freundschaft und die künstlerische Verbundenheit von Fritsch und Koschkarow zeigen sich oft in formalen oder thematischen Entsprechungen zwischen ihren Werken. So erinnert beispielsweise Fritschs *Sarg* an Koschkarows *Gondolino* (2003), und Koschkarows Anspielung auf sternförmige Ummauerungen in *Das was keinen Namen hat* lässt an Fritschs *Museum, Modell 1:10* (1995) denken.

The friendship and artistic confraternity between Fritsch and Koschkarow is often revealed through formal or thematic correspondences between their works. For example, Fritsch's *Sarg* brings to mind Koschkarow's *Gondolino* (2003) and Koschkarow's allusion to star-shaped immurements in *Das was keinen Namen hat* recalls Fritsch's *Museum, Modell 1:10* (1995).

brandmarken. Sie waren zum ehrenden Gedenken an den Wagemut und die Tapferkeit der Nationalen Befreiungsarmee bestimmt und sollten die patriotischen Kräfte späterer Generationen der Sozialistischen Republik wecken. Beispiele wie die riesigen, einem Weg entlang aufgereihten Betonstelen in Kadinjaĉa, welche die stilisierten Umrisse einer Bombenexplosion darstellen, oder die brutalistische, die Kraft einer Explosion verkörpernde Konstruktion auf dem Berg Kosmaj, südlich von Belgrad, scheinen den Schock des Krieges zu feiern, als handle es sich dabei um das Gefühl einer heftigen sexuellen Euphorie – die Verdinglichung einer körperlichen, orgastischen Freisetzung. Heute, über 15 Jahre nach dem Zerfall der Republik in den Jugoslawienkriegen der 1990er-Jahre, weisen diese Denkmäler in ihrem verfallenen Zustand eine paradoxe Schönheit auf, die das Kriegerische der Ereignisse vergessen lässt, an die sie erinnern sollen. In ähnlicher Weise verdichtet Koschkarows *Kalter Ofen* zahllose heroische Tugenden und Ideale zu dem höchst gewaltsamen Bild einer in ihrer Detonation erstarrten Bombe, deren Projektile zugleich physische Gewalt und männliche Sexualenergie implizieren.

Das ungewöhnliche Erscheinungsbild der Skulpturen ist trügerisch. Katharina Fritschs Figuren greifen die Form gesichtsloser Maisblattpuppen auf, während Koschkarows Granate zugleich an einen Ofen denken lässt. Die Figuren, zwei Erwachsene und ein Kind, stehen in einem gewissen Abstand zur geöffneten Ofentür, als fürchteten sie sich vor der Gefahr, die vom Ofen ausgeht, oder umgekehrt: als würden sie von der Wärme seiner Glut angezogen. Die erwachsenen Figuren sind als Hausmädchen und Kammerzofe gekleidet und tragen die Attribute von Kaiserin Zitas Namenspatronin, der Schutzheiligen der Dienstboten, die für ihre Bescheidenheit und Keuschheit bekannt war. Überdies ist in der Dreiergruppe eine Allegorie der Lebensalter angedeutet. Ihr stoischer Gleichmut steht im Kontrast zu der latenten Gewalt, die Koschkarows im Moment der Detonation festgehaltenes Konglomerat aus Granate und Kanonenofen beinhaltet. In der Mitte des angrenzenden Raums ist Fritschs sargförmige Skulptur *Sarg* aufgebahrt und vervollständigt so den Kreislauf der Generationen.[4]

Der zentrale Raum dient Katharina Fritsch und Alexej Koschkarow als gemeinsamer Ort, an dem ihre metaphorischen Herkunftslinien beginnen, enden und ineinandergreifen. Paradoxerweise ist es zugleich ein Ort der Brüche, wo Nichtgreifbares und Materielles, Moral und Korruption, Gleichgewicht und Chaos ins Spiel kommen. Diese Widersprüche verstärken sich noch durch die paradoxe Beziehung zwischen den Skulpturen und den Gegenständen, die sie darstellen. So lodert beispielsweise in Koschkarows Ofen ein simuliertes Feuer, das durch einen altmodischen Theatereffekt mittels Glühlampe und Reflektor erzeugt wird und so das erschreckende Bild einer tödlichen Splitterbombe mit einem launigen Bühnenrequisit abmildert. Fritschs Puppen wiederum verweisen auf grazile Volkskunstfiguren, die aus den getrockneten Hüllblättern von Maiskolben gefertigt werden; gleichzeitig sind es jedoch totemistische Idole, die über geheimnisvolle prophetische Kräfte zu verfügen scheinen.

Im Raum daneben stehen zwei fantastische, hybride Skulpturen von Alexej Koschkarow, in denen architektonische und figurative Bilder vereint und transformiert wurden. An den Wänden hängen drei grossformatige Zeichnungen, einerseits *Höllentor* und gegenüber das zweiteilige Werk *Bellevue*. Die Skulpturen, *Das was keinen Namen hat* und *Schtetl*, sind die Hauptakteure dieser düster-expressionistischen Mise en Scène. Sie erinnern an frühe architektonische Figuren des amerikanischen Bildhauers H.C. Westermann wie *The Evil New War God* (1958) und *Angry Young Machine* (1959). Ihre Kritik an der martialischen Rhetorik des Kalten Krieges reflektierte die Stimmung einer aufstrebenden Generation von Aktivisten, die sich für Bürger- und Menschenrechte einsetzte und gegen den Krieg in Vietnam eintrat. In Westermann findet Koschkarows emotional und politisch brisantes Werk einen überraschenden, aber adäquaten Vorläufer. Dessen skurrile, höchst originelle Variante der Figuration entstand in den 1950er-Jahren als Reaktion auf einen internationalen Stil, der eine elementare, von der geometrischen Abstraktion geprägte Ästhetik bevorzugte. Westermanns Sensibilität glich jener von neodadaistischen Künstlern wie Jasper Johns oder Robert Rauschenberg, welche sich für die Rückkehr zu einer literarischen, gesellschaftlich relevanten Kunst interessierten, die mit ihren formalen Dissonanzen Emotionen auslöste und danach strebte, Kunst und Leben durch unerwartete Kombinationen von Materialien und Bildern zusammenzuführen. Doch Westermann war zugleich ein vollendeter Handwerker, für den die materielle und strukturelle Integrität seines Werkes eine nach aussen gewendete Manifestation seiner Persönlichkeit darstellte und der absolu-

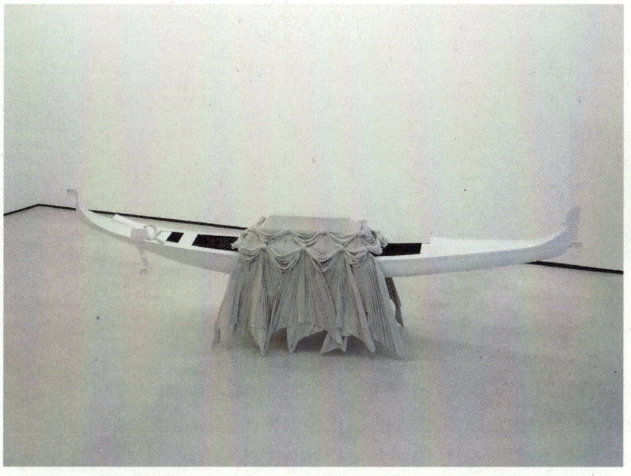

Alexej Koschkarow
Gondolino, 2003

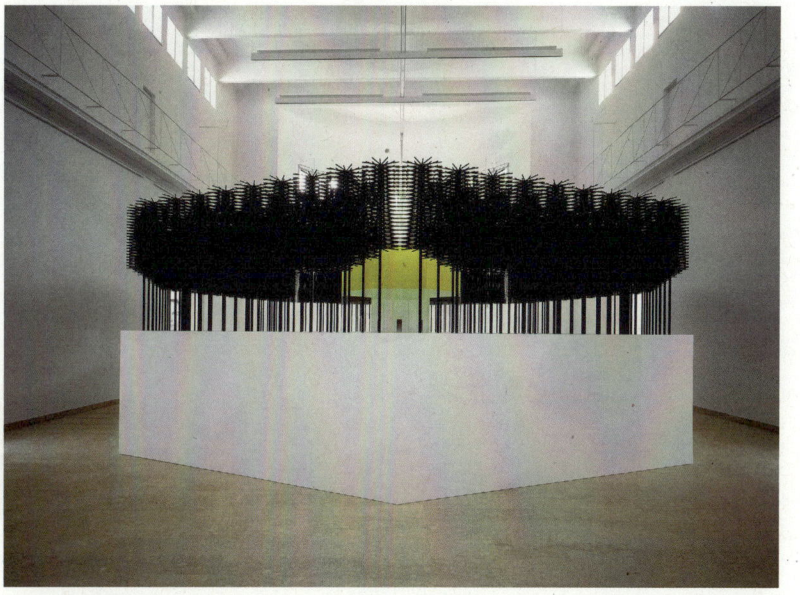

Katharina Fritsch
Museum, Modell 1:10, 1995

The particular appearances of the sculptures are deceiving. Katharina Fritsch's figures take on the form of faceless corn-husk dolls while Koschkarow's grenade doubles as an oven. The figures, two adults and a child, stand at a distance from the oven's open door as if suspicious of the danger it threatens or, conversely, drawn to the warmth of its glow. Dressed as a housemaid and chambermaid, the adults bear the attributes of Empress Zita's namesake, the patron saint of domestic servants known for her humility and chastity. Furthermore, the threesome suggests an allegory of the ages. Their stoicism stands in contrast to the latent violence implied by Koschkarow's grenade-cum-pot-bellied-stove suspended in mid-detonation. In the gallery behind them, Fritsch's coffin-shaped sculpture, *Sarg* (Coffin), lies in state at the center of the room, completing the generational cycle of life.[4]

This central space serves as a coterminal site for Katharina Fritsch and Alexej Koschkarow, where their metaphorical bloodlines begin, end, and pool together. It is also, paradoxically, a site of disruption where the ineffable and the material, morality and corruption, equipoise and chaos, are played out. These contradictions are reamplified by the paradoxical relationship between the sculptures and the objects they represent. Koschkarow's oven, for example, opens onto a simulated fire produced by way of an old-fashioned theatrical effect using a light bulb and reflector, moderating its horrific image of a deadly fragmentation bomb with a humorous stage prop. In turn, Fritsch's dolls refer to delicate folk effigies made with dried, decomposed husks but are at the same time totemic idols that seem endowed with mysterious oracular powers.

In a space adjacent to this central gallery are paired two fantastic, hybrid sculptures by Alexej Koschkarow in which architectural and figurative images are conjoined and transmogrified. On opposing walls are hung three huge drawings, titled *Höllentor* (Gates of Hell) and *Bellevue*, a work in two parts. The sculptures, *Das was keinen Namen hat* (Which Has No Name) and *Schtetl* (Shtetl), are the central characters in a darkly expressionistic *mise-en-scène*. They conjure up early architectonic personnages by American sculptor H. C. Westermann, such as *The Evil New War God* (1958) and *Angry Young Machine* (1959), that served as a critique of bellicose rhetoric during the Cold War and reflected the mood of a rising generation of activists who stood up for civil and human rights and against war in Vietnam. Westermann is an unexpected but felicitous antecedent to Koschkarow's emotionally and politically charged work. His quirky, highly original form of figuration emerged in the 1950s in response to an international style that favored a fundamental esthetic characterized by geometric abstraction. His sensibility was akin to neo-Dada artists like Jasper Johns or Robert Rauschenberg who were interested in returning to a literary, socially relevant art that provoked emotion through its formal dissonances and which sought to collapse art and life through unexpected adjacencies of materials and images. But Westermann was also a consummate craftsman for whom the material and structural integrity of his work was an outward manifestation of his personal character and which conveyed an absolute seriousness of purpose. Like Koschkarow, paradox and

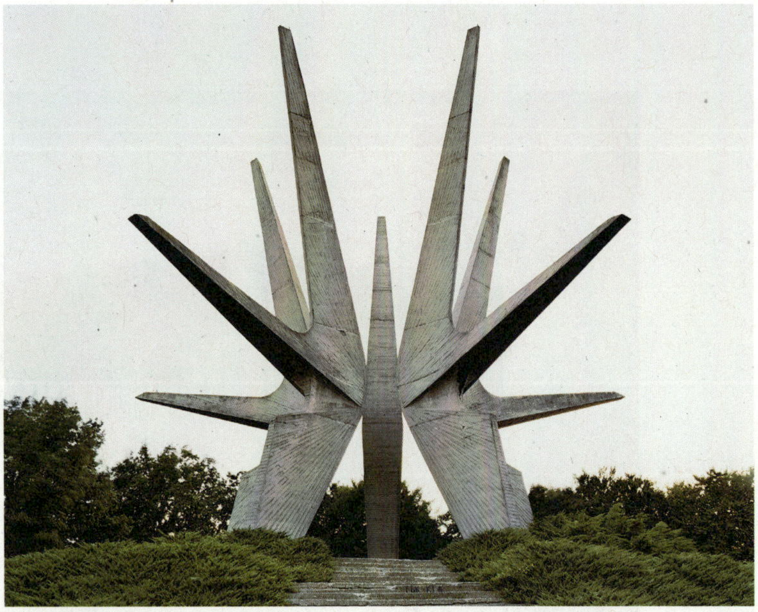

Jan Kempenaers
Spomenik #3 (Kosmaj), 2006

ten Ernsthaftigkeit seines Anliegens entsprach. Die Basis des künstlerischen Konzepts von Westermann wie von Koschkarow sind die Paradoxien und Rätsel ihrer Suche nach Wahrheit und Schönheit in einer aus den Fugen geratenen Welt mittels handwerklich anspruchsvoller, solide ausgeführter Objekte.

Alexej Koschkarows Zeichnungen dokumentieren besondere Dinge, die er in New York City und Umgebung entdeckte und deren Oberflächen er in Frottagen festhielt. Diese dem Surrealismus entliehene Technik verleiht den Bildern eine wohlwollend magische Wirkung, die an das künstlerische Vermächtnis von Max Ernst erinnert und sie assoziativ der Erfahrungswelt des Unbewussten zuweist. *Höllentor* ist eine Frottage des gewaltigen Bronzetors von Burns Hall, einem Gebäude des New Yorker St. Joseph's College. An der gegenüberliegenden Wand hängen zwei riesige Adler, die wie übertrieben grosse Schatten aus einem Film von Fritz Lang wirken. Ihre Abbilder sind Abriebe wuchtiger Steinskulpturen, die heute über den Central Park Zoo wachen, einst jedoch die Überführung der First Avenue in Brooklyn zierten. Diese Brücke führte damals von einer ausgedehnten vorstädtischen Grünanlage ins industrielle Brachland und fungierte gewissermassen als Übergang in eine zeitgenössische Vision der Hölle. Physische Kraft, ein scharfes Auge und eine gottähnliche Luftherrschaft sind Eigenschaften des Adlers, der diverse Formen politischer und ideologischer Herrschaft symbolisiert. In Cartoons aus der Zeit des Kalten Krieges wurde der Adler beispielsweise dem russischen Bären gegenübergestellt, um eine Pattsituation zwischen den Mächten zu Lande und in der Luft anzudeuten. Nach der Auflösung der Sowjetunion ersetzte Russland den Bären durch den Doppeladler aus dem Wappen der Zaren und verwies damit auf die Expansionskraft des Russischen Kaiserreichs zurück. Koschkarows Adlerpaar, von der Rückseite gesehen und gespiegelt, gemahnt an das Doppeladlersymbol des zaristischen Russlands, an die Habsburger-Dynastie und die Österreichisch-Ungarische Monarchie. In der Einzelfigur des Adlers drängt sich sogleich die düstere Vereinnahmung des Motivs im Dritten Reich auf, aber auch Assoziationen zu seiner Verwendung als Machtsymbol durch totalitäre Regime und demokratische Staaten werden wach. Eine Konstante der im Lauf der Geschichte wechselnden Funktionen des Wappentiers – sei es im faschistischen Deutschland, Italien, Spanien oder in den demokratischen USA – ist der von Fall zu Fall bedrohliche oder erhabene Aspekt des Adlers, was seiner Verwendung im Rahmen dieser Installation eine komplexe Vieldeutigkeit verleiht.

Mit seinem wirbellosen Körper, der wie ein Spinnenleib auf dürren, mehrgliedrigen Beinen steht, wirkt das zwischen den beiden Adlern positionierte *Schtetl* zoomorph. Der kuppelförmige Kopf dient zugleich als Dorfplatz auf einer von einer kreisförmigen Bebauung umsäumten Anhöhe. Die leere Mitte, die lediglich von einer in einem Baumstumpf steckenden Axt besetzt ist, kündet ebenso von Ansiedlung wie Vertreibung. Die Geschichte beginnt mit den gewöhnlich, aber nicht ausschliesslich jüdischen Schtetl als privaten, von polnischen Adligen gegründeten Handelsplätzen und führt über die den Juden zugewiesenen Aufenthaltsorte im Russischen Kaiserreich und die räumliche Trennung der jüdischen von der nichtjüdischen Bevölkerung zu Schauplätzen der Gewalt während der Pogrome der 1880er-Jahre und zur anschliessenden Vertreibung der europäischen Juden aus dem Ansiedlungsrayon im Westen des Russischen Kaiserreichs im 19. und frühen 20. Jahrhundert; sie endet mit der endgültigen Zerstörung des Schtetls als jüdisch geprägter Siedlung mit eigenen kommunalen sozialen, kulturellen und ökonomischen Strukturen durch den Holocaust. Als tragikomische nomadische Personifikation verdichtet Koschkarows *Schtetl* die Geschichte der jüdischen Diaspora – von den Ufern des Flusses Schtschara in Belarus,

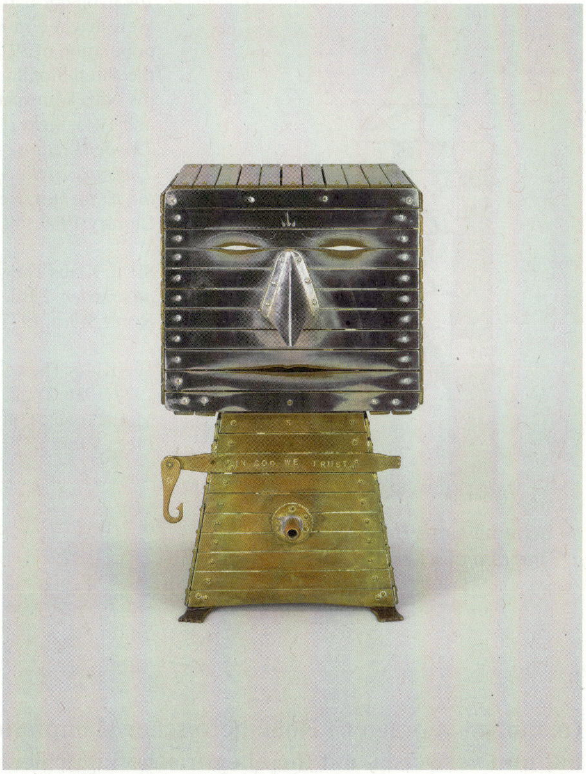

H. C. Westermann
The Evil New War God, 1958

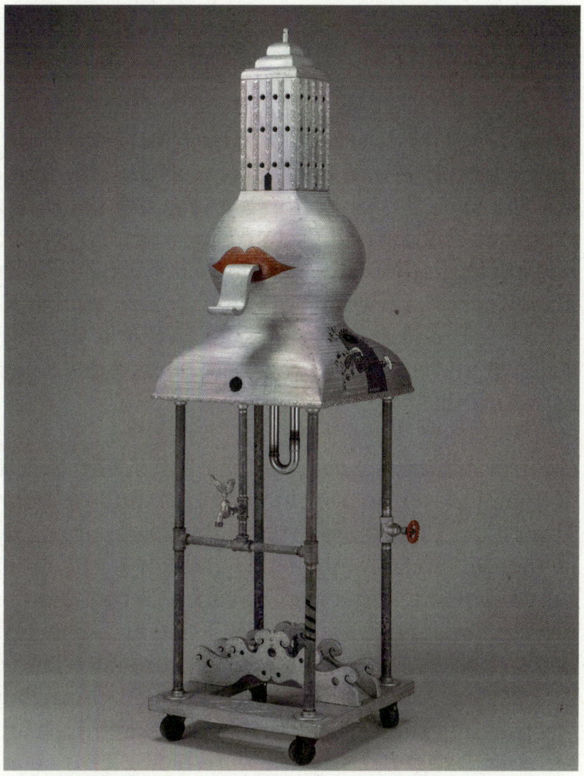

H. C. Westermann
Angry Young Machine, 1959

the enigma of seeking truth and beauty on a planet "gone nuts" through finely crafted, soundly engineered objects is the baseline of Westermann's artistic project.

Alexej Koschkarow's drawings document particular objects he discovered in and around New York City, capturing the impression of their surfaces by way of frottage. His use of the surrealist technique imbues the images with a sort of sympathetic magic evoking the legacy of Max Ernst and, by association, commits them to the realm of unconscious experience. *Höllentor* is taken from an immense bronze doorway at Burns Hall, St. Joseph's College. Across the room are two colossal eagles rendered like exaggerated, filmic shadows by Fritz Lang. Their image was taken from massive stone sculptures that now stand sentinel at the Central Park Zoo but which once had adorned the First Avenue overpass in Brooklyn. At the time, the overpass led from an expansive suburban greenspace to an industrial wasteland, essentially functioning as the passage to a modern-day vision of hell. Physical power, acute vision and god-like supremacy of the air are attributes of the eagle representing forms of political and ideological dominance. For example, during the Cold War the eagle was pitted against the Russian bear in political cartoons suggesting a stalemate between the supreme earthbound and airborne powers. After the dissolution of the USSR, Russia adopted the double-headed eagle of the Imperial Standard of the Tsar over the Russian bear, harkening back to the expansive might of the Russian Empire. Shown from behind and mirrored, Koschkarow's eagles evoke the double-headed symbol of Tsarist Russia, the Habsburg dynasty, and the Austro-Hungarian Empire. Individually, they echo the sinister adaptation of the eagle by the Third Reich and invite association with its use as a symbol of power by totalitarian regimes and democratic governments alike. What remains consistent among their different iterations over time, whether in fascist Germany, Italy and Spain or in the democratic United States, is the alternately menacing and august aspect of the eagle, which lends a layered ambiguity to its use in the exhibition.

Positioned between them, *Schtetl* looks zoomorphic, with an invertebrate body like a spider standing upright on spindly, jointed legs. Its dome-shaped head doubles as the mound of a village square surrounded by a circle of buildings. The vacant center, occupied only by an axe buried in the stump of a tree, suggests both settlement and displacement – from the origin of characteristically, but not exclusively, Jewish shtetls as private market towns established by Polish nobility; to places of exile for the Jewish people during the Russian Empire and their segregation from non-Jewish Russian populations; to sites of violence during pogroms of the 1880s and the eventual displacement of European Jewry from the Pale of Settlement in the nineteenth and early twentieth centuries; to the final destruction of the shtetl as a distinctively Jewish settlement of communal social, cultural and economic

wo sich die Überlebenden der ersten Massaker im Schtetl von Slonim 1941 und 1942 versammelten[5], bis zum «imaginären Schtetl» der kulturell und gesellschaftlich abgegrenzten Enklaven jüdischer Eigenständigkeit und der Bewahrung jüdischer Kultur in aller Welt. Zu diesen Enklaven gehört auch der Teil von Brooklyn, in dem Koschkarow lebt und arbeitet – in der Skulptur kommt dies konkret im Parkettholz aus dem Atelier des Künstlers zum Ausdruck.

Das was keinen Namen hat steht dem *Schtetl* gegenüber wie ein regloser, aber nicht wehrloser anthropomorpher Titan. Der Titel ist eine treffende Beschreibung der architektonisch-anatomischen Hybridität der Skulptur. Sie ruht auf einem offenen, netzartigen Gerüst, um das herum ein Schacht in Form einer Kohlenrutsche verläuft und sich schliesslich wie die Karikatur eines riesigen Penis auf dem Boden windet. Mit ihren anatomischen Bezügen erinnert die Struktur dieses unteren Teils an Westermanns *Angry Young Machine*, bleibt letztlich jedoch dem grotesken Kopf untergeordnet, der wie *Schtetl* architektonisch anmutet. Dieser Kopf versinnbildlicht – mit seinem zornigen Gesichtsausdruck, der Dornenkrone, dem aufgerissenen Mund und den leeren Augenhöhlen – den fremdartigen, gefährlichen Charakter des gesamten Objekts, das einem Ungeheuer von Hieronymus Bosch ähnelt. Seine stachelförmigen Zinnen ragen aggressiv hervor, eine sarkastische Anspielung auf die Lichtstrahlen der Aufklärung im Diadem der Freiheitsstatue; noch stärker erinnern sie aber an die in *Kalter Ofen* angedeutete sexuelle Gewalt.

Der Kopf ähnelt einem Betonbunker aus dem Zweiten Weltkrieg, wie sie noch heute an den Ufern der Schtschara stehen. Auf der Rückseite mutiert die architektonische Typologie der Konstruktion zu der eines mittelalterlichen Gutshauses, dessen vornehme, provinzielle Häuslichkeit durch eine Fassade personifiziert wird, deren Gesichtszüge in einem leeren Blick erstarrt sind. Durch die Verbindung dieser beiden architektonischen Masken schafft Koschkarow einen Januskopf, der einander ergänzende Gegensätze wie Ordnung und Chaos, Zivilisiertheit und Ursprünglichkeit, Komödie und Drama verkörpert und die Gleichzeitigkeit von geschlossener und offener Form, Einheit und Mehrdeutigkeit im zentralen Raum reflektiert, in dem die Werke beider Künstler aufeinandertreffen.

Auf der Konstruktion stehen drei kräftig wirkende nackte Frauenfiguren, die den phallischen Stahlhelm des Dritten Reiches tragen und erstmals als «Pin-ups» in Koschkarows Installation *Checkpoint Charly* (2009) auftauchten. Die bewaffneten Soldatinnen, die resolut aufrecht und breitbeinig auf der Skulptur stehen, treten in der

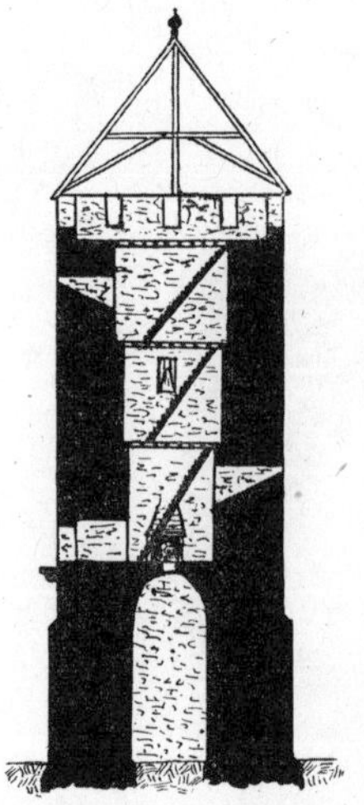

Schema eines Bergfrieds / Diagram of a keep

(männlich geprägten) Rolle heroischer Kämpferinnen auf und verweisen auf die allegorische Figur der römischen Siegesgöttin Victoria; neben einer gewissen erotischen Spannung verleihen sie der Gewalt des Krieges eine symbolische moralische Rechtschaffenheit. Koschkarows Soldatinnen stehen im Widerspruch zu heteronormativen Repräsentationen des Weiblichen und sind von den sexuell, gesellschaftlich und politisch aggressiven/progressiven «roten Frauen» in Klaus Theweleits bahnbrechendem Buch *Männerphantasien* (1977/1978) inspiriert, die in Wirklichkeit Suffragetten, Pazifistinnen und andere Aktivistinnen waren und für die erste Welle des Feminismus im 20. Jahrhundert stehen.[6] Theweleit beschrieb die «rote Frau» als Inbild der liberalen, kommunistischen Feindin der paramilitärischen Freikorps-Soldaten in den ersten Jahrzehnten des 20. Jahrhunderts. Ihr furchtloser Aktivismus, ihre Unabhängigkeit und Selbstbeherrschung drohten die Moral der Freikorps-Männer zu untergraben, indem sie deren sexuelles Begehren weckten und dadurch die gemeinsamen Grundlagen ihres asexuellen, homosozialen Kultes erschütterten. Zudem legt Theweleit dar, dass die «rote Frau» in der Fantasie der Freikorps-Männer eine imaginierte Hure war, die unter ihrem Rock eine Flinte und an ihrem Oberschenkel ein Messer trug und die Soldaten in eine ekstatische Befreiung, das heisst in den Tod lockte. Daher nahmen die Freikorps-Männer zu ihrer «Selbstverteidigung» die «roten Frauen» ins Visier und penetrierten ihre Körper mit ihren Schwänzen ebenso wie mit Gewehrkugeln und Messern, was aus Theweleits Sicht zu einer sadistischen Befreiung aus ihrer Soldatenrolle und zu einer vorübergehenden Auflösung ihrer Männlichkeit führte, wodurch sie eine Art postkoitale Reinheit erlangten. So erklärt Theweleit die psychosexuelle Angst und den Frauenhass der Freikorps- und späteren nationalsozialistischen Truppen und klagt das männliche Ego im Allgemeinen an, indem er von einer universellen männlichen Angst spricht, physisch und psychisch vom «Anderen» überschwemmt, genötigt und unterdrückt zu werden. In ihrer Darstellung

5 Die gesamte Bevölkerung von 39000 Juden, die im Schtetl von Slonim lebte, wurde zwischen 1941 und 1943 von der nationalsozialistischen Wehrmacht ermordet. / The entire population of 39,000 Jews from the shtetl Slonim was murdered by the Nazi Wehrmacht between 1941 and 1943. Siehe / See Nachum Alpert, *The destruction of Slonim Jewry. The story of the Jews of Slonim during the Holocaust*, New York: Holocaust Library, 1989.

6 Siehe Klaus Theweleit, *Männerphantasien*, 2 Bde., Frankfurt am Main: Roter Stern, 1977/1978.

See Klaus Theweleit, *Male Fantasies*, 1977/1978, Trans. Stephan Conway, Minneapolis: University of Minnesota Press, 1987.

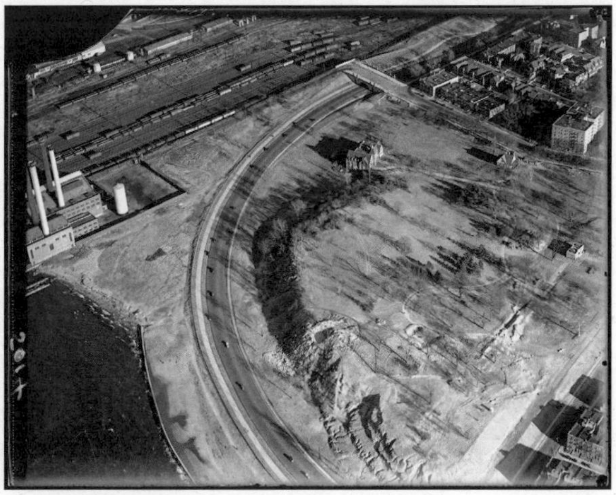

Owl's Head Park
Januar / January 1934

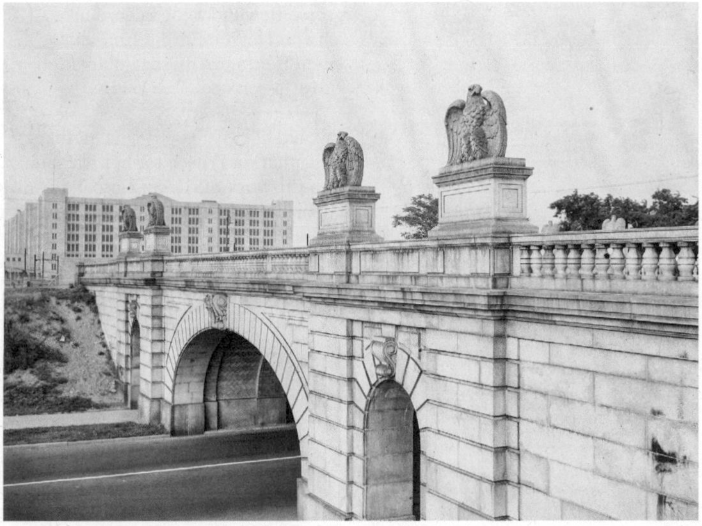

Colonial Road Bridge, Brooklyn
August 1940

interdependence during the Holocaust. In its tragicomic, nomadic personification, *Schtetl* compresses the history of Jewish diaspora from the banks of the Shchara River in Belarus, where survivors of the first massacres from the shtetl Slonim gathered between 1941 and 1942[5], to the "imagined shtetl" of culturally and socially distinctive enclaves of Jewish self-sufficiency and cultural preservation around the world. Among them is the neighborhood of Brooklyn where Koschkarow lives and works, which physically manifests in the sculpture in the form of flooring from the artist's studio.

Das was keinen Namen hat encounters *Schtetl* like an anthropomorphic Titan, inert but not without its defenses. Its title aptly describes the sculpture's architomical hybridity. It is supported by an open, reticulated framework around which snakes a tendrillar shaft in the shape of a coal chute that twists onto the floor like the caricature of an enormous penis. The structural configuration of its lower body recalls Westermann's *Angry Young Machine* in its anatomical references but is ultimately subordinate to the grotesque head on top which, like *Schtetl*, is also architectonic. The head—bearing a wrathful expression with spiny crown, wide-open jaws and hollow eye sockets—emblematizes the strange and dangerous nature of the object itself, like a monster by Hieronymus Bosch. Its spiky battlements jut aggressively outward, sardonically calling to mind the rays of enlightenment in the Statue of Liberty's diadem but more strongly recalling the implied sexual violence of *Kalter Ofen*.

The head resembles a fortified bunker, like the concrete pillboxes from World War II that still exist along the banks of the Shchara River. Around the back, the architectural typology of the structure shifts to that of a medieval manor house whose genteel, provincial domesticity is personified by a façade whose features form a vacant stare. Fusing these two architectonic masks, Koschkarow creates a Janus head that embodies complementary opposites such as order and chaos, civilization and the primeval, and comedy and drama, echoing the simultaneity of closed and open form, unity and multivalency, in the central gallery where the two artists' works meet.

The structure is mounted by three powerful-looking nude women wearing the phallic Stahlhelm of the Third Reich who first appeared as "pin-ups" in Koschkarow's installation *Checkpoint Charly* (2009). Armed and standing erect with spread legs planted resolutely atop the structure, the soldier women are cast in the (typically male) role of heroic combatant and relate to the allegorical figure of Victory, providing a symbolic moral rectitude to the violence of war in addition to an erotic charge. Koschkarow's female soldiers contradict hetero-normative representations of the feminine and channel the sexually, socially and politically ag(pro)gressive "Red Woman" of Klaus Theweleit's influential *Male Fantasies* (1977/1978)—who were actually suffragettes, pacifists, and other activists representing the first wave of feminism in the twentieth century.[6] Theweleit described the Red Woman as the essence of the liberal, Communistic enemy to the paramilitary soldiers of the Freikorps in the first decades of the twentieth century. Their intrepid activism, independence and self-possession threatened to break down the Freikorps' morale by arousing sexual desire and thus shaking the undivided foundation of their asexual and homosocial cult. Further, he argued, as the subject of the Freikorpsmen's fantasies, the Red Woman was an imaginary whore who brandished a gun beneath her skirt and held a knife strapped to her thigh, luring soldiers to an ecstatic release/death. Thus in "self-defense" the Frei-

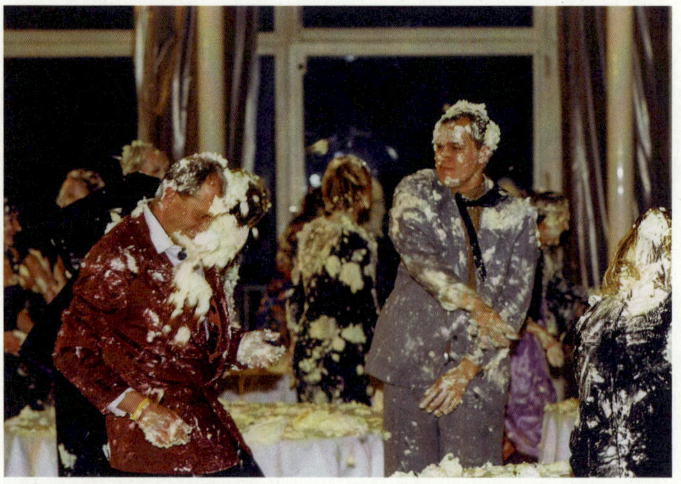

Alexej Koschkarow
Tortenschlacht [Pie Fight]
2001

7 Siehe Betty Friedan, *Der Weiblichkeitswahn. Ein vehementer Protest gegen das Wunschbild von der Frau*, Reinbek: Rowohlt, 1966.

See Betty Friedan, *The Feminine Mystique*, New York: W. W. Norton & Co., 1963.

8 Ich danke Katharina Fritsch aufrichtig für die mir vermittelten Einblicke in das Werk von Alexej Koschkarow, besonders hinsichtlich seiner Bezüge zu Klaus Theweleits bahnbrechendem Buch. Auch Alexej, für den ich grosse Bewunderung hege, danke ich von Herzen für die Einladung, einen Beitrag zu dieser Publikation zu verfassen.

I would like to give my sincere thanks to Katharina Fritsch for her insights into the work of Alexej Koschkarow, particularly as it relates to Theweleit's influential book. And heartfelt thanks to Alexej, whom I admire tremendously, for inviting my participating in this publication.

einer weiblichen Militanz widersprechen Koschkarows Figuren der Klischeevorstellung eines pazifistischen Feminismus und verkörpern die paradoxe Idee eines militanten Pazifismus. Bewaffnet und zum Handeln bereit, lösen sie gleichzeitig Männerwünsche und -ängste aus, treiben, wie Theweleit behaupten würde, den Verlust männlicher Nüchternheit voran und führen letztlich die Auflösung der männlichen Identität in der körperlichen und emotionalen Ekstase herbei.

Der Titel der Skulptur, *Das was keinen Namen hat*, verweist auf Betty Friedans Werk *The Feminine Mystique* (1963), das die zweite Welle des Feminismus massgeblich prägte. Friedans «Problem ohne Namen» war die nicht in das zentrale Bild der amerikanischen Wohlstandsgesellschaft – die Kernfamilie – passende, allgemeine existenzielle Unzufriedenheit der Frauen in der Nachkriegszeit.[7] Mit seinen Anspielungen auf Friedans Appell an die Amerikanerinnen der Nachkriegszeit, sich selbst zu verwirklichen, und auf Theweleits Theorie der Angst der Männer vor dem Verlust ihrer Männlichkeit entwirft Koschkarow eine absurde Komödie, die in der die Geschlechtergrenzen überschreitenden Tradition von Guillaume Apollinaires *Les mamelles de Tirésias* (1917) steht. Deren Verbindung der zyklischen Wiederkehr des Krieges mit der Angst der Männer vor Entmannung und Impotenz zieht die heroischen Denkmäler der Geschichte, die dem Krieg und seinen Helden gewidmet sind, ins Lächerliche. Die Verknüpfung von forscher Sexualität mit militantem Feminismus verweist auf die aktuelle poststrukturalistische, dritte Welle des Feminismus, für die Pussy Riot exemplarisch ist; diese geht über Fragen der blossen Selbstverwirklichung hinaus und verteidigt wandelbare Identitätskonzepte, die Fragen von Biologie, Sexualität, Freiheit und Menschenrechten mit einschliessen.

Koschkarow legt in *Zita – Щара* nahe, dass das Kontinuum des Krieges von Männerhand gemacht ist. Der Krieg ist ein wiederkehrendes Thema in seinem Schaffen, von der Slapstick-Performance *Tortenschlacht* (2001) bis zu seiner Installation *Checkpoint Charly*, einer derben Satire auf die Paranoia des Kalten Krieges. Doch auch wenn der Krieg den thematischen Zusammenhang zwischen Koschkarows hybriden Objekten in der Ausstellung bildet, ist ihr gemeinsames Kennzeichen letztlich die Paradoxie. Der Krieg selbst ist paradox, denn er liefert Argumente für das Absurde und Regeln für die Anarchie. Er fördert das Abscheulichste und Schändlichste im Menschen zutage und ist zugleich eine der am stärksten bejubelten Institutionen der Kulturgeschichte, der seit Jahrtausenden Triumphbögen und Heldendenkmäler gewidmet werden. So benennt man epochale Kapitel der Geschichte nach ihren Kriegen, vom Peloponnesischen Krieg bis zu den Golfkriegen, und verknüpft paradoxerweise die menschliche Fähigkeit zu töten und zu zerstören mit den produktiven und schöpferischen Errungenschaften des Menschen. In seinen hybriden Konstruktionen verbindet Koschkarow das Schreckliche und das Heroische zu einer schmerzhaften Anklage der männlichen Mordlust und des männlichen Egos im Allgemeinen, das dem Aufruf zum Krieg immer wieder folgt – trotz der Lektionen, zu deren Wiederholung die Geschichte verdammt zu sein scheint.[8]

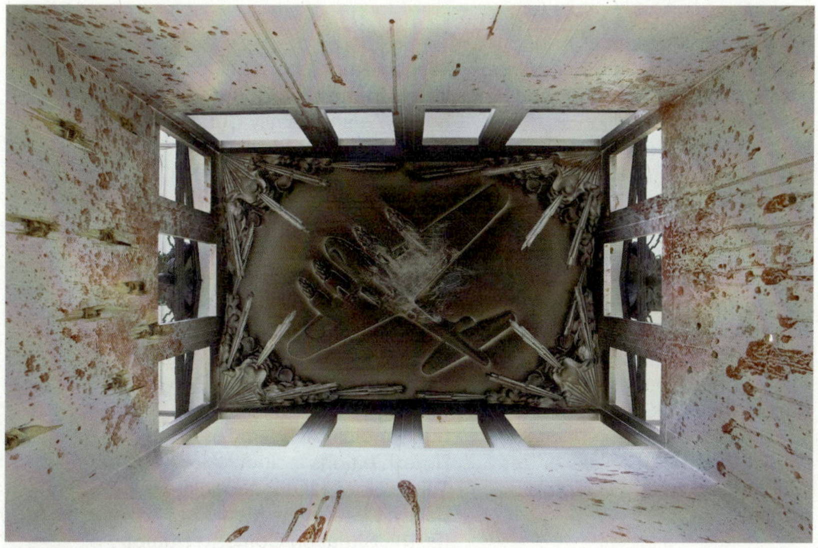

Alexej Koschkarow
Checkpoint Charly
(nach karibischer Krise)
[After Caribbean Crisis]
2009

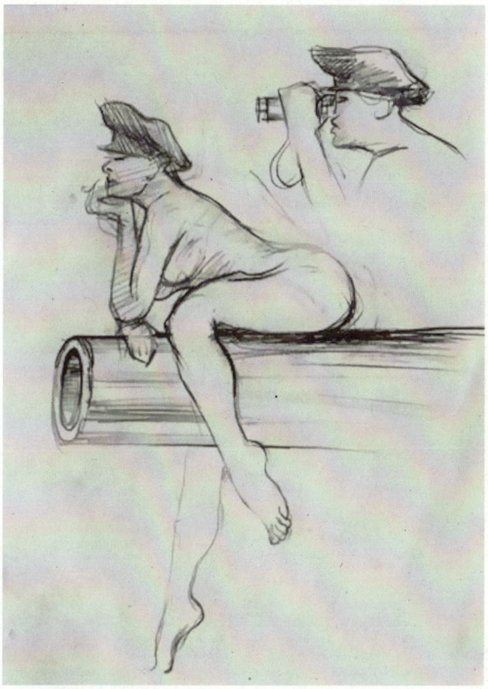

Alexej Koschkarow
Kalenderblätter [Calendar Sheets]
(Normandie II), 2009

korpsmen targeted those who represented the Red Woman, penetrating their bodies with their pricks as well as with bullets or knives, representing to Theweleit a sadistic release from their soldiering and momentary dissolution of their virility before achieving a sort of postcoital purity. Theweleit accordingly interprets the psychosexual fear and hatred of women by the Freikorps and by the later regiments of the Nazi party, indicting the male ego in general by suggesting a universal male dread of being physically and psychologically immersed, coerced and oppressed by the "other." By introducing a female militancy, Koschkarow's figures contradict the stereotype of pacifist feminism and embody the paradoxical notion of militant pacifism. Armed, they are poised for action, simultaneously provoking male desire and fear and, as Theweleit would argue, hastening a loss of male sobriety and leading ultimately to the dissolution of male identity through bodily and emotional ecstasy.

The sculpture's title, *Das was keinen Namen hat*, alludes to Betty Friedan's formative work of second-wave feminism, *The Feminine Mystique* (1963). Friedan's "problem that has no name" was the general, existential discontent among women in the postwar decades that contradicted the quintessential image of American prosperity: the nuclear family.[7] Through his allusions to Friedan's call for self-actualization among women in postwar America and Theweleit's theory of men's fear of emasculation, Koschkarow creates an absurdist comedy in the gender-bending tradition of Guillaume Apollinaire's *Les mamelles de Tirésias* (1917), that connects war's cyclical recurrence with men's fear of emasculation and impotence, making a travesty of history's valorous monuments to war and war heroes. Its conflation of bold sexuality and militant feminism suggests the ascendency of our present, poststructuralist third-wave feminism, exemplified by Pussy Riot, which has moved beyond mere self-actualization toward mutable notions of identity as it pertains to biology, sexuality, liberation, and human rights.

In *Zita – Щара*, Koschkarow proposes that the continuum of war is man-made. War has been an abiding theme in his work, from the slapstick war of pies performed in *Tortenschlacht* (Pie Fight, 2001) to his installation *Checkpoint Charly* bristling with burlesque satire of Cold War paranoia. And while it is the thematic that connects each of Koschkarow's hybrid objects in the exhibition, paradox is ultimately their unifying characteristic. War itself is paradoxical, providing a rationale for the absurd and rules for anarchy. It is the embodiment of the most abject and ignoble of human potential, while also representing one of the most exulted institutions in the history of civilization commemorated in triumphal arches and in heroic sculpture for millennia. Thus epochal chapters of history are named for their wars, from the Peloponnesian War to the wars of the Persian Gulf, paradoxically conflating human capacity for death and destruction with generative, creative human achievement. Koschkarow unites the horrific with the heroic in his hybrid constructions that sting in their indictment of men's bloodlust and the male ego, generally speaking, which seems endlessly to heed the call to war in spite of the lessons that history seems blighted to repeat.[8]

Michael Rooks, geboren in Ottawa, Illinois, in den Vereinigten Staaten, ist seit 2010 Wieland Family Curator of Contemporary and Modern Art am High Museum of Art in Atlanta. Im selben Jahr war er Kommissär und Co-Kurator für den amerikanischen Pavillon an der 12. Architekturbiennale in Venedig. Davor war er Kurator unter anderem am Museum of Contemporary Art Chicago, am Contemporary Museum Honolulu und der Honolulu Academy of Arts. Zu seinen Ausstellungen zählen «Alex Katz, This Is Now» (2015), «Radcliffe Bailey: Memory As Medicine» (2011), «Situation Comedy: Humor in Recent Art» (2005) und die Retrospektive zu H. C. Westermann (2001), aus deren Anlass er den Werkkatalog zu den Skulpturen realisiert hat.

Michael Rooks, born in Ottawa, Illinois in the United States, has been Wieland Family Curator of Contemporary and Modern Art at the High Museum of Art in Atlanta since 2010 and was commissioner and co-curator of the U.S. Pavilion at the 12th Venice Architecture Biennale in the same year. Prior to joining the High Museum, he held curatorial positions at the Museum of Contemporary Art Chicago, The Contemporary Museum Honolulu, and the Honolulu Academy of Arts. His exhibitions include "Alex Katz, This Is Now" (2015), "Radcliffe Bailey: Memory As Medicine" (2011), "Situation Comedy: Humor in Recent Art" (2005), and the retrospective H. C. Westermann (2001) for which he wrote the Westermann catalogue raisonné of sculpture.

Katharina Fritsch

Die 1956 in Essen (Deutschland) geborene Katharina Fritsch begann nach einem Studium der Geschichte und Kunstgeschichte an der Universität Münster 1977 ihre Ausbildung an der Kunstakademie Düsseldorf, wo sie bis 1984 in der Klasse von Fritz Schwegler studierte. Seit Mitte der 1980er-Jahre stellt Katharina Fritsch regelmässig in Deutschland und international aus: 1988 etwa in der Kunsthalle Basel; 1993 fand in der Dia Art Foundation in New York ihre erste Einzelausstellung in den USA statt. 1995 vertrat Fritsch Deutschland an der 46. Biennale Venedig, 1996 folgte eine gross angelegte Einzelausstellung im Museum of Modern Art in San Francisco, die 1997 im Museum für Gegenwartskunst in Basel gezeigt wurde. 2001 fand in der Tate Modern in London und 2002 im K21 in Düsseldorf eine retrospektiv angelegte Übersichtsausstellung statt. 2009 richtete das Kunsthaus Zürich eine Retrospektive aus, die anschliessend in den Deichtorhallen in Hamburg gezeigt wurde. 2013 fand ihr Beitrag *Hahn / Cock* zur «Fourth Plinth» am Trafalgar Square in London grosse Beachtung. Von 2001 bis 2010 lehrte Katharina Fritsch als Professorin für Bildhauerei an der Kunstakademie Münster, seit 2010 ist sie Professorin an der Kunstakademie Düsseldorf, wo sie auch lebt.

After having studied history and art history at the University of Münster, Katharina Fritsch, born 1956 in Essen (Germany), studied from 1977 in the class of Fritz Schwegler at the Kunstakademie Düsseldorf until 1984. Since the mid-1980s, she has exhibited regularly both at home and abroad: at the Kunsthalle Basel, for instance, in 1988; her first US solo exhibition took place at Dia Art Foundation in New York in 1993. Fritsch represented Germany at the 46th Venice Biennale in 1995, followed by an important solo exhibition in 1996 at the Museum of Modern Art in San Francisco, which went on to the Museum für Gegenwartskunst in Basel in 1997. Retrospectives were held in 2001 at Tate Modern in London, in 2002 at the K21 in Düsseldorf, and in 2009 at the Kunsthaus Zürich, and subsequently exhibited at Deichtorhallen in Hamburg. In 2013 her contribution *Hahn / Cock* to the Fourth Plinth in London's Trafalgar Square caused a sensation. Katharina Fritsch taught as Professor of Sculpture at the Kunstakademie Münster from 2001 to 2010, and since 2010 she has held a professorship at the Kunstakademie Düsseldorf, the town where she lives.

Alexej Koschkarow

Der 1972 in Minsk (Weissrussland) geborene Alexej Koschkarow zog nach zwei Jahren Ausbildung an der Akademie der Bildenden Künste in Minsk nach Deutschland, um von 1993 bis 1999 in der Klasse von Fritz Schwegler an der Kunstakademie Düsseldorf bildende Kunst zu studieren. In seinem letzten Studienjahr lud ihn Katharina Fritsch zu einer gemeinsamen Ausstellung mit dem Titel «Damenwahl» in die Kunsthalle Düsseldorf ein. Ein Jahr darauf lud Koschkarow rund 30 Freunde in den Düsseldorfer Kunstraum Malkasten ein: *Tortenschlacht* (2001) ist die Videodokumentation von diesem Event – im Verlauf der Vernissage bewarfen sich die festlich gekleideten Gäste mit bereitstehenden Sahnetorten. Es folgten mehrere Einzel- und Gruppenausstellungen, unter anderem 2001 im Haus Fürstenberg, Sammlung Ackermans in Xanten, 2002, 2003 und 2005 in der Galerie Jablonka Lühn in Köln und ebenfalls 2005 «Situation Comedy: Humor in Recent Art» im Contemporary Museum in Honolulu. 2007 war er an der 10. Triennale der Kleinplastik in Fellbach vertreten, 2008 in «Take Me There (Show Me The Way)» bei Haunch of Venison in New York. 2009 präsentierte Viafarini in Mailand «Checkpoint Charly». Alexej Koschkarow lebt und arbeitet in New York.

After having studied for two years at the Academy of Fine Arts in Minsk, Alexej Koschkarow, born 1972 in Minsk (Belarus), went to Germany to study with Fritz Schwegler at the Kunstakademie Düsseldorf from 1993 to 1999. In his final year, he was invited by Katharina Fritsch for a collaborative exhibition entitled "Damenwahl" at the Kunsthalle Düsseldorf. The following year, Koschkarow invited about thirty friends to the Malkasten art space in Düsseldorf: *Tortenschlacht* (2001) is the video documentation of this event, during which the elegantly dressed guests started to throw cream pies provided for this purpose. More solo- and group exhibitions followed, among others in 2001 at Haus Fürstenberg, Sammlung Ackermans at Xanten, at the Galerie Jablonka Lühn in Cologne in 2002, 2003 and 2005, and "Situation Comedy: Humor in Recent Art" at the Contemporary Museum in Honolulu, also in 2005. His works were part of the 10th Triennale der Kleinplastik in Fellbach in 2007, and in 2008 "Take Me There (Show Me The Way)" at the Haunch of Venison in New York. In 2009, Viafarini in Milan presented «Checkpoint Charly». Alexej Koschkarow lives and works in New York.

Katharina Fritsch

Puppen [Dolls], 2016
Epoxidharz, Polyurethan, Acrylfarbe / Epoxy resin, polyurethane, acrylic
167 × 108.3 × 59.2 cm; 173 × 70.2 × 54 cm; 96.5 × 44 × 52.2 cm /
65¾ × 42⅝ × 23 5/16 in; 68⅛ × 27 11/16 × 21¼ in; 38 × 17 5/16 × 21 9/16 in
Besitz der Künstlerin / Collection of the artist

Sarg [Coffin], 2016
MDF, Tischlerplatte, Acrylfarbe / MDF, blockboard, acrylic
120 × 80 × 206 cm
47¼ × 31½ × 81 in
Besitz der Künstlerin / Collection of the artist

Alexej Koschkarow

Kalter Ofen [Cold Oven], 2016
Keramik, Metall, Lampe, Motor / Ceramics, metal, electric light, motor
Höhe ca. 273 cm, Ø ca. 134 cm /
Height c. 107½ in, Ø c. 52¾ in
Besitz des Künstlers / Collection of the artist

Das was keinen Namen hat [Which Has No Name], 2016
Mixed Media
229 × 112 × 106 cm /
90⅛ × 44⅛ × 41¾ in
Besitz des Künstlers / Collection of the artist

Bellevue, 2014
Smearing
Graphit auf grundierter Leinwand / Graphite on primed canvas
Zweiteilig, 208 × 314 cm; 209 × 301 cm /
Two parts, 81⅞ × 123⅝ in; 82 5/16 × 118½ in
Besitz des Künstlers / Collection of the artist

Schtetl [Shtetl], 2012
Holz und Metall / Wood and metal
113.5 × 121 × 123 cm /
44 11/16 × 47⅝ × 48 7/16 in
Emanuel Hoffmann-Stiftung, Depositum in der Öffentlichen Kunstsammlung Basel / Emanuel Hoffmann Foundation, on permanent loan to the Öffentliche Kunstsammlung Basel

Höllentor [Gates of Hell], 2012
Smearing
Graphit auf grundierter Leinwand / Graphite on primed canvas
324 × 200 cm /
127 9/16 × 78¾ in
Emanuel Hoffmann-Stiftung, Depositum in der Öffentlichen Kunstsammlung Basel / Emanuel Hoffmann Foundation, on permanent loan to the Öffentliche Kunstsammlung Basel

Abbildungsnachweis
List of Illustrations

Wir haben uns bemüht, alle Bildrechte zu recherchieren. Sollte trotzdem ein Fehler aufgetreten sein, bitten wir um Entschuldigung und Kontaktaufnahme. / Every effort has been made to trace and contact copyright holders. If there are any inadvertent omissions, we apologize to those concerned and ask that you contact us.

S./p. 16
Alexej Koschkarow
Leninkanopen [Canopic Jars of Lenin], 2007
Gips, Reisekoffer / Plaster, suitcase
60 × 70 × 50 cm /
23⅝ × 27⅝ × 19¾ in
Sammlung Ackermans

S./p. 19
Katharina Fritsch
Mönch [Monk], 1997–1999
Polyester, Farbe / Polyester, paint
192 × 63 × 46 cm /
75⅝ × 24 13/16 × 18⅛ in
Kunstsammlung Nordrhein-Westfalen, Düsseldorf. Erworben 2004, vormals Sammlung Ackermans

S./p. 20
Katharina Fritsch
Mann und Maus [Man and Mouse], 1991/1992
Polyester, Farbe, Stahl / Polyester, paint, steel
240 × 130 × 225 cm /
94½ × 51 3/16 × 88 9/16 in
Kunstsammlung Nordrhein-Westfalen, Düsseldorf. Erworben 2004, vormals Sammlung Ackermans

S./p. 23
Alexej Koschkarow
Beutekunst [Looted Art], 2005
Mixed Media (Munitionskisten, Holz, historischer Staub / Ammunition crate, wood, historical dust)
380 × 530 × 350 cm /
149⅝ × 208⅝ × 137 13/16 in
Privatsammlung Thomas Koerfer

S./p. 24
Katharina Fritsch
Frau mit Hund [Woman with Dog], 2004
Polyester, Aluminium, Eisen, Farbe / Polyester, aluminium, iron, paint
175 × 175 × 107 cm /
68 15/16 × 68 15/16 × 42⅛ in
Kunsthaus Zürich, Vereinigung Zürcher Kunstfreunde

S./p. 27 (Detail), S./p. 71
Alexej Koschkarow
Befruchtung von Hecken [Insemination of Hedges], 1999
Mixed Media
Masse variabel / Dimensions variable
Besitz des Künstlers / Collection of the artist

S./p. 70, S./p. 153
Katharina Fritsch
Museum, Modell 1:10, 1995
Holz, Aluminium, Plexiglas, Folie, Farbe / Wood, aluminium, Plexiglas, foil, paint
330 × 1040 × 1040 cm /
129 15/16 × 409 7/16 × 409 7/16 in
Besitz der Künstlerin / Collection of the artist

S./p. 72
Grundriss / Floor plan
Zita – Щара
Kammerstück von / Chamber Piece by Katharina Fritsch und / and Alexej Koschkarow
Schaulager, Basel, 2016

S./p. 73
Katharina Fritsch
Messekoje mit vier Figuren [Booth with Four Figures], 1985–1986/2001
(und/and 12. Postkarte [12th Postcard] (Essen), 2006)
Holz, Gips, Farbe / Wood, plaster, paint
280 × 200 × 200 cm /
110¼ × 78¾ × 78¾ in
Museum Ludwig, Köln/Cologne

S./p. 74
Alexej Koschkarow
Checkpoint Charly Waffenpyramide [Pyramid of Weapons], 2009
Mixed Media
Masse variabel / Dimensions variable
Besitz des Künstlers / Collection of the artist

S./p. 75
Alexej Koschkarow
Ägyptisches Badezimmer [Egyptian Bathroom], 2008 (Modell 1:1)
Gips, Holz / Plaster, wood
250 × 325 × 550 cm / 98 7⁄16 × 127 15⁄16 × 216 ½ in
Besitz des Künstlers / Collection of the artist

Alexej Koschkarow
Ohne Titel (falsches Holz, falscher Marmor, falsche Akten) [Untitled (Fake Wood, Fake Marble, Fake Documents)], 2002
Holzimitat, Marmorimitat, Papier / Imitation wood, imitation marble, paper
330 × 440 × 290 cm / 129 15⁄16 × 173 3⁄16 × 114 ⅛ in
Neues Museum Nürnberg, Leihgabe Cit Art Foundation

S./p. 76
Kasimir Malewitsch
Junge Mädchen auf dem Felde / Young Girls in the Field, 1928–1929
Öl auf Leinwand / Oil on Canvas
106 × 125 cm / 41 ¾ × 49 3⁄16 in
Staatliches Russisches Museum, St. Petersburg / State Russian Museum, Saint Petersburg

S./p. 77
Wladimir Majakowski
«Выезжал казак за Прут, видит немцы прут да прут» / "The Cossack goes out to the Prut ...," 1914
Chromolithografie auf Papier / Chromolithograph on paper
Bild / Image: 55.7 × 34.9 cm / 22 × 13 ¾ in
Blatt / Sheet: 58.5 × 40 cm / 23 × 15 ¾ in
Staatliches Russisches Museum St. Petersburg / State Russian Museum, Saint Petersburg

Kasimir Malewitsch
«Es kam der Österreicher bis Radziwill, da besorgten es ihm die Weiber mit der Heugabel» / "An Austrian went to Radziwill and came right on to a Peasant Woman's Pitchfork," 1914
Chromolithografie auf Papier / Chromolithograph on paper
32.5 × 49.4 cm / 12 13⁄16 × 19 ½ in
Staatliches Russisches Museum St. Petersburg / State Russian Museum, Saint Petersburg

S./p. 78
Alexej Koschkarow
Kalenderblätter [Calendar sheets] (Volkssturm), 2009
Bleistift auf Papier / Pencil on paper
29.7 × 21 cm / 11 ¾ × 8 ¼ in
Besitz des Künstlers / Collection of the artist

S./p. 80
Katharina Fritsch
Oktopus [Octopus], 2006/2009
Metall, Polyester, Farbe, Holz / Metal, polyester, pigment, wood
140 × 120 × 120 cm / 55 ⅛ × 47 ¼ × 47 ¼ in
Emanuel Hoffmann-Stiftung, Depositum in der Öffentlichen Kunstsammlung Basel. Geschenk der Präsidentin Maja Oeri, 2009 / Emanuel Hoffmann Foundation, on permanent loan to the Öffentliche Kunstsammlung Basel. Gift of the president Maja Oeri, 2009

S./p. 81
Katharina Fritsch
Hahn / Cock, 2013
Glasfaserverstärkter Kunststoff, montiert auf einer Tragekonstruktion aus rostfreiem Stahl / Glass fiber, reinforced polyester resin fixed on a stainless steel supporting structure
440 × 440 × 150 cm / 173 ¼ × 173 ¼ × 59 in
Glenstone Museum

S./p. 107
Schwarzer Leichenwagen des Wiener Hofes, Hofsattlerei (Wien) / Black Hearse of the Viennese Court, Court Saddlery (Vienna), 1876/1877
Kaiserliche Wagenburg, Kunsthistorisches Museum Wien

S./p. 153
Alexej Koschkarow
Gondolino, 2003
Holz, Polyester, Lack / Wood, polyester, varnish
250 × 50 × 70 cm / 98 7⁄16 × 19 11⁄16 × 27 ⅝ in
Besitz des Künstlers / Collection of the artist

S./p. 154
Jan Kempenaers
Spomenik #3 (Kosmaj), 2006
Farbfotografie / Colour photography
100 × 125 cm / 39 ⅜ × 49 3⁄16 in
Courtesy Breese Little, London

S./p. 155
H. C. Westermann
The Evil New War God, 1958
Beschichtetes Messing, teilweise verchromt / Plated brass, partly chrome plated
42.6 × 24.8 × 27.6 cm / 16 ¾ × 9 ¾ × 10 ⅞ in
Whitney Museum of American Art, New York; Gift of Jean and Howard Lipman

H. C. Westermann
Angry Young Machine, 1959
Kiefernholz, Sperrholz, galvanisiertes Eisenrohr und -beschläge, Armaturengriff, Bleisoldat, Aluminiumalkydharzlack und Räder / Pine, plywood, galvanized iron pipe and fittings, faucet handle, cast-lead soldier, aluminum alkyd enamel, and wheels
228 × 68.3 × 71.8 cm / 89 ½ × 26 ⅞ × 28 ¼ in
Restricted gift of Mr. and Mrs. Edwin A. Bergman
The Art Institute of Chicago

S./p. 156
Schema eines Bergfrieds / Diagram of a keep
Fig. 69, in: Otto Piper, Burgenkunde. Bauwesen und Geschichte der Burgen zunächst innerhalb des Deutschen Sprachgebiets, München: R. Piper & Co. Verlag, 1912, S./p. 181.

S./p. 157
Steinadler, 1941 am Seelöwenbecken im Central Park Zoo aufgestellt, am ursprünglichen Standort auf der Colonial Road Bridge, Brooklyn / Stone eagles, installed in 1941 around the sea lion pool at the Central Park Zoo, in their original setting at the Colonial Road Bridge, Brooklyn
August 1940
NYC Parks Photo Archive

Owl's Head Park
Praeger report
Januar / January 1934
NYC Municipal Archives

S./p. 158
Alexej Koschkarow
Tortenschlacht [Pie Fight], 2001
Video, Farbe, Ton / Video, color, sound, 13:40 Min.
Emanuel Hoffmann-Stiftung, Depositum in der Öffentlichen Kunstsammlung Basel. Geschenk der Präsidentin Maja Oeri, 2013 / Emanuel Hoffmann Foundation, on permanent loan to the Öffentliche Kunstsammlung Basel. Gift of the president Maja Oeri, 2013

S./p. 159
Alexej Koschkarow
Kalenderblätter [Calendar Sheets] (Normandie II), 2009
Bleistift auf Papier / Pencil on paper
29.7 × 21 cm / 11 ¾ × 8 ¼ in
Besitz des Künstlers / Collection of the artist

Alexej Koschkarow
Checkpoint Charly (nach karibischer Krise) [After Caribbean Crisis], 2009
Mixed Media
45 × 85 × 130 cm / 17 11⁄16 × 33 ½ × 51 3⁄16 in
Besitz des Künstlers / Collection of the artist

Die Künstler danken herzlich Heartfelt thanks of the artists to

Piö Abels
David Andermatt
Anna Lena Anton
Angel Albertorio
Eva Bracke von Werth
Brandl Transport
(Herr Specht und Herr Tschirnik)
Tim Büchel
Zenon Burba
Jacqueline Burckhardt
Sheena Czorniczek
Duisburger Modellfabrik
Andrei Dureika
Robert Fleck
Anna Francke
Isabel Friedli
Janna Grak
Grant Guilliams
Christo Holloway
Julian Heynen
John Kuntzsch
Felix Lehner
Lurch
Matthew Marks Gallery
Heidi Naef
André Niebur
Maja Oeri
Lara Perski
Lydia Peter
Firma Robotmech
Michael Rooks
Regula Schweizer
Ana Sokalowa
Thorsten Schoth
SL 3D
Alena Stählin
Dorothea Weishaupt
Oleg Yushkow
Adam Zobel
Team Schaulager
Team Kunstgiesserei St. Gallen

Impressum Imprint

Die Publikation *Zita – Щара Kammerstück von Katharina Fritsch und Alexej Koschkarow* erscheint zur gleichnamigen Präsentation vom 12. Juni bis 2. Oktober 2016 im Schaulager, Basel

The publication *Zita – Щара Chamber Piece by Katharina Fritsch and Alexej Koschkarow* was produced on the occasion of the presentation of the same title from June 12 to October 2, 2016 at Schaulager, Basel

Herausgeber / Publisher
Laurenz-Stiftung / Laurenz Foundation, Schaulager, Basel

Redaktion / Edited by
Heidi Naef, Isabel Friedli, Anna Francke

Übersetzung / Translation
Barbara Hess (Michael Rooks), Fiona Elliott (Julian Heynen), Catherine Schelbert (Jacqueline Burckhardt, Robert Fleck, Maja Oeri)

Lektorat / Copy-editing
Suzanne Schmidt, Piers Allen

Gestaltung / Design
Groenlandbasel, Basel
Dorothea Weishaupt, Sheena Czorniczek, Alena Stählin, Stefanie Halbeisen

Lithographie und Druck / Lithography and Print
Schwabe AG, Muttenz

Schaulager Team
Andreas Blättler, Gabriella Brancher, Marcus Broecker, Lea Brun, Marie-Louise Eliopoulos, Anna Francke, Isabel Friedli, Svenja Gammenthaler, Charlotte Gutzwiller, Yvo Hartmann, Stephan Hauser, Julia Keller, Christoph Kym, Heidi Naef, Edith Rickenbacher, Catherine Schott, Regula Schweizer, Jasmin Sumpf, Martina Venanzoni

Photocredit
Tom Bisig, Basel: Cover, installation views at Schaulager; and 115 above, 130 below, 131 below
Bisig & Bayer: p. 80
Courtesy Breese Little, London: p. 154
Art © Estate of Lester Beall / Licensed by VAGA, New York, NY.
The Art Institute of Chicago: p. 155 right
Andrei Dureika: pp. 23 (installation view Kunstraum Düsseldorf, 2005), 36–37, 40–43, 46, 48–49, 51–55, 58 left above, 60 above, 62–64
Ivo Faber / © 2016, Pro Litteris, Zurich: pp. 73 (installation view Museum Ludwig, Cologne, 2007), 81 (installation view "Fourth Plinth", Trafalgar Square, London, 2013); and works by Katharina Fritsch in installation views at Schaulager Katharina Fritsch: pp. 33–35, 38–39, 44–45, 50, 56–57, 58 below, 60 below, 61
Andrei Loginov: pp. 78, 159 both
© KHM-Museumsverband: p. 107
Alexej Koschkarow: pp. 113, 114 both, 115 below, 116, 117 below, 120, 123 below, 124 above and center, 125 both below, 128, 130 above, 131 above, 133 above, 134 center, 138 above
Achim Kukulies, Düsseldorf: pp. 16, 153 left
Wachsraum Kunstgiesserei, Kunstgiesserei St. Gallen AG: pp. 122 below
Atelierhaus Sitterwerk, Kunstgiesserei St. Gallen AG: pp. 129, 138 below, 140–144
Michael Mühlberger: p. 47
Neues Museum Nürnberg (Annette Kradisch): p. 75 right
Courtesy NYC Municipal Archives: p. 157 right
NYC Parks Photo Archive: p. 157 left
Lydia Peter: pp. 58 right above, 59
© 2016, State Russian Museum, Saint Petersburg: p. 76, 77 both
Nic Tenwiggenhorn / © 2016, Pro Litteris, Zurich; pp. 19, 20, 24, 27 (installation view Städtische Kunsthalle Düsseldorf, 1999), 70 (installation view Biennale Venedig, 1995), 71, 153 right
Triennale Kleinplastik Fellbach: p. 75 left
M.O.: pp. 118/119, 121, 123 above and center, 125 above, 134 above and below
vonwerth, New York: pp. 117 above, 122 above, 124 below, 126, 127, 132, 133 both below, 135–137, 139
Digital Image © Whitney Museum of American Art: p. 155 left
Zeno Zotti: p. 74 (installation view Viafarini, Mailand / Milan, 2009)

Erste Auflage / First Edition 2016
ISBN 978-3-906315-06-5

Vertrieb / Distribution

Schweiz / Switzerland
Laurenz-Stiftung (Schaulager)
Ruchfeldstrasse 19
4142 Münchenstein
Tel. +41(0)61 335 32 32
Fax +41(0)61 335 32 30
publications@schaulager.org

Deutschland und Europa / Germany and Europe
Buchhandlung Walther König
Ehrenstr. 4
50672 Köln
Tel. +49 (0)221/20 59 6-53
Fax +49 (0)221/20 59 6-60
verlag@buchhandlung-walther-koenig.de

UK & Ireland
Cornerhouse Publications
70 Oxford Street
GB-Manchester M1 5NH
Fon +44 (0) 161 200 15 03
Fax +44 (0) 161 200 15 04
publications@cornerhouse.org

Nordamerika / North America
D.A.P. /
Distributed Art Publishers, Inc.
155 Sixth Avenue, 2nd Floor
New York, NY 10013
Tel. (212) 627-1999
Fax (212) 627-9484
www.artbook.com

LAURENZ-STIFTUNG
SCHAULAGER®